本书获西南大学马克思主义学院出版基金资助

中国式现代化视域下人的发展研究

何红连　张　文　吴玉龙　著

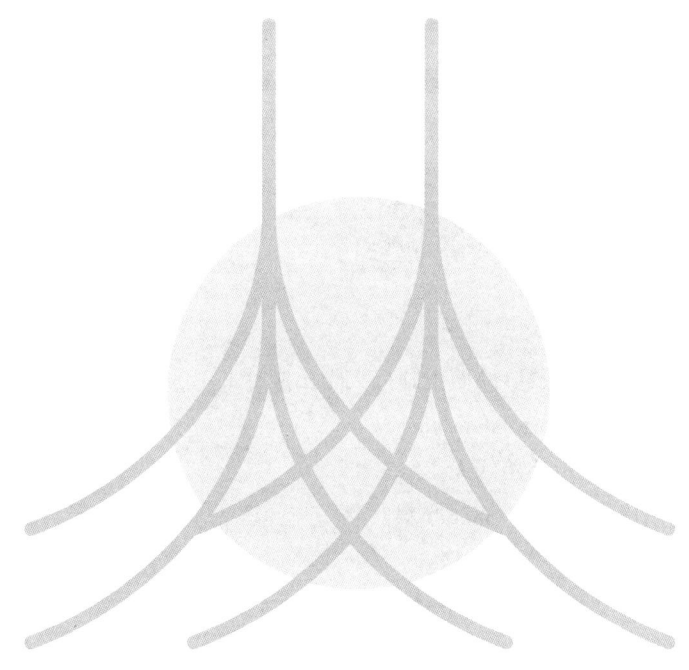

国家一级出版社　全国百佳图书出版单位

图书在版编目(CIP)数据

中国式现代化视域下人的发展研究/何红连,张文,吴玉龙著. -- 重庆：西南大学出版社,2024.6.
(马克思主义与人的发展理论研究丛书). -- ISBN 978-7-5697-2457-8

Ⅰ.D61;C912.1

中国国家版本馆CIP数据核字第20249C3F48号

中国式现代化视域下人的发展研究
ZHONGGUOSHI XIANDAIHUA SHIYU XIA REN DE FAZHAN YANJIU

何红连　张　文　吴玉龙　著

选题策划：	段小佳
责任编辑：	张昊越
责任校对：	段小佳
装帧设计：	殳十堂_未 氓
排　　版：	吴秀琴
出版发行：	西南大学出版社(原西南师范大学出版社)
	网址:http://www.xdcbs.com
	地址:重庆市北碚区天生路2号
	市场营销部:023-68868624
	邮编:400715
印　　刷：	重庆市圣立印刷有限公司
成品尺寸：	170 mm×240 mm
印　　张：	17.25
字　　数：	293千字
版　　次：	2024年6月　第1版
印　　次：	2024年6月　第1次印刷
书　　号：	ISBN 978-7-5697-2457-8
定　　价：	78.00元

总　序

古希腊智者普罗泰戈拉宣称"人是万物的尺度",马克思、恩格斯毕其一生追求"每一个个人的全面而自由的发展",人的发展是人类孜孜以求的最高价值目标。在奔赴这一远景目标的漫长历程中,每一个阶段人的发展又是具体的、历史的,尤其是随着近代以来的文明昌盛和社会进步,人的发展问题愈益凸显,成为普遍关注而又常谈常新的重大理论与实践课题,既要回归马克思主义经典作家及其后继者,准确把握马克思主义人的发展理论的精髓,又要直面人的发展出现的现实难题,自觉运用马克思主义人的发展理论这一思想武器加以审视和分析,进而提出针对性破解之策。

"马克思主义基本原理与当代社会问题研究科研团队"于2021年3月正式成立,旨在根据学科建设的需要和学术骨干成长的需要,聚焦马克思主义基本原理学科领域的重大理论与实践问题,依托团队的力量群策群力,集体攻关,久久为功,形成一系列代表性学术成果,以支撑马克思主义基本原理学科建设和学术骨干的高质量发展。"马克思主义基本原理与当代社会问题研究科研团队"成员长期关注和研究人的发展问题,具有较好的历史积淀和理论基础,在西南大学马克思主义学院的大力支持下,经科研团队成员的反复集体研讨,拟以科研团队成员为主要依托,持续在人的发展领域深耕发力,用五至十年的时间推出并完成"马克思主义与人的发展理论研究丛书",逐渐凝练形成学科研究特色与优势。

"马克思主义与人的发展理论研究丛书"主要聚焦"人的发展"主题的三个向度:一是马克思主义经典作家人的发展理论,拟从马克思、恩格斯、列宁的经典文本切入,深度发掘其内蕴的人的发展理论,准确把握不同历史时期马克思主义经典作家人的发展理论的精髓要义,进而系统呈现马克思主义人的发展理论的演进逻辑与精神实质,充分彰显马克思主义经典作家追求人类的彻底解放与人的自由而全面发展的价值取向;二是中国化时代化的马克思主义人的发展理论研究,拟立足于马克思主义中国化时代化的百年历程,探讨马克思主义人的发展理论在中国不同历史时期的赓续传承、守正创新,进而展现中国化时代化的马克思主义人的发展理论指引着人与社会发生深刻变革的百年图景;三是当今时代人的发展的现实问题研究,拟立足时代风云的新变幻和历史方位的新变迁,聚焦科技创新、社会进步进程中出现的人的发展的新问题,运用马克思主义人的发展理论的基本原理与科学方法展开探究,为深刻认识和有效解决人的发展的现实问题提供思路,彰显马克思主义人的发展理论在当代的思想穿透力,推动马克思主义人的发展理论的中国化时代化。

中国式现代化的实质是人的现代化。2023年,习近平总书记在出席中国共产党与世界政党高层对话会上发表主旨讲话,强调"现代化的最终目标是实现人自由而全面的发展",在此背景下推出"马克思主义与人的发展理论研究丛书"可谓恰逢其时,且正值伟大的思想家马克思诞辰206周年,故也期待更多的研究者予以关注、共同研讨,为推动人的全面发展与社会的全面进步贡献力量!

是为序!

何玲玲
于西南大学
2024年5月5日

前 言

"每个人自由全面发展"是人类解放的终极追求,也是当代重大的理论与实践课题。纵观人类文明的发展历程,人的发展始终是人们关注的中心,尤其是资本主义的产生和发展开启了近代人类文明的大门,人的发展问题越发引人瞩目,成为研究的热点。马克思作为马克思主义理论的创始人之一,批判了唯心主义和旧唯物主义对该问题认识的错误与不足,以历史唯物主义与辩证唯物主义为理论武器对人的发展问题进行了深入剖析,将人的发展的内涵解析为个体的发展、群体的发展和人类的发展,提出自由、全面、充分是衡量人的发展的三个基本标尺,指明以人的自由全面发展为基本原则的共产主义社会是历史规律支配的必然趋势,从而奠定了马克思主义关于人的发展理论的根基。正如恩格斯所说:"马克思的整个世界观不是教义,而是方法。它提供的不是现成的教条,而是进一步研究的出发点和供这种研究使用的方法。"中国共产党自成立之日起,就将实现人的自由全面的发展作为奋斗目标,在带领全体人民运用这些理论指导推进社会主义建设中人的发展实践时,既始终坚持完整准确地把握该理论的一般原理,又紧密结合我国现实国情,以具体的历史条件为基础,不断趋向于人的自由全面发展的理想目标。

百年来,中国共产党团结带领人民坚持从我国现实出发,经过艰难探索、共同奋斗,成功走出中国式现代化道路,创造了人类文明新形态,谱写了人类社会现代化发展的新篇章。随着社会主义现代化建设的稳步推进,党和国家不断深化对社会主义现代化建设规律的认识,推动人的全面发展取得重大成就。党的十八大以来,以习近平同志为核心的党中央提出以人民为中心的发展思想,坚持一切为了人民、一切依靠人民,始终把人民放在心中最高位置,把人民对美好生活的向往作为奋斗目标,将改革发展成果更多更公平惠及全体人民,推动全体人民共同富裕取得更为明显的实质性进展。党的二十大报告对中国式现代化作了系统全面的阐述,提出中国式现代化是人口规模巨大的现代化,是全体人民共同富裕的现代化,是物质文明和精神文明相协调的现代化,是人与自然和谐共生的现代化,是走和平发展道路的现代化。习近平总书记明确指出:"现代化的本质是人的现代化。"这不仅揭示了现代化发展的一般规律,更揭示了人的现代化是中国式现代化的本质意蕴和目标追求,是新时代中国共产党人对"什么是社会主义现代化、怎样建设社会主义现代化"这个问题作出的理论发展和实践回应。当前,我们正处于世界百年未有之大变局和实现中华民族伟大复兴战略全局交汇的关键时期,社会主义现代化建设中人的发展问题更加复杂化、多样化,这迫切要求以马克思关于人的发展理论为指导,在正确认识与把握现代化与人的发展关系的前提下,化解现实难题,并抓住有利契机,在全面推进社会主义现代化强国建设的实践中努力促进人的自由而全面发展。

在这样的背景和现实条件下,立足于马克思主义的理论视野持续深化对人的发展问题的研究,无论是对于推进马克思主义理论的学科发展,还是对于推进中国式现代化的实践发展,都具有重要意义。本书立足既有基础,结合我国所处的社会实际,以厘清相关概念范畴为逻辑前提,紧密围绕研究对象进行理论阐释,主要遵循"问题缘起—理论阐释—历史追溯—现实观照—未来展望"的研究思路进行研究,具体展开分为六个篇章。主要探讨了这样一些基本理论问题:一是探讨中国式现代化视域下人的发展课题的凸显,即中国式现代化视域下人的发展的内在意蕴是什么,通过这一问题的探讨明确研究对象;二是探讨中国式现代化视域下人的发展的具体体现,即分别从人与自然、人与社会、人与自身等方面廓清中国式现代化进程中人的发展呈现为何种现实样态,辩证分析中国式现代化进程中人的发展面临的机遇与挑战,并提出有效的应对路径,从总体上回答中国式现代化视域下人的发展"如何"的问题;三是对世界现代化进程中人的发展进行回顾与反思,主要是通过对世界现代化历史进程的分析、经验教训的挖掘,找准中国式现代化的定位,最终落脚于对中国式现代化视域下人的发展问题的分析上来;四是探讨中国式现代化视域下人的发展的远景展望,具体回答了中国式现代化与人的现代化是同一进程、中国式现代化是特色鲜明的人的发展之路、中国式现代化开辟了人的发展的新道路等问题。这几个层面的分析层层递进,构成了严密的逻辑整体,旨在从理论层面回答中国式现代化与人的发展到底存在何种内在关联,阐明中国式现代化视域下人的发展表现出何种样态、具有何种光明前景,揭示中国式现代化的价值逻辑。

目 录

总 序

前 言

第一章 中国式现代化视域下人的发展课题的凸显 / 1
 一、中国式现代化的内涵与发展历程 / 3
  (一)现代化的内涵 / 3
  (二)中国现代化的早期探索 / 6
  (三)中国式现代化的演进历程 / 9
  (四)中国式现代化的传承与超越 / 13
 二、人的发展是社会发展的永恒课题 / 20
  (一)发展、社会发展与人的发展的涵义 / 20
  (二)社会发展与人的发展的关系 / 22
  (三)社会发展的主题是人的发展 / 26
 三、中国式现代化实质是人的现代化 / 29
  (一)中国式现代化的以人为本 / 30
  (二)中国式现代化视域下人的现代化 / 33
  (三)中国式现代化推动人的现代化的路径 / 37

第二章　中国式现代化视域下人与自然的和谐共生　/　43

一、马克思主义关于人与自然关系的思想　/　45

（一）人与自然关系的辩证统一　/　45

（二）人与自然关系的异化　/　50

（三）人与自然关系的和解　/　54

二、中国式现代化视域下人与自然的内在张力　/　60

（一）自然基础性地位认识存在不足　/　60

（二）部分生产生活方式不合理　/　62

（三）部分生态保护措施存在短板　/　64

三、中国式现代化视域下人与自然和谐共生的路径　/　67

（一）坚持党性和人民性相统一，走科学发展的现代化道路　/　67

（二）促进社会发展绿色转型，走绿色发展的现代化道路　/　71

（三）健全生态环境保护制度，走环保发展的现代化道路　/　76

第三章　中国式现代化视域下人与社会的协调发展　/　83

一、马克思主义关于人与社会关系的思想　/　85

（一）人与社会的辩证统一关系　/　85

（二）资本逻辑主导下人与社会关系的"现代性悖论"　/　91

（三）共产主义社会中人与社会的和谐统一　/　94

二、中国式现代化视域下人与社会的局部冲突　/　96

（一）经济高质量发展的要求同人的发展质量不高的冲突　/　96

（二）全过程人民民主的推进同参政主体素养不高的冲突　/　101

（三）社会主义文化强国建设同群众文化素养不高的冲突　/　105

三、中国式现代化视域下人与社会协调发展的路径　/　108

（一）推动经济高质量发展为人的发展奠定物质基础　/　108

（二）发展全过程人民民主为参政主体成长拓展场域　/　112

（三）繁荣文化事业与产业为人的发展注入精神力量　/　116

第四章　中国式现代化视域下人的自由个性的实现 / 121

一、马克思关于人的自由个性思想 / 123

（一）马克思人的自由个性思想的提出 / 123

（二）马克思人的自由个性思想的内涵 / 127

（三）马克思实现人的自由个性的思路 / 134

二、中国式现代化进程中人的个性发展的现实难题 / 139

（一）经济发展水平制约着人的个性发展 / 140

（二）政策机制原因局限着人的个性发展 / 143

（三）文化心理因素抑制着人的个性发展 / 145

（四）工业社会环境束缚着人的个性发展 / 150

三、中国式现代化视域下实现人的自由个性的路径 / 152

（一）中国式现代化助力实现人的自由个性的理论逻辑 / 153

（二）中国式现代化推动实现人的自由个性的实践路径 / 157

第五章　世界现代化进程中人的发展回顾与反思 / 165

一、世界现代化进程的历史考察 / 167

（一）世界现代化的三次大浪潮 / 168

（二）当前西方现代化面临的发展困境 / 171

（三）破解人类社会现代化进程历史之问的中国回答 / 176

二、世界现代化进程中人的发展回顾 / 180

（一）世界现代化进程中人的发展成就 / 181

（二）世界现代化进程中人的发展问题 / 186

三、世界现代化进程中人的发展反思 / 191

（一）充分解放和发展生产力促进人的发展 / 192

（二）不断完善全球治理体系保障人的发展 / 196

（三）开展不同文明交流互鉴推动人的发展 / 200

（四）弘扬全人类共同价值推进人的发展 / 203

第六章　中国式现代化视域下人的发展的远景展望 / 209

一、中国式现代化与人的现代化是同一历史进程 / 211

(一)中国式现代化的本质蕴含了人的现代化的必然性 / 212

(二)中国式现代化的发展道路赋予了人的现代化的现实性 / 215

(三)中国式现代化的战略规划体现了人的现代化的长期性 / 219

二、中国式现代化是特色鲜明的人的发展之路 / 221

(一)"人口规模巨大的现代化"充分彰显和锻造人的主体能动性 / 222

(二)"实现全体人民共同富裕的现代化"维护和促进社会公平正义 / 224

(三)"物质文明和精神文明相协调的现代化"全面满足人的多样化需要 / 226

(四)"人与自然和谐共生的现代化"彰显和塑造人的存在的自然性 / 229

(五)"走和平发展道路的现代化"拓展丰富人的社会交往关系 / 231

三、中国式现代化开辟了人的发展的新道路 / 233

(一)坚持"人民至上"实现人成为现代化建构的核心主体 / 233

(二)在现代文明的整体进步中塑造人的发展的社会空间 / 236

(三)通过平等合作的交往互动促进作为"类"存在的人的共同解放 / 239

参考文献 / 244

后记 / 266

第一章

中国式现代化视域下人的发展课题的凸显

18世纪以来的现代化潮流在推动社会进步的同时,也推动了人的现代化与人的发展。但西方现代化模式也引发各种现代化危机。民主失真、政治失能、社会割裂、贫富分化、人的异化等多方面问题严重妨碍了人的全面发展。而且这种现象并没有因为现代化的深入推进而得以化解,反而日益恶化。习近平总书记指出"现代化的本质是人的现代化"[1],"现代化的最终目标是实现人自由而全面的发展"[2]。中国式现代化以党的领导、社会主义道路和人民广泛支持为根本保证,开创了世界现代化的新模式、现代化文明的新样态,让现代化回到人的发展、人的现代化的主题上来,实现了对西方现代化的根本超越。从中国式现代化视角出发,探讨现代化进程中人的发展与人的现代化问题,就成为理论界无法忽视的时代使命。

一、中国式现代化的内涵与发展历程

近代以来东西方世界分野的关键就在于工业化和现代化。欧美国家率先发生工业革命和民主革命,随之建立起强大的工业基础以及与之对应的经济政治制度,从此走上快速发展的现代化道路。而中国则在封闭保守的政治和社会环境下,未能发生社会革命,最终沦为半殖民地半封建社会。有鉴于此,晚清以来众多有识之士纷纷主张"师夷长技以制夷",以期通过对西方现代化的学习和模仿来实现国家独立富强。但历史已证明,不管是西方现代化模式还是资本主义道路,都无法救中国。只有社会主义才能救中国,只有共产党才能领导中国,也只有中国式现代化才是最适合中国发展的现代化道路。

(一)现代化的内涵

现代化(Modernize/Modernization)作为一个概念,最早于18世纪中叶出现在英文词汇中。其后两三百年,人类现代化进程从未停歇。譬如,1997年,时任英国首相的布莱尔就发表了有关"英国现代化"的演讲,提出"实现新世纪的英国现代化是政府的一项使命"[3]。中国自改革开放以来更是大力推动"中国式现代

---

[1]《十八大以来重要文献选编》上,北京:中央文献出版社,2014年版,第594页。
[2] 习近平:《携手同行现代化之路——在中国共产党与世界政党高层对话会上的主旨讲话》,北京:人民出版社,2023年版,第2页。
[3] 何传启:《现代化概念的三维定义》,《管理评论》2003年第3期,第8-14页。

化"建设,致力于为人类现代化的理论与实践书写新的篇章。

那么,"现代化"一词到底有何意涵,竟使之能够成为贯穿近现代社会发展的一条中心线索呢?对此学者们已有丰富的研究成果。陈柳钦认为,"现代化是指以现代工业、信息与技术革命为推动力,以物质文化生活水平不断提高为标志,以环境优化和民生改善为着力点,实现从传统的农业社会向现代工业社会转变,从工业社会向现代信息社会转变,对经济、社会、政治、文化、环境、思想等各个领域产生革命性的影响,并引起社会组织与社会行为的深刻变革的过程"①。罗荣渠认为,"现代化实质上是现代工业生产方式和工业化生活方法的普遍扩散化的过程"②。何传启提出,现代化是一个世界现象、一种文明进步、一个发展目标,具有阶段性,是非线性的,而且其主要动力来自创新。③戴木才认为,"现代化是指工业文明渗透到经济、政治、文化、社会、生态等各个领域,并引起社会组织和社会行为发生深刻变化,进而引起一个国家或地区的社会整体结构和历史主体的深刻变化",世界各国现代化所具有的普遍涵义包括"生产领域的社会化或工业化、经济领域的市场化、政治领域的民主化、文化领域的理性化、社会领域的法治化、生活领域的城市化、生态领域的绿色化等"。④而王军旗认为,现代化是"一场深刻的变革""一股世界性潮流"和"经济社会发展的一个目标"。⑤这些观点给我们从不同角度理解现代化带来启发。

首先,现代化是一个历史进程。从现代化概念的起源来看,它正是伴随欧洲工业革命的发生发展而出现的。肇始于1733年英国机械师约翰·凯伊发明飞梭的工业革命,迅速催生纺织业的一系列技术变革,进而影响到从轻纺工业到交通运输业、从经济到政治的社会各个层面、全球各个地域发生变革。由此兴起以"现代化"为总括概念来描述此一过程的理论。对这个概念的解说,一般都包含有"工业化、城市化、民主化、法治化"的基本内涵,嗣后又延展到涵盖经济、政治、教育、文化、医疗卫生、社会治理、国防军事等社会生活所有领域的现代化。但不管包含哪些领域或分解目标,它们都是社会历史特定阶段的主题,

---

① 陈柳钦:《现代化的内涵及其理论演进》,《经济研究参考》2011年第44期,第15-31页。
② 罗荣渠:《现代化新论——中国的现代化之路》,上海:华东师范大学出版社,2013年版,第102页。
③ 何传启:《中国式现代化与全面建设现代化国家新征程》,《中国党政干部论坛》2020年第12期,第12-16页。
④ 戴木才:《论世界各国现代化的共同特征》,《思想理论教育》2023年第4期,第40-47页。
⑤ 王军旗主编:《中国式现代化十三讲》,银川:宁夏人民出版社,2023年版,第6-8页。

都是伴随社会发展而不断进步的过程。

其次,现代化也是一个社会全面发展的相对目标。近代以来对现代化的渴求常见于发展理论和政府规划,但有趣的是现代化并没有一个公认的明确标准。学者们可以对工业化、城市化、民主化等领域设计出量化指标来衡量其发展程度,但无法让大众相信达到何种程度或标准时即可宣告现代化的完结。事实上,人们在现代化的历史进程中总是不断拓展对现代化的认识,将其映射到社会生活的方方面面,这导致现代化的内涵日益丰富。正如萨缪尔·亨廷顿所说,现代化是一个革命性、复杂、系统、全球化、长期、阶段性、同质化、不可逆、进步的过程,现代化的标准总是伴随经济社会的进步,特别是技术和产业革命的涌现而不断演进,具有鲜明的时代特征;从相对发展状态来看,现代化是一个地区或国家社会经济全面进步的标志,表明该地区或国家的政治、经济、社会、文化等领域达到或接近世界先进水平,它是特定时代背景下的相对发展水平,强调用发展的视角理解现代化的内涵……[1]所以,"现代化标准呈现动态演进且取决于相对发展水平"[2]。这似乎意味着,现代化是一个"可望不可即"的模糊目标。而且,随着产业发展、城市繁荣和民主进步,现代化进程也在不断加速。

再次,现代化具有普遍意义。现代化作为一个发展目标是被广泛接受的。生产发达、城市繁荣、公共服务完善、社会治理高效、生态系统健康等,是所有人的追求和期待。由工业化带来的生产率提升,直接表现为社会物质财富日益充足;城市化增强居民享受规模经济效应所带来的公共产品和服务的获得感;民主化赋予所有人参与社会治理的权利并获得政治需求满足;生态平衡利好社会可持续发展与人类繁衍生存……简而言之,现代化对人类社会的最大意义,就在于生活水平的普遍提高和社会福利的普遍增加。人们信仰现代化的力量,现代化成为一种具有普遍意义的社会理想和价值诉求。

最后,现代化有多种路径模式。国家发展具有路径依赖特征,初始条件和主体选择不尽相同,决定了发展道路的多样性。马克思曾经比较了东西方社会发展道路的差异性,强调西欧资本主义模式并不是"普世"发展模式。马克思严肃批评了社会发展道路问题上的教条主义倾向:"他一定要把我关于西欧资本

---

[1] Huntington, S.P., "*The Change to Change: Modernization, Development, and Politics*", Comparative Politics, vol.3, No.3, 1971, pp.283-322.
[2] 韩保江、李志斌:《中国式现代化:特征、挑战与路径》,《管理世界》2022年第11期,第29-43页。

主义起源的历史概述彻底变成一般发展道路的历史哲学理论,一切民族,不管它们所处的历史环境如何,都注定要走这条道路……他这样做,会给我过多的荣誉,同时也会给我过多的侮辱。"①马克思还进一步指出,西方资本主义"这一运动的'历史必然性'明确地限制在西欧各国的范围内"②。所以,"历史条件的多样性,决定了各国选择发展道路的多样性"③。同样地,现代化也必须依据一定国情和时代,找出适合的发展道路。从世界范围来看,代表性的现代化理论是以欧美发达国家的现代化经验为基础形成的,其典型特征就是政治上鼓吹西式代议制民主制度、经济上主张市场资本主义、意识形态上宣称自由民主平等多元等。正是基于对发达国家现代化共同特征的认识,亨廷顿得出现代化"趋同"的结论。但后发国家并不具备发达国家现代化的初始条件和历史环境,所以这些经验并不适用于其他国家。事实上,有很多国家如阿根廷、巴西等,也选择了欧美国家的现代化模式但最终并未达到如欧美发达国家一样的发展水平。即使是欧美发达国家,其现代化道路也存在具体而微的差异,比如英美模式、德国模式以及日本模式,自由市场资本主义和福利资本主义、第三条道路等。这些典型事实告诉我们,现代化可以是一个总体性目标,但不是某个一般化路径。

(二)中国现代化的早期探索

近代中国人对源自欧洲的现代化心态复杂。天朝上国的美梦被坚船利炮打破,文明中心的自负被"奇技淫巧"摧毁。面对殖民者挟现代化之威能气势汹汹破门而入的困境,中国人产生了三种心态:拒绝主义、西化主义和改良主义。④在拒绝主义无以自保、西化主义无以自立之后,主张"中学为体、西学为用"的改良主义逐渐成为主流,由此拉开晚近中国现代化的序幕。

1.晚清时期的现代化尝试

鸦片战争之后,"开眼看世界"的国人无法忽视中国和西方的巨大差距,开始寻找强国之策以救亡图存。在此背景下,兼顾东西文明之长、"师夷长技以制夷"就成为应时之举、救国之道。晚清诸多实力派地方督抚如曾国藩、李鸿章、左宗棠、丁宝桢、沈葆桢、张之洞等先后在地方开办新学、筹建工厂、大兴洋务,

---

① 《马克思恩格斯文集》第三卷,北京:人民出版社,2009年版,第466页。
② 《马克思恩格斯文集》第三卷,北京:人民出版社,2009年版,第589页。
③ 《习近平著作选读》第一卷,北京:人民出版社,2023年版,第214页。
④ 高力克:《中西文明与现代化:亨廷顿的启示》,《浙江社会科学》2022年第1期,第12-23、156-157页。

开始中国历史上最早的工业化、现代化实践。一些有志国事的知识精英如薛福成等也在舆论层面摇旗呐喊,推崇西欧国家工商立国之策,主张中国欲富强应首先改变观念提升工业地位。在这种背景下,中国的民族资本主义开始萌芽并获得初步发展,如张謇创办大生纱厂,荣宗敬、荣德生兄弟创办保兴面粉厂,周学熙创办启新洋灰公司、滦州煤矿公司等。但晚清以工业化为主的现代化只得西欧现代化之皮毛,缺乏工商业发展的市场条件、政治法律制度、社会环境等,导致现代化从一开始就先天不良、畸形发展。

在"师夷长技以制夷"的初步尝试之后,国人对现代化的认知和实践开始深入。其中的转折是中日甲午战争。甲午战败令致力于中国富强的仁人志士将现代化的核心从工业技术转向政治制度。但晚清一系列政治改革的尝试并不成功,戊戌变法失败,宪政改革流产,旧制度终被时代埋葬。"从1895年甲午战后到1911年辛亥革命,是近代中国现代化历程的第二阶段,这一阶段现代化的核心是政治制度的现代化,以宪政、共和为目标,经历了维新、新政到革命的过程。"[1]

晚清时期的现代化尝试发生于复杂的历史背景之下,它是"王朝危机与亡国危机交织下步履蹒跚的被动现代化"[2]。罗兹曼在《中国的现代化》中将晚清现代化失败的主因归于政治体制:"现行政治体制与实现现代化的果断行动极不适应,这一缺陷是中国现代化起步缓慢的主要原因。"[3] 囿于对西方现代化的认识以及传统社会政治、经济、文化等方面的强大束缚,以工业化为重点的现代化尝试并不能促成中国的自立自强。但这些尝试对于中国人认识现代化、体验现代化的力量产生了积极影响,为中国人自主探索现代化道路做了最早的试验。

2. 民国时期的现代化进展

辛亥革命之后,中国的现代化探索进入新阶段。以孙中山为代表的一批仁人志士,为推动中国现代化事业不懈努力。孙中山于1917—1919年间完成的《建国方略》,被誉为近代中国谋求现代化的第一份蓝图。《建国方略》包括"孙文

---

[1] 姚琦:《近代中国百年现代化历程及其历史启示》,《宁夏大学学报》(哲学社会科学版)1999年第4期,第14—18页。
[2] 程美东:《论中国式现代化道路的探索历程》,《中国青年报》2022年10月25日第10版。
[3] [美]吉尔伯特·罗兹曼主编:《中国的现代化》,上海:上海人民出版社,1989年版,第274页。

学说""实业计划"和"民权初步"三个部分,分别从思想建设、经济建设和政治建设三个方面阐述了孙中山的现代化构想和实施策略,其中有颇多远见卓识。首先是对现代化的认识超越了工业现代化的局限,将文化思想、政治体制、经济金融、乡村建设等方面纳入现代化战略构想。其次是《建国方略》体现出鲜明的民本思想,提出民心为本、实业为民、主权在民的主张。最后是提出具有可行性的系统的现代化战略,为中国的现代化提供了有价值的实施方案。但遗憾的是,《建国方略》没能真正落实。即便如此,《建国方略》的思想光芒一直闪亮至今。

民国时期除了在理论层面对现代化进行探讨之外,现代化的实践也取得了一定成果。辛亥革命胜利之后,组建了中华民国临时政府,并于1912年3月通过《中华民国临时约法》,将民主共和制以法律形式确定下来。民国时期还学习西方现代化的经验,譬如,兴建铁路等基础设施;开放市场,鼓励工商业发展;建立新式教育制度,推动教育现代化;推动乡村建设,改造农业经济基础;等等。此外,以新文化运动、五四运动、新生活运动等为代表的社会运动,推动了思想启蒙与文化解放,传播了现代文明观念,澄清了社会风气,推进了思想文化的现代化。该时期,由于国家并未实质统一,社会革新并不彻底,列强干预、军阀混战以及蒋介石叛变革命等导致的政治动荡,使得中国的现代化既无法吸纳各方力量共同参与,又缺乏安定和平的建设环境,最终,日本侵华打断了中国的现代化进程,严重破坏了中国的现代化成果。因此,民国时期的现代化只能在局部推进,效果甚微。习近平总书记曾指出:"在半殖民地半封建社会的条件下,中国现代化没有也不可能取得成功。"[1]

自晚清至民国,中国尝试现代化的努力从未停止。总体来看,此阶段中国的现代化以学习、模仿、探索为主,呈现出"以自强、救国为主要动力""以官商共进为工业化的主要力量结构""以为民谋利为最高目标"三大特性。[2]但颇为可惜的是,由于近代中国处于内忧外患的时局之中,半殖民地半封建的社会性质使中国的现代化既没有全面推进的内在条件,又缺乏顺利实现的外部环境。但中国对现代化的早期探索,仍然给新中国的现代化留下了宝贵的遗产。

---

[1]《习近平谈治国理政》第四卷,北京:外文出版社,2022年版,第151页。
[2] 虞和平:《中国早期现代化道路的三大特性》,《近代史研究》2023年第1期,第4-13页。

(三)中国式现代化的演进历程

中国共产党最早使用"现代化"概念可追溯至20世纪30年代初,1938年之后大量使用。在当时抗战的大背景下,党深刻感受到中日军事装备方面存在的巨大差距,所以提出"现代化的军事工业""装备的现代化""军队现代化"等目标。[①]大体上看,早期党提出的"现代化"主要指的是应对革命斗争需要的军事现代化,系统的现代化理论体系尚未形成,同时,鉴于战事频繁,作为革命党也缺乏全面推进现代化战略的空间。新中国成立后,中国共产党身份地位的转变大大加速了中国的现代化进程。从社会主义革命和建设时期的"四个现代化",到改革开放和中国特色社会主义建设时期的"社会主义现代化",再到党的十八大后的"中国式现代化",在党的领导下我国已经走出一条独具中国特色的现代化道路,开创了人类文明新形态。

1.新中国"四个现代化"建设

新中国成立后,受到科学社会主义思想和苏联工业化、现代化实践的影响,党的领导人清楚认识到现代化是民族独立、国家富强、社会稳定、人民幸福的根本路径。

1954年9月,周恩来在第一届全国人民代表大会第一次会议上所作的《政府工作报告》中就提出了"把我国建设成为一个强大的社会主义的现代化的工业国家"[②]的艰巨任务,并将"强大的现代化的工业、现代化的农业、现代化的交通运输业和现代化的国防"[③]视为现代化建设的重点。这是党和国家确立"四个现代化"战略的开始。此后,"现代化的交通运输业"被归入"现代化的工业"之中,取而代之的是"科学文化现代化"和"科学技术现代化",从而形成了"四个现代化"的新表述。1964年12月,周恩来在第三届全国人大一次会议上所作的《政府工作报告》中,进一步提出实现"四个现代化"的"两步走"战略:"从第三个五年计划开始,我国的国民经济发展,可以按两步来考虑:第一步,建立一个独立的比较完整的工业体系和国民经济体系;第二步,全面实现农业、工业、国防

[①] 方涛、罗平汉:《"现代化":历史演进、概念体系与语义用法——以党的文献为中心的文本分析》,《党的文献》2016年第1期,第88—92页。
[②] 《周恩来选集》下卷,北京:人民出版社,1984年版,第144页。
[③] 《周恩来选集》下卷,北京:人民出版社,1984年版,第132页。

和科学技术的现代化,使我国经济走在世界的前列。"①在1975年1月的第四届全国人大一次会议上,周恩来重申了"四个现代化"战略并明确提出要在世纪末全面实现现代化:"从第三个五年计划开始,我国国民经济的发展,可以按两步来设想:第一步,用十五年时间,即在一九八〇年以前,建成一个独立的比较完整的工业体系和国民经济体系;第二步,在本世纪内,全面实现农业、工业、国防和科学技术的现代化,使我国国民经济走在世界的前列。"②

在社会主义革命和建设时期,党和国家将"四个现代化"上升为国家战略,并以工业化为重点,以实现"四个现代化"为目标,"建立起独立的比较完整的工业体系和国民经济体系,农业生产条件显著改变,教育、科学、文化、卫生、体育事业有很大发展。'两弹一星'等国防尖端科技不断取得突破,国防工业从无到有逐步发展起来"③。这些成就奠定了国家现代化的基础,为现代化的深入推进做了充分铺垫。

2."中国式现代化"概念提出

"文化大革命"结束后,党在总结"四个现代化"建设经验的基础上,立足中国实际,结合世界大势,最终形成"中国式现代化"的现代化新提法、新思路。以此为起点,结合改革开放与中国特色社会主义实践经验,最终形成了"中国式现代化"的完整理论体系。

1978年12月,党的十一届三中全会决定,把全党的工作重点转移到社会主义现代化建设上来。同时,党中央从国内外现代化建设历史中汲取经验教训,对中国现代化事业作出新的指示。首先,中国的现代化应该是"中国式"的现代化,需要符合中国国情、体现中国特色。邓小平在1979年3月会见英国代表团成员时谈道:"我们定的目标是在本世纪末实现四个现代化。我们的概念与西方不同,我姑且用个新说法,叫做中国式的四个现代化。"④此后他还提道:"过去搞民主革命,要适合中国情况,走毛泽东同志开辟的农村包围城市的道路。现在搞建设,也要适合中国情况,走出一条中国式的现代化道路。"⑤在1983年6月会见参加北京科学技术政策讨论会的外籍专家时,邓小平再次强调:"我们搞的

---

① 《周恩来选集》下卷,北京:人民出版社,1984年版,第439页。
② 《周恩来选集》下卷,北京:人民出版社,1984年版,第479页。
③ 《中共中央关于党的百年奋斗重大成就和历史经验的决议》,北京:人民出版社,2021年版,第11页。
④ 《邓小平年谱(一九七五——一九九七)》上卷,北京:中央文献出版社,2004年版,第496页。
⑤ 《邓小平文选》第二卷,北京:人民出版社,1994年版,第163页。

现代化,是中国式的现代化。我们建设的社会主义,是有中国特色的社会主义。"①邓小平所说的"中国式的四个现代化""中国式的现代化道路"可以视为"中国式现代化"的原初称谓。其次,中国的现代化应不止于技术层面,而是一个综合的体系。叶剑英在新中国成立三十周年庆祝大会上指出:"我们所说的四个现代化,是实现现代化的四个主要方面,并不是说现代化事业只以这四个方面为限。我们要在改革和完善社会主义经济制度的同时,改革和完善社会主义政治制度,发展高度的社会主义民主和完备的社会主义法制。我们要在建设高度物质文明的同时,提高全民族的教育科学文化水平和健康水平,树立崇高的革命理想和革命道德风尚,发展高尚的丰富多彩的文化生活,建设高度的社会主义精神文明。这些都是我们社会主义现代化的重要目标,也是实现四个现代化的必要条件。"②这即是说,中国的现代化应该是包括产业体系、国防军队、经济制度、政治制度、民主法制乃至精神文明建设等的全方位的系统的现代化。也由此,"四个现代化"建设的表述逐渐被更全面更科学的"社会主义现代化建设"所取代。这种提法的转变"不仅明确了现代化建设的方位路径,而且实现了现代化的目标任务由内容变为价值的逻辑转换"③。从改革开放开始,中国的现代化建设进入社会主义现代化建设阶段,也就是全面建设现代化的阶段。

此后,党中央结合改革开放实践,确立了经济社会发展的"三步走"战略,为实现社会主义现代化拟定了时间表。1987年4月,邓小平会见西班牙领导人时提出现代化目标的"三步走"战略构想。后来这个构想被确认为国家重大战略部署并被写入党的十三大报告:"第一步,实现国民生产总值比一九八〇年翻一番,解决人民的温饱问题。这个任务已经基本实现。第二步,到本世纪末,使国民生产总值再增长一倍,人民生活达到小康水平。第三步,到下个世纪中叶,人均国民生产总值达到中等发达国家水平,人民生活比较富裕,基本实现现代化。"④伴随社会主义现代化建设的顺利推进,到2000年时,党的十五届五中全会宣布,"我们已经实现了现代化建设的前两步战略目标,经济和社会全面发展,人民生活总体上达到了小康水平"⑤。2002年时,党的十六大报告提出要在21世纪

---

① 《邓小平年谱(一九七五——一九九七)》下卷,北京:中央文献出版社,2004年版,第914页。
② 《改革开放三十年重要文献选编》上,北京:中央文献出版社,2008年版,第71页。
③ 吴爱军:《中国式现代化的历史进程、理论蕴涵与世界意义》,《东南学术》2024年第2期,第11-20页。
④ 《十三大以来重要文献选编》上,北京:人民出版社,1991年版,第16页。
⑤ 《改革开放三十年重要文献选编》下,北京:中央文献出版社,2008年版,第1109页。

前二十年"集中力量,全面建设惠及十几亿人口的更高水平的小康社会"①。

在改革开放和中国特色社会主义建设时期,"中国式现代化"概念被正式提出且内涵不断丰富。首先,它是与中国特色社会主义相呼应的独特现代化模式,立足于中国的历史现实与社会主义的信念宗旨;其次,它是对人类现代化文明成果——既包括物质成果又包括精神成果的吸收借鉴以及升华;最后,它是中国社会全面发展、全面进步的路径和战略,寄托着中华民族和中国人民国家富强、民族复兴的无限期望。

3.中国式现代化理论体系形成

党的十八大以来,中国特色社会主义进入新时代。在这一时期,中国式现代化建设全面推进,全面深化改革攻坚克难,全面建成小康社会取得决定性成就,脱贫攻坚取得全面胜利。与之相应,中国式现代化理论也不断拓展创新,并最终形成内涵丰富的中国式现代化理论体系。

2013年11月,习近平总书记在党的十八届三中全会上提出要"推进国家治理体系和治理能力现代化"②。2014年12月,习近平总书记在中央经济工作会议上提出"推进新型工业化、信息化、城镇化、农业现代化同步发展"③。2017年10月,习近平总书记在十九大报告中提出全面建设社会主义现代化的两阶段战略安排:从2020年到2035年"基本实现社会主义现代化";从2035年到本世纪中叶"把我国建成富强民主文明和谐美丽的社会主义现代化强国"。④2020年10月,习近平总书记在党的十九届五中全会二次全体会议上总结了中国式现代化的五方面特征,即我国现代化"是人口规模巨大的现代化""是全体人民共同富裕的现代化""是物质文明和精神文明相协调的现代化""是人与自然和谐共生的现代化""是走和平发展道路的现代化"⑤。2021年7月,习近平总书记在庆祝中国共产党成立一百周年大会上的讲话中指出,我们坚持和发展中国特色社会主义,"创造了中国式现代化新道路,创造了人类文明新形态"⑥。2022年10

---

① 《十六大以来重要文献选编》上,北京:中央文献出版社,2005年版,第450页。
② 《习近平著作选读》第一卷,北京:人民出版社,2023年版,第178页。
③ 《习近平关于社会主义经济建设论述摘编》,北京:中央文献出版社,2017年版,第184页。
④ 习近平:《决胜全面建成小康社会夺取新时代中国特色社会主义伟大胜利——在中国共产党第十九次全国代表大会上的报告》,北京:人民出版社,2017年版,第28-29页。
⑤ 《习近平谈治国理政》第四卷,北京:外文出版社,2022年版,第123-124页。
⑥ 《习近平谈治国理政》第四卷,北京:外文出版社,2022年版,第10页。

月,习近平总书记在党的二十大报告中全面系统阐述了中国式现代化理论体系,指出中国式现代化的五大特征、九条本质要求、两步走战略安排以及前进道路上必须牢牢把握的五条重大原则。至此,中国式现代化理论体系正式形成。2023年2月,在新进中央委员会的委员、候补委员和省部级主要领导干部学习贯彻习近平新时代中国特色社会主义思想和党的二十大精神研讨班开班式上的重要讲话中,习近平总书记明确了中国式现代化理论的定位是"党的二十大的一个重大理论创新,是科学社会主义的最新重大成果"[①]。

中国式现代化理论体系立足于建党百年重大成就与历史经验,立足于中国特色社会主义伟大实践,立足于中国式现代化建设历程,是对党领导全国人民进行社会主义现代化建设所取得的经验的总结和升华,是习近平新时代中国特色社会主义思想的重要内容,也是引领中国式现代化继续推进并最终达成"两个一百年"奋斗目标的方向指针。

(四)中国式现代化的传承与超越

党的二十大报告指出:"中国式现代化,是中国共产党领导的社会主义现代化,既有各国现代化的共同特征,更有基于自己国情的中国特色。"[②]这清楚表明,中国式现代化仍属于世界现代化的一个组成部分,与一般意义上的现代化之间的关系是个性与共性、特殊性与普遍性的矛盾关系。从中国现代化的缘起来看,中国现代化的早期探索一直是在学习、模仿西方现代化。一直到新中国成立后,中国才将西方现代化、苏联现代化的经验与中国具体实践结合,逐步发展成中国的现代化模式。而当中国的现代化日渐深入、日渐成功之后,中国现代化的独特性也日益凸显,由此才上升成为一条新型现代化道路。所以,历史地看,中国式现代化是在汲取、总结世界现代化经验教训的基础之上形成的,既有对现代化一般经验的传承,又有对此前现代化的超越。而这毫无疑问塑造出中国式现代化的独特内涵,创造出世界现代化文明的新形态,同时也给后发国家的现代化带来重要启示。

---

① 《中国式现代化是党领导人民长期探索和实践的重大成果——论深入学习领会习近平总书记在学习贯彻党的二十大精神研讨班开班式上重要讲话》,《人民日报》2023年2月9日第1版。
② 习近平:《高举中国特色社会主义伟大旗帜 为全面建设社会主义现代化国家而团结奋斗——在中国共产党第二十次全国代表大会上的报告》,北京:人民出版社,2022年版,第22页。

1.中国式现代化对世界现代化的传承

现代化是人类社会发展的必经阶段。晚近中国"开眼看世界"、进行现代化探索伊始,就自然而然加入人类社会现代化进程中。从一开始,中国的现代化就带有人类社会现代化普遍特征,要遵循人类社会现代化的一般规律、追求人类社会现代化的一般目标。现阶段即便中国已形成独特的中国式现代化模式,但中国式现代化仍然要汲取人类社会现代化的历史教训,发扬人类社会现代化的成功经验。

现代化以人的解放特别是思想解放为先导。欧洲的现代化最早可溯源至1215年英国通过《自由大宪章》。《自由大宪章》将王权置于法律之下,并明确了对私人财产和人身自由权利的保护。由此开始,英国逐步摆脱专制王权对人的束缚和迫害,是为走出黑暗的中世纪、走向近现代社会的第一步。嗣后,欧洲经历了一系列以思想解放为核心内容的社会运动,如文艺复兴、宗教改革、启蒙运动等,这些运动都极大地打击了基督教神权和封建王权,破除了欧洲人的封建迷思,为欧洲的现代化奠定了思想基础。与欧洲相似,鸦片战争后中国被动参与的现代化进程也是以思想解放为起点的。鸦片战争打破了近代中国"天朝上国"的迷梦,迫使知识精英和政治精英必须正视军事、工业、科技等方面与西方的巨大差距,引入西方科技、翻译西方书籍,成为国人思想解放的第一步。洋务运动、西学东渐、新文化运动乃至"解放思想、实事求是"的改革开放运动,都在不断推进中国人的思想解放,增进中国人对现代化和中国现代化道路的认识。

现代化以科技创新为根本驱动力。在社会运动中,生产力是一切的起点,也是推动社会历史变革的原动力,而"科学技术是第一生产力"。从这个角度来说,欧洲的现代化历史也是以科学技术驱动的人类社会发展史。英国不仅通过《自由大宪章》率先建立起保护个人权利的法律制度,还率先建立专利权制度。实际上,专利权制度的意义不仅在于保护发明者合法权益、激励其积极参与发明创新,还在于建立了一种可以通过支付专利费的市场化方式让科技成果进入生产领域、进入市场的模式,这尤其重要。英国专利权制度建立之后,立竿见影地带动了全社会进行技术创新的热潮。也正是在这种背景下,出现了飞梭、珍妮纺纱机等一系列纺织业的技术革新,此外瓦特改良了蒸汽机技术,被誉为"铁路机车之父"的乔治·斯蒂芬森制造出世界上第一辆蒸汽机车……一言概之,科技创新带来了工业革命,进而加快了欧洲的现代化进程。

现代化的主线是工业化。始于18世纪的工业革命,肇始于英国,兴起于西欧,最后逐步扩散到世界。如上文所说,英国和西欧是在有了思想解放和科技革新的条件之后,才掀起如火如荼的工业化浪潮。由此,英国、法国等国家的生产力快速提升,短时间之内由农业国进化为工业国,由封建制进化到资本主义制度,由传统社会进化到现代社会。对于英、法等先发国家来说,完成工业革命,实现初步的工业化、现代化之后,并没有停滞不前,而是在资本主义制度仍有潜能尚待发挥之际,继续推进工业化,借助科技进步的力量,实现从蒸汽革命到电气革命、再到信息革命、再到如今席卷世界的数字革命和人工智能革命等的一系列技术革命。所以,贯穿人类社会现代化进程的主线就是工业化,正是工业化造就了现代社会的繁荣和发展。中国的现代化进程也是以工业化为核心的。近代中国在被迫打开国门之后,借鉴西方列强的经验,也致力于通过工业化走上富强之路。新中国成立后,工业现代化长期在四个现代化中居于首要位置。时至今日,中国已成为世界工厂,工业产出已连续多年占据世界首位。工业化也带动了城市化和现代化,让中国这样一个传统农业大国和人口大国在不到一百年的时间里取得了西方发达国家两三百年才取得的历史成就,创造了中国现代化的奇迹。

现代化是一项全面系统的社会工程。现代化内涵丰富,除了经济层面的产业现代化以外,还包括政治现代化、社会现代化、文化现代化、人的现代化等诸多内容。或者说,现代化本身就是以工业化带动的经济、政治、文化、思想等社会全面发展过程。欧洲现代化的历史经验是,以思想解放、文化繁荣和科技进步带动工业化,以经济层面的现代化带动政治制度和社会生活的现代化,最终走向全面现代化。中国的现代化探索也是首先发生在思想层面,进而带动民族工商业兴起,此后的新文化运动、辛亥革命、土地革命和新民主主义革命都在政治、经济、社会和思想文化等层面上一步步打碎了旧传统、旧格局,最终才建立了社会主义新中国。新中国成立以来,通过长期的社会主义现代化建设,终于让中国人民"站起来""富起来""强起来"。新时代"五个文明"建设相互促进、协调发展,共同推进了社会全面进步。正如习近平总书记在庆祝中国共产党成立100周年大会上的讲话中指出:"我们坚持和发展中国特色社会主义,推动物质文明、政治文明、精神文明、社会文明、生态文明协调发展,创造了中国式现代化新道路,创造了人类文明新形态。"①这些都意味着,现代化是一项整体战略,是社会全面进步的系统工程。

2.中国式现代化对西方现代化的超越

在承续现代化的一般规律、特征之外,中国式现代化又表现出不同于欧美现代化的独特内涵,这实质上体现的是中国式现代化对传统的欧美现代化模式超越性的一面。

领导力量的超越性。西方现代化进程是与资本主义兴起相一致的,它是一个市场自发加资产阶级带领的现代化进程。在西方现代化过程中,资产阶级政党成为执政党并领导了西方国家的现代化进程,它们代表着整个资产阶级的利益。由于资产阶级的狭隘性、局限性和剥削本性,在西方现代化进程中产生了一系列社会问题,比如贫富分化、阶级对立、社会撕裂、环境污染、国际冲突等。这些问题与资本主义生产方式、资本主义基本矛盾一样,构成西方现代化道路上难以化解的痼疾。中国式现代化则是由中国共产党这个全世界最先进的政党领导的现代化,党的领导是中国式现代化最大的特色和优势。实践已充分证明,中国共产党是中华民族实现伟大复兴的根本保证,是人民幸福、国家富强的根本保证。从这一点上说,中国式现代化在领导力量方面已实现了对西方现代化的巨大超越,这也是中国式现代化目标必将实现的信心来源所在。

人口规模巨大的超越性。率先发生现代化的西方国家,人口规模并不是很大。一定程度上,这也是西方国家可以依靠劫掠和不公平贸易来实现现代化的重要原因。与之对比,第七次全国人口普查结果显示在2020年中国人口达到141178万。要在这样一个人口大国实现现代化,面临的问题、遭遇的困难是成几何倍数增加的。但同时,在一个占据世界人口大约五分之一的国家完成现代化,又会极大推进人类现代化进程,对世界历史和人类发展史产生史无前例的重大影响。习近平总书记指出:"我国14亿人口要整体迈入现代化社会,其规模超过现有发达国家的总和,将彻底改写现代化的世界版图,在人类历史上是一件有深远影响的大事。"②中国人口规模巨大的现代化,不仅体现在宏观上的总人口规模巨大,也意味着微观上十四亿多人口人人都要参与现代化、实现现代化,中国式现代化"一个都不能少"。这与西方现代化的

---

① 习近平:《在庆祝中国共产党成立100周年大会上的讲话》,北京:人民出版社,2021年版,第13—14页。
②《习近平谈治国理政》第四卷,北京:外文出版社,2022年版,第123页。

两极分化状况形成鲜明对比。

全体人民共同富裕的超越性。西方现代化创造出令世人惊叹的财富,但创造财富的过程以及财富分配的结果都存在巨大的缺陷。首先是西方现代化的原始资本存在"原罪",依靠殖民掠夺和殖民贸易实现的资本原始积累是罪恶的;其次是西方现代化是资本主导、剩余价值诱发、市场经济实现的,创造财富的主体是工人阶级和广大劳动人民,但劳动者没有劳动自主性,不得不依附于资本和资本家而生产生活,财富的创造过程是不公平的;最后,广大劳动人民劳苦终日,但无法在财富分配时得到应得的报酬,反观资本家却可以坐享其成,财富分配不公平十分严重,甚至伴随现代化的不断推进,分配不公平的趋势还在不断拉大。而中国式现代化则充分发挥社会主义制度的优越性,大力打造现代化共建共享机制,以人民为中心,以共同富裕为目标,从而在现代化成果分配和享受层面实现了对西方现代化的克服与超越。

物质文明与精神文明协调发展的超越性。西方现代化成就斐然,物资的充沛、科技的进步、文化的繁荣、社会的发展……现代文明成果让西方国家成为世人向往和学习的目标。但深入研究会发现,建构于资本主义生产方式之上的西方现代化,不可避免地为资本逻辑所支配,处处都渗透着资本的逐利天性和剥削本性。西方现代化下的社会进步是畸形的,资本的逐利本性推动了资本主义的发展,推动了生产力进步,但物质文明与精神文明的发展并不协调,公平正义的理想目标与虚伪拜金的现实规则相冲突,由此造成理想信念缺失、道德价值混乱、商业文化泛滥、消费主义盛行……正是在这样的背景下,尼采才会疾呼"上帝死了",并希冀通过价值观和信仰的重建来解决工业化、现代化所带来的精神空虚与思想混乱问题。不同于西方现代化,中国式现代化非常重视物质文明与精神文明协调发展、互相促进。习近平总书记指出:"中国式现代化是物质文明和精神文明相协调的现代化。物质富足、精神富有是社会主义现代化的根本要求。物质贫困不是社会主义,精神贫乏也不是社会主义。"[①]中国式现代化建设的重要内容就是以马克思主义为指导,继承和发扬中华优秀传统文化和革命文化,吸收借鉴世界优秀文明成果,大力发展社会主义先进文化。这为中国式现代化保障了路线方向、注入了精神动力、提供了智力支持。所以,中国式现

---

① 习近平:《高举中国特色社会主义伟大旗帜 为全面建设社会主义现代化国家而团结奋斗——在中国共产党第二十次全国代表大会上的报告》,北京:人民出版社,2022年版,第22—23页。

代化协调发展物质文明和精神文明,超越了西方现代化物质主义的单一向度,解决了西方现代化的畸形发展问题。

人与自然和谐共生的超越性。西方现代化起步较早,彼时资源和生态压力并不大,这使得西方现代化进程特别是现代化早期受到的资源与生态约束并不大。先发国家不仅可以无节制地开采本国资源,还可以大肆掠夺后发国家和地区的自然资源。但在工业文明快速兴起之后,现代化造成的资源短缺和生态破坏问题日益严重,为经济增长付出的资源环境成本也日益提高。当代西方国家应对资源生态问题的主要做法是将高污染高能耗的制造业转移到后发国家,以后发国家的资源枯竭和环境污染为代价保障本国供应链稳定。但这样做并没有从根本上解决问题。中国式现代化汲取了西方生态恶化的历史教训,提出"绿水青山就是金山银山"的生态友好型增长理念,花大力气控制和治理现代化进程中的资源环境问题,正如习近平总书记指出的"我们要建设的现代化是人与自然和谐共生的现代化,既要创造更多物质财富和精神财富以满足人民日益增长的美好生活需要,也要提供更多优质生态产品以满足人民日益增长的优美生态环境需要"[①]。

和平发展道路的超越性。历史地看,欧美先发国家的现代化历史是与其殖民和剥削历史重合的。早在工业革命发生之前,英国、法国、西班牙、葡萄牙、荷兰等欧洲国家已经开始在海外拓展殖民地,它们通过殖民掠夺和殖民贸易,或直接或间接地为欧洲的工业化提供了财富与资源。美洲、非洲、亚洲的土著民族和国家都亲身经历或见证了这一段黑暗历史。同时,典型如英国还在国内通过圈地运动等掠夺本国底层人民。而在工业革命发生后,欧美先发国家对落后国家和地区的掠夺变本加厉,大量亚非拉民族和国家由此堕入有史以来最屈辱最黑暗的被殖民时代。可以肯定地说,欧美先发国家的现代化过程,将资本的贪婪本性与先进工业技术相结合,给后发国家和地区带来深重灾难,破坏了后发国家和地区自然发展的历史进程。与欧美国家现代化道路形成鲜明对比的是,中国式现代化走的是一条独立自主、和平发展的道路。中国在推进现代化过程中,没有进行任何的侵略和掠夺,没有牺牲任何一个国家的人民福祉,没有破坏任何一个国家的社会进步。恰恰相反,中国在推进现代化的进程中,遭遇到

---

① 习近平:《决胜全面建成小康社会夺取新时代中国特色社会主义伟大胜利——在中国共产党第十九次全国代表大会上的报告》,北京:人民出版社,2017年版,第50页。

很多西方国家的无理打压与蛮横干涉,典型表现如西方国家长期发布"中国威胁论"鼓动反华、资助分裂势力破坏中国统一、挑起贸易冲突甚至制裁中国企业、拉帮结派建立反华小团体等不一而足。所以,比较中西现代化道路无疑可以得出结论:中国式和平发展的现代化道路是对西方掠夺式现代化道路的全面超越。

3.中国式现代化的世界意义

中国式现代化开创了人类文明新形态。从这个意义上,它对世界所具有的意义是无可估量的。

开创了人类现代化的新道路。在中国式现代化道路形成之前,欧美发达国家因其先发优势走上现代化之路,早早实现了工业化、民主化、城市化,与之形成鲜明对比的是,广大后发国家则长期陷入贫穷落后的境地而无法自拔。因此,基于欧美国家成功实现现代化的经验便成为现代化理论的唯一源泉,后发国家大都期待通过对欧美现代化道路的模仿来实现自身的现代化。但忽视具体国情和时代背景的东施效颦式生硬模仿,效果终究是参差不齐、差强人意,除了日本、韩国、新加坡等寥寥数国之外,其他国家取得的成就都非常有限甚至陷入现代化陷阱之中。在这种情况下,中国走出一条由中国共产党领导的独具特色的现代化道路,这无疑深化了人类对现代化的认识,丰富了现代化理论和实践模式。

解决了西方现代化的痼疾。考察现代化的历史会发现,西方现代化模式与资本主义生产方式深度绑定,资本主义生产方式本身的局限以及资本主义基本矛盾的存在,导致西方现代化虽然推动了人类社会发展,但同时也带来诸多难以克服的新问题,比如发展失衡和分配不公。中国式现代化则是站在历史的高度和人类文明发展的立场上,通过"五个文明"的协同发展来推动人类社会全面进步;通过新型政党制度和全过程人民民主建设,解决西方现代化进程中资本泛滥和资本主义民主片面性、虚伪性问题;通过中国特色社会主义建设来协调生产力和生产关系之间的矛盾关系;通过推动人口规模巨大的最广大人民群众的共同富裕来解决收入分配不公平不合理的难题;通过和平发展、构建人类命运共同体来化解西方现代化造成的世界发展不平衡问题。中国式现代化对上述西方现代化问题的破解,不仅体现出中国式现代化的先进性,也体现出社会主义制度的优越性,这可为其他国家应对现代化陷阱、解决现代化危机、推动现代化进程提供借鉴。

提供了后发国家现代化的大机遇。中国式现代化虽是立足于中国社会主义伟大事业、致力于中华民族伟大复兴，但中国式现代化并不是故步自封、狭隘民族主义的现代化。中国的发展是全世界发展的一部分，中国的繁荣富强也能带动全世界繁荣富强。同样道理，中国式现代化作为全世界现代化的重要构成部分，也能带动其他后发国家的现代化。所以，全球化背景下，世界离不开中国，中国也离不开世界。对外开放是中国式现代化的基本战略，人类命运共同体是中国式现代化的基本立场，全世界各族人民共同发展是中国式现代化的基本态度。通过加强对外合作，坚持"引进来""走出去"政策，中国式现代化已取得巨大成就，为全世界发展作出巨大贡献，特别是对后发国家的现代化建设提供了巨大助力。所以，中国式现代化不仅在理论政策层面为后发国家的现代化开阔了视野、开辟了道路，而且通过实践层面的全面合作、共享现代化建设成果和发展契机，实实在在地为后发国家的现代化带来黄金机遇。

二、人的发展是社会发展的永恒课题

马克思在《〈黑格尔法哲学批判〉导言》中指出："人就是人的世界，就是国家，社会。"[①]人的活动以及活动中结成的社会关系乃至活动成果等共同组成以人为核心的受到人的影响的"人的世界"，也自然包括了人的活动所创造出的国家、社会。所以，社会发展与人的发展是高度统一的，社会发展是人的生产生活、社会关系的拓展丰富，是以人为中心合目的性与合现实性的集中展现。

（一）发展、社会发展与人的发展的涵义

社会是不断发展进步的。人是构成社会的主体和基本要素，所以社会发展天然就蕴含着人的发展的内容和要求。理解有关发展的基本概念，有助于进一步讨论人的发展、人的现代化等问题。

1.发展

马克思主义哲学从运动视角出发来理解发展，认为发展实质上就是新事物的产生和旧事物的灭亡。马克思指出，"在发展进程中，以前一切现实的东西都会成为不现实的，都会丧失自己的必然性、自己存在的权利、自己的合理性；一

---

① 《马克思恩格斯选集》第一卷，北京：人民出版社，2012年版，第1页。

种新的、富有生命力的现实的东西就会代替正在衰亡的现实的东西"[1]。

在当代社会科学研究中,发展一词更多是指经济发展,强调一个社会从微观的收入水平、生活质量、文化程度、人均寿命等到宏观的经济总量、产业结构、环境质量等方面的全面提升。也有学者从其他角度对发展进行界定。比如阿马蒂亚·森从人的自由的视角出发,"把发展看做是扩大人们享受的真实自由的一种过程","扩展自由是发展的(1)首要目的和(2)主要手段"。[2]森的定义在一定程度上将经济发展和社会发展两个概念相融合,体现出发展内涵的丰富性。除此之外还应认识到,发展是一个动态过程,那么其内涵就不是固定不变的,应该结合所处的社会历史条件理解发展,并坚持发展理念,承认发展的现实性和必然性,积极参与并促进社会发展。

2.人的发展

人的发展可以分为"作为个体的人"的发展和作为"类"的人的发展。人类是个体的人的集合。因此,人类的发展要以个体的人的发展为前提和路径,人类的发展也是个体的人普遍发展的结果。就个体的人来说,发展应是人的认识的进步、人的实践本性的扩张、人的主体性的充分展现。

因此,人的发展有三方面基本内容:自我意识的发展、自我能力的发展和社会关系的发展。前两方面立足于个体身份,第三方面立足于社会身份。自我意识的发展意味着人的主体性在不断增强、自我认识在不断加深、自我价值在不断实现;自我能力的发展意味着人的体力、智力、交往能力等各方面才能和力量的提升;人的社会关系的发展意味着人在与他人、与社会的交往互动中形成的关系不断拓展、和谐共进。由于人的本质是社会关系的总和,所以人的发展的本质即应该是人的社会关系的发展,社会关系的发展决定着人的发展:"一个人的发展取决于和他直接或间接进行交往的其他一切人的发展"[3]。

进一步从更广泛意义上来说,人的发展不仅是一种目标,也是一种权利。人的发展既包括人自身思想能力素质的提升和社会关系的扩展,也应涵盖发挥人的能力的环境和条件的改善——这就关乎人的发展权利。联合国《发展权利宣言》指出:"发展权利是一项不可剥夺的人权,由于这种权利,每个人和所有各

---

[1]《马克思恩格斯选集》第四卷,北京:人民出版社,2012年版,第222页。
[2] [印]阿马蒂亚·森:《以自由看待发展》,任赜、于真译,北京:中国人民大学出版社,2002年版,第30页。
[3]《马克思恩格斯全集》第三卷,北京:人民出版社,1960年版,第515页。

国人民均有权参与、促进并享受经济、社会、文化和政治发展,在这种发展中,所有人权和基本自由都能获得充分实现。"①

3.社会发展

人类社会就是人类交往活动所形成的关系系统。马克思指出,"社会——不管其形式如何——是什么呢？是人们交互活动的产物"②,社会也是人与人之间"那些联系和关系的总和"③。人类社会活动内容多样、形式丰富,表现为人的政治生活、经济生活、文化生活、家庭生活等,人的社会关系也就应该包括在这些活动中形成的人与人相互影响的关系。因此人类社会的发展应是涵盖人本身以及政治、经济、文化等各个方面的社会系统的整体进步。它应该既包括个体发展,又包括作为个体集合的人类的发展;既包括社会存在的发展,又包括社会意识的发展;既包括生产力的革新,又包括生产关系的革新;既包括经济基础的演进,又包括上层建筑的演进;既包括物质文明的进步,又包括精神文明、政治文明、社会文明、生态文明的进步。

社会发展包含着人的发展,但在很多时候学术界又将"人的发展"与"社会发展"视作并列的两个概念。因而,社会发展就有两层涵义:一是人类社会整体的进步,二是人所依赖的社会系统的进步。后续讨论中,当"社会发展"单独出现时,通常指的是前者。如果是与"人的发展"同时出现,则一般指的是后者。

(二)社会发展与人的发展的关系

社会的主体和基石是人,人是社会产生的前提,社会是人的活动的结果。理解社会发展与人的发展的辩证关系,才能更深刻理解人的本质,更好促进人的发展。

1.社会发展与人的发展辩证统一

在《1857—1858经济学手稿》中,马克思将人的发展与社会发展对应起来。他的经典表述指出:"人的依赖关系(起初完全是自然发生的),是最初的社会形式,在这种形式下,人的生产能力只是在狭小的范围内和孤立的地点上发展着。以物的依赖性为基础的人的独立性,是第二大形式,在这种形式下,才形成普遍

---

① 联合国:《发展权利宣言》,国务院新闻办公室官网,http://www.scio.gov.cn/ztk/dtzt/34102/35574/35577/Document/1534188/1534188.htm,2024年6月10日。
② 《马克思恩格斯选集》第四卷,北京:人民出版社,2012年版,第408页。
③ 《马克思恩格斯全集》第三十卷,北京:人民出版社,1995年版,第221页。

的社会物质变换、全面的关系、多方面的需要以及全面的能力的体系。建立在个人全面发展和他们共同的、社会的生产能力成为从属于他们的社会财富这一基础上的自由个性,是第三个阶段。"①在这里,他以个人的发展阶段为标志区分了不同的社会发展阶段:第一个社会阶段是自然发生的人的依赖关系阶段,第二阶段是"物的依赖"关系的阶段,第三阶段是人的全面发展的"自由个性"阶段。由此可以看出,人的发展同社会的发展是辩证统一的过程。社会发展为人的发展创造了条件,人的发展也为社会发展提供了支撑。社会发展促进了人的发展,人的发展也推动了社会发展。当然,社会发展与人的发展的辩证关系的另一面是:二者还存在着对立和斗争。社会发展水平较低时,人的发展也会因此而受到限制。同样道理,人不能实现充分发展时,对社会发展也会形成制约。

纵观历史可知,"当社会处于低水平发展阶段,各个方面停留在贫乏、片面状态时,人的发展却呈现原始的'丰富性'和'全面性';而当阶级社会发展到许多方面趋于丰富和全面时,人的发展却陷入异化和扭曲的泥沼"②。由于生产力水平较低,个人的生产生活都要依附于原始共同体,所以即便不存在私有制,但人受制于生产力发展水平,不可能实现自由发展。正如马克思所说的:"在这里,无论个人还是社会,都不能想象会有自由而充分的发展,因为这样的发展是同原始关系相矛盾的。"③到了资本主义社会,社会生产力进步为人的发展提供了充裕的物质条件,人获得了一定程度的解放,实现了一定程度的发展。但是私有制的经济基础、普遍的强制分工、资本主义的生产方式和政治制度等,导致了劳动异化、人的社会关系异化乃至人的本质的异化等现象。异化也表现在人的发展上:劳动者的劳动本来应该是通过生产创造自我发展的条件,结果这些条件被资本家所支配、占有,甚至反过来还成为资本家剥夺无产阶级发展权利的条件。显然,资本主义和资产阶级的发展是以牺牲无产阶级的发展为代价的。社会发展与人的发展的对立依然存在,而且还不断积累,变得更加尖锐了。解决社会发展与人的发展的矛盾的希望是共产主义社会。生产力和生产关系的共产主义革命为人的自由全面发展创造出最充分的条件,

---

① 《马克思恩格斯文集》第八卷,北京:人民出版社,2009年版,第52页。
② 韩昌跃:《社会发展与人的发展关系的考察——以历史唯物主义基本原理为视角》,《马克思主义理论学科研究》2024年第2期,第42—51页。
③ 《马克思恩格斯选集》第二卷,北京:人民出版社,2012年版,第738页。

人获得了真正的全面的解放和自由。此时社会发展与人的发展是同一的,也就是"每个人的自由发展是一切人的自由发展的条件"①。

2.社会发展为人的发展创造条件

首先,社会发展为人的发展提供物质基础。"个人是什么样的,这取决于他们进行生产的物质条件。"②人作为客观现实的社会性存在,总是生活在一定社会物质条件下。社会为人的存在和发展提供必要的生产资料和生活资料,满足人衣、食、住、行乃至个性和能力发展等多方面的需求。生产力进步带来物质生活的富足,这一方面能够提高人的生活水平,让人的身体素质等方面得到改善和提升,另一方面也让人逐渐摆脱为生存而进行的生产劳动的束缚,有了更多的自由时间,从而可以发展个人的兴趣爱好、审美情趣等,实现个性自由发展。正是在此意义上马克思才说:"当人们还不能使自己的吃喝住穿在质和量方面得到充分保证的时候,人们就根本不能获得解放。"③

其次,社会发展为人的发展提供精神生活条件。人有意识,自然就有精神生活,人的发展就应包含着精神生活的发展。精神生活的发展需要具备一定的精神生活条件。比如,人的科学文化素质、思想道德素质和心理素质等精神素质方面的提升,有赖于社会科学文化发展到一定程度,否则人的素质提升就无从谈起。社会发展要创造出更丰富、更多样、更高质量的精神产品,满足人的生存和发展的精神需求。习近平总书记指出:"人,本质上就是文化的人,而不是'物化'的人;是能动的、全面的人,而不是僵化的、'单向度'的人。"④"文化的人"强调的是人有意识,有主观能动性,自然也就有精神文化方面的需要和追求,而不是"单向度"的只需要物质满足即可的动物或机械。精神需求只能由社会提供的精神产品或服务来满足。原因在于,精神产品是由精神生产活动创造的,而精神生产是人实践的最基本形式之一,实践作为一种社会历史性活动,无法脱离社会孤立进行。这样,精神生产及其成果都是社会性的。社会不发展,则精神生产就不得发展,人类的精神需求不能满足,人自身也无法全面发展。所以,社会发展带来的文化发展、科技进步、艺术繁荣甚至旅游休闲产业兴起等,为每

---

① 《马克思恩格斯选集》第一卷,北京:人民出版社,2012年版,第422页。
② 《马克思恩格斯文集》第一卷,北京:人民出版社,2009年版,第520页。
③ 《马克思恩格斯文集》第一卷,北京:人民出版社,2009年版,第527页。
④ 习近平:《之江新语》,杭州:浙江人民出版社,2007年版,第150页。

一个个体提供更充裕的精神生活条件,促进人的精神素质提高和个性发展。

社会发展改善人的发展的社会环境。人作为社会性的存在,也总是依赖一定的社会环境如社会关系、政治制度、法治体系等而生存和发展的。社会环境为人开展交往活动、形成社会关系创造条件。社会环境改善、优化的一般表现就是社会交往增加、社会关系发达,政治制度更加完善、民主、平等,法治体系更加完备、公平、正义,等等。这些都为人的发展开拓了日益广阔的空间,为人参与实践活动创造出更大的自由,也直接促成人的实践能力增强、实践成果丰富以及社会关系拓展。马克思和恩格斯指出:"一个人的发展取决于和他直接或间接进行交往的其他一切人的发展;彼此发生关系的个人的世世代代是相互联系的,后代的肉体的存在是由他们的前代决定的,后代继承着前代积累起来的生产力和交往形式,这就决定了他们这一代的相互关系。总之,我们可以看到,发展不断地进行着,单个人的历史决不能脱离他以前的或同时代的个人的历史,而是由这种历史决定的。"[①]这就是说,人的发展离不开社会环境,人总是在一定的社会环境、交往关系、历史条件下实现发展的。

3.人的发展为社会发展提供动力

历史唯物主义认为,生产力和生产关系之间的矛盾以及经济基础和上层建筑之间的矛盾构成的社会基本矛盾,是推动社会历史发展的根本动力。人不仅是人类社会的主体、核心,也是构成社会基本矛盾的这几个方面的主体与核心。人的发展直接影响到社会生产力和生产关系、经济基础与上层建筑的变化发展,并最终表现为社会全面发展。

首先,人的发展推动生产力发展。生产力包括劳动资料、劳动对象和劳动者。劳动者是生产力的能动要素,劳动者的素质、能力的高低,直接决定了人类能够在何种程度、何种范围支配何种劳动资料来改造劳动对象、改造自然。所以,当人自身实现了发展时,生产力也会加快进步。这一点在近现代社会表现得最为突出。欧洲近代崛起是以文艺复兴运动和文化教育繁荣为起点的,日本战后兴起是以教育先行为特征的,新中国成立后也通过长期不懈地推广基础教育、发展教育文化事业、实施科教兴国战略等举措提升了劳动力的素质和能力,为中国式现代化建设提供了源源不断的高素质人力资源,从而建成现代工业基础和经济体系,创造了中国奇迹。

---

① 《马克思恩格斯全集》第三卷,北京:人民出版社,1960年版,第515页。

其次，人的发展引起生产关系、社会关系变革。生产关系从内容上看包括生产资料所有制、产品分配制度以及人与人的地位关系。人的交往活动形成社会关系，其中包含着生产实践中形成的生产关系。人的发展引起交往范围、交往能力、交往方式等发生一系列变革，这些变革就含有生产关系的变革。比如，人的素质能力提高，就可以参与更多种形式的生产活动，从而形成更多种形式的生产关系和社会关系。这是人的发展直接引起生产关系、社会关系变革。除此之外，人的发展直接促成生产力水平的提高——高素质的劳动者产生高水平的生产力，而生产力决定生产关系，所以它会间接引发生产关系的变革。人的发展会加快创新过程，带来知识、技术的革新——这是生产力进步的直接表现，同时，生产力进步也为人的发展创造更好的物质条件，会进一步推动人的发展。这种螺旋式交互推进的关系所表现的即人的发展与生产力发展之间的辩证关系。当生产力进步后，社会生产关系也会由原来的适应生产力状态转变为不适应生产力的状态，此时生产关系和具体历史条件下由生产关系构成的经济基础的革新就必然发生。所以，人的发展以生产力的发展为媒介，最终促成了生产关系和经济基础的变革。

最后，人的发展促进上层建筑更新。上层建筑是建立在一定经济基础之上并反映经济基础变化的政治、法律和意识形态。而无论是何种上层建筑，其主体都是人本身。人的任何发展——无论是自我意识还是才华能力——都会直接影响到其参与社会生活时的状态和表现。当这种影响累积到一定程度，量变引发质变，就会导致上层建筑发生重大变化。以中国近代的现代化探索为例，鸦片战争后清帝国被迫打开国门，国人在"开眼看世界"后，深受新思想、新技术、新变革的冲击，这都促成国人思想观念的进步，这些思想观念的进步又诱发一系列经济政治的变革。

所以，人的发展从根本上影响着社会生产力和生产关系、经济基础与上层建筑的发展变化，从而也就从根本上促成社会的变化发展。

(三)社会发展的主题是人的发展

社会发展是围绕人展开的。人是社会发展的目的，同时也是社会发展的动力、手段，人的发展还是社会发展的典型表现。历史地看，社会发展与人的发展总是交融在一起，人类社会历史也是一部人的发展史。

1.社会历史是人的发展史

如前文所述,社会发展与人的发展是辩证统一的,"人们的社会历史始终只是他们的个体发展的历史"[①]。马克思将从人的发展角度提出,人类社会要经历从"人的依赖关系"到"物的依赖关系"最后到人的自由全面发展的"自由个性"三个阶段。[②]这个有关人类社会发展阶段的经典表述,反映了社会发展会集中表现在人的发展、人的社会关系上,反映了社会发展与人的发展的统一性。从这个意义上说,人类社会发展的历史就是一部人的发展史。

首先,社会发展包含着人的发展的内容,社会发展的集中表现就是人的发展。马克思在《政治经济学批判1857—1858年手稿》中指出,"社会本身,即处于社会关系中的人本身",个人"不过是处于相互关系中的个人"。[③]社会与人是统一的,处于社会关系中的人的集合就是社会。因此,讨论社会发展问题时,首先就要承认社会发展的主要表现就是人的需求被更好满足、人的素质能力提升、人的交往活动扩张、人的社会关系更丰富等。比如,近代社会发展的主要表现就是人的生产方式、生产能力相对于农业社会的革命性跃升,人的生活水平大幅提高,人的政治自由扩大,人的权利获得法律保障,等等。所以,人的发展属于社会发展的一部分。

其次,社会发展的主体力量是人,人的发展推动了社会发展。人是生产力中最活跃的因素,也是决定社会发展的主体力量。从历史上看,每一次重大社会进步都与人的活动密不可分,与人的活跃息息相关。近代欧洲兴起,跟文艺复兴运动以来的理性主义复归、自然科学发展、宗教改革运动等重大事件存在密切关联。近代中国的现代化运动,也是以"开眼看世界"后西方社会思潮、科学技术流入,促使国人思想观念开放为起点的。现代中国同样是由于"十月革命一声炮响,给中国送来了马克思列宁主义",由此产生了中国最早的一批共产主义者,进而引发了无产阶级革命运动,推动了中国的新民主主义革命和社会主义革命。时至今日,中国共产党作为百年大党,始终不忘初心、牢记使命,坚持全面从严治党,加强和改善党的建设,发挥好党员模范先锋带头作用,承担好社会主义事业领导核心的责任,为推动中国式现代化建设乃至全人类解放而不

[①]《马克思恩格斯选集》第四卷,北京:人民出版社,2012年版,第409页。
[②]《马克思恩格斯文集》第八卷,北京:人民出版社,2009年版,第52页。
[③]《马克思恩格斯选集》第二卷,北京:人民出版社,2012年版,第791页。

断努力。所以,社会发展归根结底是要人来推动的。

最后,人是衡量社会发展的重要尺度。如古希腊人普罗泰戈拉所说"人是万物的尺度"①一样,社会发展过程也体现出"以人为尺度"的特征。第一,社会发展要满足人的需要。社会发展带来日益丰富的物质文化产品,但这些产品必须是符合人的要求、能给人提供价值的,必须是能满足人的生存和发展要求的,否则就是资源的浪费。第二,社会发展要改善人的生存状态。社会发展促进社会全面进步,从物质产品到精神文化,从政治设施到法律制度,从社会关系到生态环境……只有社会全面进步才能改善人整体的生存状态,才能称之为人的发展。第三,社会发展要以"人的自由全面发展"为目标。人的自由全面发展这个最高目标代表了社会发展的价值取向是"人的发展",只有实现了这个目标,人类社会才能达到"自由个性"这个社会最高形式。对于现阶段的中国来说,"以人民为中心"的发展价值观是现阶段"以人为尺度"的发展的具体表现。

2.社会发展的最终目标是人自由而全面的发展

人是社会发展的最高目的和价值指向,社会发展归根结底要落实到人身上。马克思指出,由于生产条件要与生产力相适应,所以生产条件的历史也是生产力发展的历史,也是"个人本身力量发展的历史"②。从这个意义上说,社会发展不过是符合人自身目的、展现人本身力量的人的活动的现实过程。人通过有意识的实践活动创造出合目的性与合现实性相统一的人类社会。离开了人的实践,人类社会也将不复存在,更毋论社会发展问题。所以社会的存在、发展不能与人的实践脱离,而实践是有意识有目的的主观能动的活动,所以社会的存在与发展也就不能与人的意志、愿望、理想脱离。或者说,社会发展必须是符合人的意志的发展。而对人来说,最大的目的就是生存与发展。所以,社会发展终归是要落到人身上,满足人的需求、符合人的价值、实现人的目标。

共产主义社会将实现人自由而全面的发展。资本主义不能给工人提供全面发展的物质条件和精神条件,早期的资本主义"以致工人非现实化到饿死的地步"③,同时公共教育投入太少、宗教迷信盛行以致"一切理性的、精神的和道

---

① 苗力田、李毓章:《西方哲学史新编》,北京:人民出版社,1990年版,第47页。
② 《马克思恩格斯选集》第一卷,北京:人民出版社,2012年版,第204页。
③ 《马克思恩格斯文集》第一卷,北京:人民出版社,2009年版,第157页。

德的教育却被严重地忽视了"①。马克思、恩格斯在《共产党宣言》中展望了资本主义必然被替代的命运:"代替那存在着阶级和阶级对立的资产阶级旧社会的,将是这样一个联合体,在那里,每个人的自由发展是一切人的自由发展的条件。"②他后来在《资本论》中把未来社会描述为"更高级的、以每一个个人的全面而自由的发展为基本原则的社会形式"③。共产主义作为社会发展的最高形态,内在地要求人的发展也要达到最高形态,也就是自由而全面的发展状态。在共产主义社会,由于过去束缚人的发展的私有制、强制分工、资本主义生产方式、异化等都经过社会革命而被消灭,于是人得以实现全面解放。人的解放促成了人的自由全面发展。自由全面的发展包含个人能力、个人交往、个性意识等方面的全方位发展。共产主义社会生产力高度发达、生产资料公有且劳动产品共同享有、人与人平等相处。在这样的社会中,人不再将劳动作为谋生手段,也有了足够的自由时间,所以可以充分发展个性和能力,实现自由全面的发展。

对于新时代的中国来说,社会发展的目标具体化在解决当前社会主要矛盾、满足人民的发展需求上。习近平总书记在党的十九大报告中强调,"必须坚持以人民为中心的发展思想,不断促进人的全面发展、全体人民共同富裕","把人民对美好生活的向往作为奋斗目标"。④中国共产党将发展视为"第一要务",将人的发展视为社会发展的主题,为最终实现人的自由全面发展而带领中华民族不懈奋斗。

三、中国式现代化实质是人的现代化

2013年,习近平总书记在中央城镇化工作会议上提出:"现代化的本质是人的现代化。"⑤"人的现代化"是中国式现代化的核心价值追求,体现出中国式现代化在价值取向上对西方现代化的超越,这也正是中国式现代化作为人类文明新形态的核心内涵。

---

① 《马克思恩格斯文集》第一卷,北京:人民出版社,2009年版,第425页。
② 《马克思恩格斯选集》第一卷,北京:人民出版社,2012年版,第422页。
③ 《马克思恩格斯选集》第二卷,北京:人民出版社,2012年版,第267页。
④ 习近平:《决胜全面建成小康社会夺取新时代中国特色社会主义伟大胜利——在中国共产党第十九次全国代表大会上的报告》,北京:人民出版社,2017年版,第19、21页。
⑤ 《习近平关于社会主义经济建设论述摘编》,北京:中央文献出版社,2017年版,第164页。

(一)中国式现代化的以人为本

人是社会的主体与核心,所以人的现代化也是社会现代化的实质与核心。英格尔斯指出:"一个国家,只有当它的人民是现代人,它的国民从心理和行为上都转变为现代的人格,它的现代政治、经济和文化管理机构中的工作人员都获得了某种与现代化发展相应的现代性,这样的国家才可以真正称之为现代化的国家。否则,高速稳定的经济发展和有效的管理,都不会得以实现。即使经济已经开始起飞,也不会持续长久。"①但遗憾的是,站在历史的高度审视西方现代化过程,我们不难得出一个结论:西方现代化是一个复杂嬗变的过程,它解放了人也压制了人,尊重了人也忽视了人,发展了人也异化了人。狄更斯在《双城记》开篇说:"那是最美好的时代,那是最糟糕的时代;那是智慧的年头,那是愚昧的年头;那是信仰的时期,那是怀疑的时期;那是光明的季节,那是黑暗的季节;那是希望的春天,那是失望的冬天;我们全都在直奔天堂,我们全都在直奔相反的方向……"②这段话用来评价西方现代化也非常贴合:现代化制造了繁荣,现代化也制造了危机;现代化促成了人的发展,现代化也造成了人的异化。在以工业化为核心的西方现代化历史上,人被资本裹挟、支配而跌入异化的深渊。与之相对,中国式现代化的主题和价值取向,就是现代化的人本回归。

1.西方现代化造成人的异化

马克思的异化理论是以对资本主义的批判为起点展开的。马克思认为,资本主义生产方式下,社会被资本支配,遵循资本的逻辑运转,就会出现一系列异化问题。他首先讨论的是劳动的异化,"工人在他的产品中的外化,不仅意味着他的劳动成为对象,成为外部的存在,而且意味着他的劳动作为一种与他相异的东西不依赖于他而在他之外存在,并成为同他对立的独立力量;意味着他给予对象的生命是作为敌对的和相异的东西同他相对立"③。从劳动异化延伸出去,马克思进一步指出异化劳动导致人同自身异化——"异化劳动使人自己的身体同人相异化,同样也使在人之外的自然界同人相异化,使他的精神本质、他的人的本质同人相异化"④,以及人同人的异化——"一个人同他人相异化,以及

---

① 殷陆君编译:《人的现代化》,成都:四川人民出版社,1985年版,第8页。
② [英]查尔斯·狄更斯:《双城记》,孙法理译,南京:译林出版社,1996年版,第3页。
③ 《马克思恩格斯文集》第一卷,北京:人民出版社,2009年版,第157页。
④ 《马克思恩格斯文集》第一卷,北京:人民出版社,2009年版,第163页。

他们中的每个人都同人的本质相异化"①。由此逐渐形成围绕劳动异化的货币异化、自我的异化、人际关系的异化、人与自然的异化、劳动过程的异化和创造力的异化等一系列异化理论。马克思的异化理论揭示了资本主义生产方式对人的存在方式带来的破坏性后果,给后来者带来很多启发。卢卡奇、埃里希·弗洛姆等人在马克思异化理论的基础上,进一步拓展了异化理论。

实际上,在私有制条件下,劳动者与生产资料、劳动成果是分离的,这为异化的发生提供了可能。工业革命、资本主义生产方式则将这种可能变为必然。所以,近代以来伴随着西方现代化的是异化现象的发生和积累。当劳动不再是劳动者自然自主的活动,而成为一种被迫的谋生手段——更可悲的是劳动同时还是资本剥削劳动者的途径——异化就必然出现。劳动者失去了劳动自主性,也就失去了自由,劳动也就此发生了异化。生产资料占有的不公正不平等导致在劳动成果的分配上的不公正不平等。现代化带来的巨大的物质财富,并没有被直接创造这些财富的劳动者所拥有。资本家凭借其对生产资料的所有权,获得了产品的分配权,占有了绝大部分的社会财富。劳动者与劳动成果的剥离在西方现代化大潮中被加剧了。西方现代化还造成精神思想的异化。现代化的物质富足并没有给人们带来精神的富足。拜金主义、商业文化、消费主义等导致人的思想异化、物化日益严重;精致的个人主义、利己主义思想泛滥,破坏了自然的人的社会本性,造成社会道德沦丧、价值混乱。在普遍异化的现代化背景下,人无法作为一个有尊严的独立自主的个体而存在,也无法在丰富和谐的社会关系中实现自由而全面的发展。所以西方现代化模式对人的存在、发展和延续都造成严重的伤害。

2.中国式现代化的人本凸显

人类必须面对和解决现代化所带来的异化问题。要消除异化,从根本上来说就是要消除产生异化的经济基础、阶级基础和社会基础。中国式现代化是以社会主义制度为基础和前提的、以中国共产党为领导的、以广大人民群众为主体力量的现代化。所以,中国能够走一条不同于西方现代化模式的"以人民为中心""以人为本"的现代化道路,能够在现代化进程中解决人的异化问题,跳出西方现代化陷阱,从而超越西方现代化的资本逻辑,回归于人本逻辑。

以人为本的价值凸显有两层基本涵义。一是"人是本质"。马克思在《〈黑

---

① 《马克思恩格斯文集》第一卷,北京:人民出版社,2009年版,第164页。

格尔法哲学批判〉导言》中明确提出,"彻底"的理论要"抓住事物的根本",而"人的根本就是人本身",并且"人是人的最高本质",由此指向"必须推翻使人成为被侮辱、被奴役、被遗弃和被蔑视的东西的一切关系"。[①]他还指出,人的"任何解放都是使人的世界即各种关系回归于人自身"[②]。所以人本价值凸显就是要求现代化进程必须摒弃由于工业化、商品化、资本主义化的西方现代化所造成的人依附于资本、困惑于商品货币的无法自由自主的异化状态,使现代化凸显人的价值。二是"以人为本位"。这即是要重新审视和反思现代化的目的。社会发展的最终目标是人的自由全面发展。现代化作为人类社会发展的一个中间过程,也应以人的发展为最高目标。西方现代化确曾通过启蒙运动、工业革命等实现了人的初步发展,但伴随现代化的深入,人的异化问题越来越严重,社会分化导致发展严重失衡,劳动人民沦为剥削者的条件和手段,人特别是广大劳动者不再是发展的主体,劳动者的发展也不再是现代化和社会发展的目标。所以,现代化的人本凸显就是要解决发展失衡,实现共同发展,从而让现代化服务于人的价值实现,巩固和发展人的主体地位。

中国的现代化建设自始至终体现着一个鲜明的特征,就是以人民为中心、以人民群众的福祉为目的。在社会主义革命和建设时期,党领导社会主义改造,建立社会主义基本经济制度,为现代化建设和广大人民实现共同富裕奠定基础。改革开放以来,党明确了社会主义的本质是解放生产力和发展生产力,消灭剥削、消除两极分化,最终实现共同富裕,为此确定了"一个中心,两个基本点"的社会主义初级阶段基本路线。中国特色社会主义进入新时代后,"以人民为中心的发展思想"被写入党的十九大报告,成为习近平新时代中国特色社会主义思想的核心内容之一;"共享"也成为新发展理念的重要组成部分。除此之外,习近平总书记还指出,"促进社会公平正义,促进人的全面发展,使全体人民朝着共同富裕目标扎实迈进"[③],"共同富裕本身就是社会主义现代化的一个重要目标。我们不能等实现了现代化再来解决共同富裕问题,而是要始终把满足人民对美好生活的新期待作为发展的出发点和落脚点,在实现现代化过程中不

---

① 《马克思恩格斯选集》第一卷,北京:人民出版社,2012年版,第10页。
② 《马克思恩格斯文集》第一卷,北京:人民出版社,2009年版,第46页。
③ 《习近平谈治国理政》第四卷,北京:外文出版社,2022年版,第144页。

断地、逐步地解决好这个问题"①。与习近平总书记重要讲话精神相呼应的是，2021年5月20日，党中央、国务院印发《关于支持浙江高质量发展建设共同富裕示范区的意见》，为我国推动共同富裕作了政策指引，也极大地推动了建设中国式现代化和实现共同富裕的进程。

总之，西方现代化模式造成了人的异化，而中国式现代化在"扬弃"西方现代化的基础上，始终以人的自由全面发展为核心价值追求。这既反映了中国式现代化的阶级立场和人民底色，又体现出中国式现代化作为一种现代化新模式和人类文明新形态的最本质特征。

（二）中国式现代化视域下人的现代化

习近平总书记指出："现代化的最终目标是实现人自由而全面的发展。"②就此意义来说，社会的现代化包含着人的现代化的内在规定，人的现代化应是社会现代化的目标。此外，人作为社会发展的主体力量，人的现代化也是社会现代化重要的内驱力、推动力。在中国式现代化中，人的现代化既表现为现代化的目的性，也代表着现代化的主体性。习近平总书记强调："现代化的本质是人的现代化。"③所以，人的现代化问题，将是中国式现代化进程的长期主题，势必久久为功、持续推进。

1. 人的现代化的意涵

"人的现代化"是当代人学研究的重要命题。英格尔斯认为，人的现代化需要人的心理、思想、态度、行为等方面从传统模式向现代模式的全面转型。④也有学者从人的现代化与社会现代化之间的对应关系角度进行讨论。如有观点认为人的现代化特指人的思想、心理状态、知识技能等与现代化社会相适应的程度⑤，或者"人的现代化，就是在现代化建设进程中，人的全面、协调发展的状况与过程"⑥。还有学者提出，人的现代化是人由传统人到现代人所发生的变革过程；从广义上说，人的现代化包含现实的人及其世界的现代化，主要有人的自

---

① 《习近平著作选读》第二卷，北京：人民出版社，2023年版，第140页。
② 习近平：《携手同行现代化之路——在中国共产党与世界政党高层对话会上的主旨讲话》，北京：人民出版社，2023年版，第2页。
③ 《十八大以来重要文献选编》上，北京：中央文献出版社，2014年版，第594页。
④ 殷陆君编译：《人的现代化》，成都：四川人民出版社，1985年版，第4页。
⑤ 王北生、刘黎明：《社会现代化必须重视人的现代化》，《北京社会科学》2001年第3期，第133-138页。
⑥ 郑永廷等：《人的现代化理论与实践》，北京：人民出版社，2006年版，第7-8页。

我世界、关系世界和周围世界的现代化;从狭义上说,人的现代化是指人的自我世界的现代化,也就是作为个体的现代化,主要指人的观念、素质能力和行为等发生变革和跃升,关键在于彰显"人的三性",即主体性、文明性和创造性。[1]这些观点都表明,人的现代化是社会现代化的题中应有之义,社会现代化包含着人的现代化的内容,同时人的现代化的过程也应与社会现代化过程相统一,从而在社会现代化中发挥主导作用。社会现代化是一个社会的全面系统的进步,与之对应,作为社会主体的人,也必须在现代化中实现全面进步。

首先,思想意识的现代化。物质决定意识,存在决定思维。在现代化进程中,人的思想观念、思维方式、态度情感等方面都不可避免地会受到现代化生产方式的冲击。但思想意识的转变并非一蹴而就。社会意识具有相对独立性——它与社会存在的发展不完全同步,并有着自身的发展规律和发展过程。所以,社会意识是可能滞后于社会存在的。这即是说,在生产方式、生活方式逐步现代化的过程中,人的思想意识有可能落后于现代化水平。落后的思想意识可能成为现代化发展的障碍。英格尔斯就指出:"如果一个国家的人民缺乏一种能赋予这些制度以真实生命力的广泛的现代心理基础,如果执行和运用着这些现代制度的人,自身还没有从心理、思想、态度和行为方式上都经历一个向现代化的转变,失败和畸形发展的悲剧结局是不可避免的。"[2]所以,必须通过塑造现代社会所要求的思想观念、思维方式、态度意识等方面,来实现思想意识的"更新换代"。

其次,价值观念的现代化。价值观念形成于一定的社会历史条件下,受到人的家庭背景、成长经历、教育方式、社会环境等方面的影响,反映了主体评价客体意义时采取的评价方法、评价标准和评价结论。现代社会生产方式和生活方式的颠覆性革新,直接影响到人生产生活的各个方面,自然也要求人的价值观念实现革新。比如,民主、自由、平等、法治、人权、环保等现代社会广泛认同的价值观念,与社会的现代化相伴而生、同向而行,反映了社会现代化的巨大进步。所以,超越传统社会专制、威权、人治、等级特权等特征及观念,形成符合现代化潮流的,反映现代化生产方式、生活方式乃至思维方式

---

[1] 邹霞、刘丽伟、张晓洪:《中国式现代化视域下的"人的现代化"特质探究》,《重庆社会科学》2023年第10期,第54-66页。

[2] 殷陆君编译:《人的现代化》,成都:四川人民出版社,1985年版,第4页。

的现代价值观念,是人的现代化的重要内容。

再次,素质能力的现代化。社会的现代化有赖于人的推动,为此,人就必须具备符合现代化发展要求的素质能力。其中的核心就是科学文化素质、思想道德素质、身体素质、心理素质、职业技术能力和实践创新能力。科学技术是第一生产力,也是现代化的核心推动力。当代社会正在经历一场全新的技术革命,信息技术、数字技术、人工智能等的发展给现代人提出更高的要求。具备社会发展所必需的科学文化素质,才能够奠定自身发展的基础,也才能充分展现人的本质能力。思想道德素质也是现代化的人所必备的核心素质,社会发展、文明进步不仅体现在生产力、体现在物质文明的进步上,更体现在精神文明和人的思想道德素质上。此外,对现代人的要求还包括身体素质的提升。如同皮埃尔·德·顾拜旦在1896年第一届现代奥运会上提出的口号"更快更高更强"一样,现代社会要求人的身体素质不断提高——这也是现代社会进步的表现。现代化也要求人具有与现代化相匹配的心理素质。现代社会的生活节奏快、工作压力大、社会关系更加复杂多样,由此给人带来更多的心理压力甚至会引发各种心理疾病。如果不具备适应现代化生产方式和生活方式的心理素质,则人的现代化就是空话。职业技术能力是现代化社会中的专业分工所要求的。现代化的社会仍然存在广泛而细致的分工,甚至科技进步导致分工更加细化。在这种情况下,个人必须具备职业技术能力,才能满足社会发展的要求并实现自身的价值。创新是现代社会进步的源泉,是引领发展的第一动力。因此现代化的人还要具备实践创新能力。总之,人的现代化要求个人具备全面的素质能力,这既是现代化对人提出的要求,也是人类实现自由全面发展的路径。

再者,交往活动的现代化。人的本质属性是社会性,社会性的本质又是源自人的社会交往活动。在交往中人开展实践活动,形成社会关系。随着交往活动日益丰富,人的社会关系也不断扩展,人的社会性本质才得以充分展现。人的现代化,必然要求人的交往活动现代化,也就是要在现代的物质成果和技术条件的基础上,通过广泛参与现代社会的经济、政治、文化、社会等各方面活动,建立起丰富的社会关系,以展现人的本质力量,实现人的价值。比如说,伴随技术进步,人的交往范围、交往方式等都发生了重大变化,由此导致社会公共事务急剧增加,这就要求个人要更积极主动地参与社会事务,在维护自身合法权利的同时也为社会作出贡献。所以,现代化要求个人通过积极主动参与现代社会丰富多样的交往活动,扩展社会关系,展现本质能力,实现自我价值,推动自我发展,促进社会的和谐与进步。

最后,生活方式的现代化。现代化带来的物质产品充裕、生活条件优渥、交通通信便捷等结果,直接促成生活方式的客观条件发生巨变。比如,生产率提高导致人不用在生产劳动中投入大量时间,从而获得更多"自由时间"用于个人休闲娱乐、兴趣培养、能力发展,也可以用于发展社会关系,如照顾家庭、与朋友交往甚或参与慈善……生活方式的现代化巨变,不仅指人要充分利用现代化的技术条件来实现人的发展,还指人的生活的自主性、多样性和科学性、生态性等方面的提升。也就是说,现代人有了更大的权利来支配自己的生活;现代社会生活也充分反映了人的个性、差异性,从而表现出多样性、创造性的特征;现代社会崇尚科学的特征促使人们在生活中尊重科学,服从科学规律,更加合理地统筹安排自己的生活;现代特别是20世纪后半叶以来,人们对生态的认识更加深刻,环境保护成为社会生活的一大主题,由此导致绿色生活方式流行并成为社会潮流,绿色化生活成为生活方式现代化的新内容。

2.人的现代化是中国式现代化的内在要求

人的现代化是中国式现代化的重要内容。"从根本上说,现代化不仅表现为技术、经济和政治等领域与传统形态的决裂,还包括人的心理、思想、态度、价值观念和行为方式等方面的根本性转变,即所谓的人的现代化。"①西方现代化遵循的是资本逻辑,所以现代化进程没有能够促进人的现代化,甚至造成严重的人的异化。中国式现代化以人的自由全面发展为目标,在现代化进程中要实现人与社会共同发展、人与自然和谐共生,所以中国式现代化内在地包含着人的现代化的内容。中国式现代化的五大特征都蕴含着人的现代化的内容和要求:"人口规模巨大"代表了人的现代化的普遍性;"全体人民共同富裕"代表了人的生活方式、生活条件的现代化;"物质文明与精神文明相协调"包含着人的思想意识、价值观念和素质能力等的现代化;"人与自然和谐共生"反映了人的现代化的自然环境要求;"走和平发展道路"体现了人的现代化的交往关系。所以,中国式现代化是以人为本的、以人民为中心的现代化,人的现代化是中国式现代化的重要方面。

人的现代化是中国式现代化的重要动力。中国式现代化的以人为本、以人

---

① 周可:《中国式现代化与人的现代化》,《中国社会科学报》2022年11月24日第4版。

民为中心,不仅体现在现代化的目标和价值取向是人的发展和人民福祉,而且也体现在现代化进程是由人民主导、人民支持和人民广泛参与的。马克思主义认为,人民群众是社会历史发展的主体力量。社会发展归根结底要靠人的发展来推动,同样道理,中国式现代化也要通过人的现代化来实现。人的思想意识、价值观念和能力素质、生活方式等方面的现代化,能够产生大量高素质的现代化建设者,他们作为中国式现代化的主体力量,积极推动现代化目标早日实现。

人的现代化是中国式现代化的重要目标。中国式现代化从其宏观目标来讲,是要实现中华民族伟大复兴,是要将中国建设成为富强民主文明和谐美丽的社会主义现代化强国;从其微观目标上来讲,是要实现人的现代化并最终达到自由而全面的发展。所以,从本质上看,社会的现代化就是要满足人的现代化的需求,促进人的现代化的发展,也就是要促进人的现代化。中国式现代化通过建设物质文明与精神文明、构建和谐生态环境等,提高人的生活水平和素质能力,满足人的物质文化需求,促进人的全面进步和人的现代化的发展。一定意义上说,中国式现代化就是以人的现代化为路径,最终通往人的自由而全面发展的目标。这样,人的现代化自然构成中国式现代化的过程性目标。

总之,中国式现代化以人的现代化为前提和动力,在人的现代化的引领、推动之下,中国式现代化才能顺利推进。所以,人的现代化是中国式现代化的内在要求。

(三)中国式现代化推动人的现代化的路径

实现人的现代化是一个全面系统的工程,从根本上说,就要紧扣"发展"这个题眼,就要一心一意谋发展,通过社会全面发展创造人的现代化所需的丰富的物质文化条件。发展科学文化教育医疗事业以提升人的素质能力,构建和谐生态环境以促进人与自然和谐共生,树立人类命运共同体意识以推动世界交往,等等,都是实现人的现代化的重要途径。

1.坚持发展是第一要务夯实人的现代化的基础

习近平总书记指出,"发展是解决我国一切问题的基础和关键"[1]。发展是社会的全面进步,只有通过发展才能解决人的现代化过程中遇到的各种问题。

---

[1] 习近平:《决胜全面建成小康社会夺取新时代中国特色社会主义伟大胜利——在中国共产党第十九次全国代表大会上的报告》,北京:人民出版社,2017年版,第21页。

正是在这个意义上,发展才被定位为党执政兴国的"第一要务"。

发展是社会全面、均衡、可持续、高质量发展。这既是解决当前我国社会主要矛盾的主要举措,也是推动中国式现代化和人的现代化的必然要求。发展为人的现代化提供必要的物质基础和精神条件,因此要求物质文明与精神文明协调发展、人与自然协调发展。发展要统筹兼顾,解决区域差距、城乡差距、行业差距等发展不平衡的问题,特别是要在脱贫攻坚已取得巨大胜利的前提下持续关注生活较困难群众的生活和发展问题。要完善社会保障制度和保障体系,保证社会弱势群体和低收入人群的生存发展。发展要以新发展理念为指导实现高质量发展。自习近平总书记于2015年10月在党的十八届五中全会上提出"创新、协调、绿色、开放、共享"的新发展理念后,中国社会进入发展新阶段,中国式现代化也呈现出新气象,不断取得新成就。党的十九大以来,习近平总书记多次强调要推动经济社会"高质量发展",高质量发展成为新发展理念的实践样态和现代化建设的首要任务。所以,实现人的现代化的发展,还必须是以新发展理念为引领、以高质量发展为主题的发展。为实现高质量发展,还必须全面深化改革,建立并完善适应新发展理念要求的体制机制。要完善社会主义市场经济体制,提高资源配置的效率。要打通经济运行的堵点,畅通国内大循环、国内国际双循环,推进高水平对外开放,构建新发展格局。作为一个补充,还需要推进国家治理体系和治理能力现代化,提升政府治理质量和效能,为经济社会发展和人的现代化保驾护航。

2.聚焦人的全面发展推进人的素质能力现代化

人的自由全面发展是中国式现代化的最终目标,中国式现代化必须聚焦于人的全面发展。这一点完全不同于西方现代化模式下人的"片面化""单向度"的状态。人的全面发展包括多方面内容。有学者提出,中国式现代化视域下的"人的现代化"要求人具备以下具体特质:有家国情怀,有现代化的价值观念,有积极的主体意识,有创新精神和创造力,有生态文明意识,有丰富的精神世界和执着的精神价值追求,有强烈的社会责任感,有较高的科学文化素养,具备合格数字公民应有的数字素养和能力,有较丰富的个性,有敢于担当的精神,有顽强的斗争精神,能苦干实干积极作为,有健康的身心素质。[①]为了培养这些素质,

---

[①] 邹霞、刘丽伟、张晓洪:《中国式现代化视域下的"人的现代化"特质探究》,《重庆社会科学》2023年第10期,第54-66页。

必须实现物质文明与精神文明协调发展,通过物质文明建设为人的现代化、人的全面发展奠定物质基础,创造物质条件;通过精神文明建设,比如大力发展医疗卫生、教育、科学文化等事业,促进人的身体素质、思想观念、道德品质、科学文化等方面的现代化。物质文明建设和精神文明建设本身也是人的实践活动的主要场域。在建设"两个文明"的进程中,人开展了丰富的实践活动,在实践中提高了认识、发展了能力、更新了观念,更重要的是在实践中人通过对象性的活动展现了自身的丰富本质,发现了世界也创造了世界。一言概之:实践锻炼了人、造就了人。所以,科学对待人的发展与社会发展之间的关系,努力推动社会主义物质文明与精神文明协调发展,以人的全面发展为目标,就能不断推进人的现代化。

此外,现阶段还要大力实施科教兴国、人才强国、创新驱动等战略。社会发展不是直线向前的,中国式现代化也不会一帆风顺。在前进道路上总会遇到各种艰难险阻。为此,要清醒认识到现代国家竞争的核心是人才竞争、科技竞争,要从战略层面更加重视发展教育、培养人才、激励创新,加大力度坚持不懈地培养出大量既全面发展又术业专精,既有强大技术能力又有过硬政治素质的社会主义建设者。

3.构建和谐生态环境创造人的现代化的自然条件

习近平总书记指出:"自然是生命之母,人与自然是生命共同体,人类必须敬畏自然、尊重自然、顺应自然、保护自然。"[①]西方现代化没有认识到人与自然之间的共同体关系,所以它既是一段与自然环境做斗争的"征服自然"的历史,又是一段受制于自然环境的"被自然报复"的历史。西方现代化历史给中国的现代化带来启发,中国式现代化必须在尊重自然的基础上开发自然,在服从自然规律的前提下利用自然资源。

2018年5月,习近平总书记在全国生态环境保护大会上的讲话指出:"生态环境是人类生存和发展的根基,生态环境变化直接影响文明兴衰演替。"[②]因此,人的现代化必须是以良好生态环境为前提、以构建人与自然和谐共生的关系为必要路径的。为此,就要牢固树立"绿水青山就是金山银山"的生态可持续发展理念,让全社会在人的现代化过程中率先实现"生态观念"现代化,从而以现代

[①] 习近平:《在纪念马克思诞辰200周年大会上的讲话》,北京:人民出版社,2018年版,第21页。
[②]《十九大以来重要文献选编》上,北京:中央文献出版社,2019年版,第444页。

化的生态观念推动人的全面现代化。要妥善处理经济发展和生态保护的关系，在建设美丽中国的过程中，协同节约资源与保护环境，推动经济社会发展。要目光长远，做好自然资源开发利用和生态保护的总体规划，统筹山水林田湖草沙的系统治理。要完善环保立法，加强环保执法和督察体系建设，对环境污染和生态破坏保持零容忍。特别是对自然生态保护区，一定要严格落实领导责任制和终身追责制。要研发并推广绿色技术，大力发展绿色经济。习近平总书记指出："绿色发展是生态文明建设的必然要求，代表了当今科技和产业变革方向，是最有前途的发展领域。"[1]实现绿色发展的前提是绿色技术、绿色产业逐步替代高耗能、高污染、高投入、低产出的传统产业，因此绿色技术攻关和推广、产业绿色升级将成为中国式现代化在未来很长时间的工作重点之一。此外，还要持续投入、长期坚持，做好生态修复工作。

总之，中国式现代化超越了西方现代化对人与自然关系的认识，着力构建和谐生态环境，加快实现人与自然和谐共生。只有这样的现代化模式和现代化生态观，才能解决现代化的资源环境约束，为人的现代化创造可持续的生态空间。

4.加强人类文明交往推动人的交往现代化

马克思、恩格斯指出："每一个单个人的解放的程度是与历史完全转变为世界历史的程度一致的。"[2]这意味着人的发展、人的现代化与世界交往的发展是统一的。近代以来的工业化，摧毁了世界交往的森严壁垒，培育了开放的世界市场。而且伴随生产、交通和通信等方面技术的不断进步，世界市场不断拓展，国家之间、民族之间、地区之间甚至人与人之间的交流交往日益增多，进而在20世纪形成全球化浪潮。全球化交往推动了现代世界文明快速发展。现代化的历史充分表明，社会的现代化、人的现代化是与交往活动现代化、全球化相互促进、相伴始终的。

习近平总书记指出："人类已经成为你中有我、我中有你的命运共同体，利益高度融合，彼此相互依存。"[3]人类命运共同体要求人类树立开放观念，加强人与人的交往互动。通过世界交往相互影响，推动个体参与多样化的实践、建立

---

[1]《十八大以来重要文献选编》下，北京：中央文献出版社，2018年，第335页。
[2]《马克思恩格斯选集》第一卷，北京：人民出版社，2012年版，第169页。
[3]《习近平谈治国理政》第二卷，北京：外文出版社，2017年版，第481页。

丰富的社会关系，使人的视野、观念、知识、价值、能力等超越传统社会的局限，实现现代化的发展。要倡导以和平发展为核心的全球共同价值，加强文明之间交流对话，相互学习，取长补短，通过文明互鉴推动各个国家、民族的传统文化与现代文明融合发展，化解现代化进程中出现的文化冲突，推动不同文明共同发展。要建设好、维护好多样态、全方位的全球协作机制，通过平等对话、多边协商克服不同国家和地区之间的利益冲突和争端，为人的现代化创造和平和谐的国际环境。要发挥好国际组织在全球化中的作用，借助国际组织的平台发展合作关系，提高资源全球化配置效率。对于中国来说，对外开放是基本国策，改革开放的实践已充分证明对外开放对经济社会发展、对人的现代化的重要促进作用。所以，树立人类命运共同体意识，坚持并扩大对外开放政策，积极推动人类文明交往，是推动中国式现代化、推动人的现代化不可忽视的重要路径。

第二章

中国式现代化视域下人与自然的和谐共生

人与自然和谐共生是中国式现代化的本质要求和重要特征。坚持推进人与自然和谐共生,是中国共产党在坚持和发展马克思主义关于人与自然关系思想的基础上,对人类社会现代化发展作出的深刻反思与经验总结,表达了对解决当下全球环境治理困境的现实关切,彰显了中国式现代化的生态意蕴和价值遵循,为应对全球性生态危机、构建人类命运共同体贡献了中国智慧和中国方案。马克思指出,人的本质"在其现实性上,它是一切社会关系的总和"[①]。人因自然而生,其生存发展无一不源于自然。人与自然的关系是人类社会最基本的关系。因此,正确处理好人与自然的关系、实现人与自然和谐共生,成为党领导人民推进中国式现代化的基本遵循。

一、马克思主义关于人与自然关系的思想

从人与自然关系的视角出发,一部人类文明史也可以看作人与自然关系的演变史。从原始文明时代人对自然的依赖和崇拜,到农业文明时代人对自然的初步开发和利用,再到工业文明时代人对自然的驾驭和支配,人与自然的关系从"原始和平"到逐渐失衡,其演变反映了人类对自然的态度变化。立足资本主义社会,马克思、恩格斯注意到现代工业发展对自然环境造成了严重危害,资本的逐利本质要求不断占有自然资源,人与自然关系走向异化。基于此,马克思、恩格斯对资本主义社会人与自然的关系进行了深入的分析和批判,并提出了解决这一问题的途径,逐渐形成了马克思主义人与自然关系的思想。

(一)人与自然关系的辩证统一

关于人与自然的关系问题,理论界一直没有停止探讨,主要呈现出两方面旨趣:一方面,以"人类中心主义"为典型代表,在人与自然关系的问题上主张人是主体和目的,自然是客体和手段,一切活动都是为了满足人的生存和发展需要,表现出极端功利性的特点;另一方面,以"自然中心主义"为典型代表,在人与自然关系的问题上强调以自然的恢复和发展为主,回归原初的生态自然,却又忽视了人的主体地位和主体价值,是一种"生态乌托邦"思想。马克思则从科学的实践观出发,对人与自然关系进行了揭示:一方面,自然界先于人类存在,对人类活动具有制约作用,是人类得以生存发展的基础;另一方面,人类对自然

[①]《马克思恩格斯选集》第一卷,北京:人民出版社,2012年版,第139页。

界具有能动性,能够通过实践活动进一步认识自然和改造自然。

1.自然的先在性和人对自然的依赖性

关于人与自然的关系,马克思强调了自然先于人类而存在这一观点。在《德意志意识形态》中,马克思、恩格斯批判费尔巴哈考察自然时把历史置于视野之外,把自然看作僵死的、不变化发展的对象,并指出:"外部自然界的优先地位仍然会保持着……先于人类历史而存在的那个自然界,不是费尔巴哈生活于其中的自然界;这是除去在澳洲新出现的一些珊瑚岛以外今天在任何地方都不再存在的、因而对于费尔巴哈来说也是不存在的自然界。"[①]暂且不论这里的"自然界"究竟是指自在自然还是人化自然,"外部自然界的优先地位"已经表明,在马克思看来,自然界是先于人类而存在的。这种"优先地位",从存在论角度来讲,表现为自然的先在性。自然界的先在性这一命题,在马克思主义哲学视域内具有双重涵义,一方面,是指自然界先于人类而存在,人类是在自然界演化的基础上产生的,强调自然界对人类产生的基础作用;另一方面,是指自然界是人类实践活动的基础,强调自然界对人类发展的基础作用。由此可见,马克思主义视域下人与自然的辩证关系,是建立在以自然为前提和基础之上的。也正是因为自然界具有先在性,是一切生命的基础,人类才不可避免地会对自然产生依赖。

一方面,自然界是人的无机的身体,人类活动是建立在自然界所提供的物质基础之上的。在《1844年经济学哲学手稿》(以下简称《手稿》)中,马克思进一步肯定了自然的优先地位,他明确指出:"没有自然界,没有感性的外部世界,工人什么也不能创造。自然界是工人的劳动得以实现、工人的劳动在其中活动、工人的劳动从中生产出和借以生产出自己的产品的材料。"[②]在马克思看来,人类通过劳动实现生产、生命活动的继续,而劳动者及其劳动所需的工具、对象、场所等,皆来自自然界,自然资源和生态环境为人类活动的发展提供了外在保证,对此马克思指出:"自然界是人为了不致死亡而必须与之处于持续不断的交互作用过程的、人的身体。"[③]

另一方面,自然界是人的精神文化需要得以满足的源泉,人的精神世界的

[①]《马克思恩格斯选集》第一卷,北京:人民出版社,2012年版,第157页。
[②]《马克思恩格斯选集》第一卷,北京:人民出版社,2012年版,第52页。
[③]《马克思恩格斯选集》第一卷,北京:人民出版社,2012年版,第55-56页。

丰富和意义世界的构建离不开自然界。在《手稿》中,马克思对人与动物依靠无机界生活的普遍性作出了区分,指出人不仅从肉体上,更要从精神上依赖自然界。马克思提出:"植物、动物、石头、空气、光等等,一方面作为自然科学的对象,一方面作为艺术的对象,都是人的意识的一部分,是人的精神的无机界,是人必须事先进行加工以便享用和消化的精神食粮。"[①]由此可见,人与动物的重要区别,在于人类不仅仅是单纯地通过与自然界进行物质交换从而满足物质层面的需要,还依赖从自然界提供的丰富物质世界中满足精神层面的需要。可以说,自然界中的一草一木、一花一叶,都是人类精神世界的来源,是人进行艺术创作的源泉。

2. 人对自然的能动性和受动性

纵观人类历史长河,尽管自然条件对人类活动具有制约性,人类还是通过实践创造产生了语言、文明、历史等独属于人的东西,直至今天仍然熠熠生辉。这就说明,在人与自然的关系中,人并不是完全被动的,能够通过发挥主观能动性来认识自然和改造自然,进而发展人自身。在马克思、恩格斯看来,人要实现自身与自然发展的辩证统一,提高认识和改造自然的能力,必须以劳动为中介。正如恩格斯在《劳动在从猿到人的转变中的作用》中明确指出:"劳动创造了人本身。"[②]劳动是人特有的活动形式,是人与动物区别的特征之一。对此,马克思、恩格斯在《德意志意识形态》中也表明:"一当人开始生产自己的生活资料,即迈出由他们的肉体组织所决定的这一步的时候,人本身就开始把自己和动物区别开来。"[③]因此,在马克思、恩格斯看来,劳动是人的本质力量的实现和确证,正是凭借劳动人创造出了满足自身生存发展需要的生产资料与生活资料。

人对自然的能动性表现在两个方面,一是人的意识的能动性,二是人的行为的能动性。从意识的能动性来说,人的意识活动能够指导人的实践活动,即是说,在实践活动开始前,人的意识就已经开始发挥作用了。正如人的活动与蜘蛛、蜜蜂等动物的本能活动不同,人的活动始终离不开其意识的参与作用,"最蹩脚的建筑师从一开始就比最灵巧的蜜蜂高明的地方,是他在用蜂蜡建筑蜂房以前,已经在自己的头脑中把它建成了。劳动过程结束时得到的结果,在

---

① 《马克思恩格斯选集》第一卷,北京:人民出版社,2012年版,第55页。
② 《马克思恩格斯选集》第三卷,北京:人民出版社,2012年版,第988页。
③ 《马克思恩格斯选集》第一卷,北京:人民出版社,2012年版,第147页。

这个过程开始时就已经在劳动者的表象中存在着,即已经观念地存在着"①。意识活动的目的性、计划性、创造性和选择性等特点,是人的意识能动性的具体体现。从行为的能动性来说,不同于动物只在本能的支配下进行生产活动,人能够按照人的尺度、人的需要来改造自然,更能够"按照任何一个种的尺度来进行生产","懂得处处都把固有的尺度运用于对象"。②因此,正是能动的生产活动,揭示了人与动物的本质区别。

然而,现代自然科学的发展已经表明,自然界是不以人的意志为转移的"客观实在",有其自身发展的独特规律。因此,作为自然存在物,人必须依赖自然,人的生存和发展、现在和将来,都离不开自然系统的支持,都要受到自然条件的制约。正如马克思所言:"人作为自然的、肉体的、感性的、对象性的存在物,同动植物一样,是受动的、受制约的和受限制的存在物,就是说,他的欲望的对象是作为不依赖于他的对象而存在于他之外的。"③

一方面,这是因为人与自然之间的物质变换以劳动为中介,而劳动又以对自然条件的占有为前提。马克思在对亚细亚、古典古代和日耳曼三种公社所有制的特点的分析中,就看到了自然条件,尤其是土地资源对人类生产生活的影响。马克思认为,劳动的前提是对自然条件的占有,"即对土地这种最初的劳动工具、实验场和原料贮藏所的占有","劳动的主要客观条件本身并不是劳动的产物,而是已经存在的自然。一方面,是活的个人,另一方面,是作为个人再生产的客观条件的土地。"④另一方面,这是因为自然界中的土壤、气候、矿产、能源等资源是构成生产力的重要因素。自然资源的富足与稀缺、自然条件的优越与恶劣,直接影响着人类生产力的发展和劳动方式的改变。正如马克思在《资本论》中所言,在人类社会发展初期,"生活资料的自然富源,例如土壤的肥力,鱼产丰富的水域等等"⑤具有决定性意义;而在较高发展阶段,"劳动资料的自然富源,如奔腾的瀑布、可以航行的河流、森林、金属、煤炭等等"⑥具有决定性意义。因此,在自然条件良好的地区,生产力发展较快,资本也能以最快的

---

① 《马克思恩格斯选集》第二卷,北京:人民出版社,2012年版,第170页。
② 《马克思恩格斯选集》第一卷,北京:人民出版社,2012年版,第57页。
③ 《马克思恩格斯文集》第一卷,北京:人民出版社,2009年版,第209页。
④ 《马克思恩格斯选集》第二卷,北京:人民出版社,2012年版,第736页。
⑤ 《马克思恩格斯选集》第二卷,北京:人民出版社,2012年版,第239页。
⑥ 《马克思恩格斯选集》第二卷,北京:人民出版社,2012年版,第239页。

速度周转起来;反之,在自然资源匮乏、生态环境恶劣的地区,人类活动受限,难以满足发展需求。

3.人与自然的内在统一性

人作为自然存在物具有自然属性。马克思、恩格斯指出,人类存在的第一个前提就是"生产满足这些需要的资料,即生产物质生活本身"[1]。在马克思、恩格斯看来,人的物质需要的满足是人的生存发展的前提和基础,而吃喝住穿等需要是人最为基础的物质需要。在人类社会早期,人的自然属性仅仅表现为对食物和睡眠的渴求,表现出和一般动物相同的需求特征,自然界提供的物质资料也足以将其满足,此时人对自然的探索和改造也仅仅停留于表面。随着人的进化和人类社会的发展,人对衣、食、住、行等各方面的要求逐渐上升,特别是对物质需要对象的数量和质量有了更多的期待,这也内在激励人类不断认识和改造自然。

自然演变为人化自然具有人的属性。马克思自然观,其实质是自然的社会历史性,核心内容是自然的人化过程。以劳动实践为介质,原始自然在人类出现以后便打上了人的烙印,人的自然需要、社会需要以及精神需要的满足,无不从自然界获取原始的物质资料,在此过程中,人把自然作为实践活动的对象,也在改造着自然,因而不仅使自然界的外在形态发生了变化,更将人的意志通过实践注入自然界,这就是自然的人化过程。在这一过程中,人是实践活动的主体,自然是实践活动的对象,人按照自己的意志,有目的、有选择地利用工具,改造自然,"使自己的生命活动本身变成自己意志的和意识的对象"[2],从而使自然朝着有利于人类生存的方向发展,为自然界雕刻上"人化"的痕迹。

以实践为中介,人与自然统一于社会。"自然界的人的本质只有对社会的人来说才是存在的;因为只有在社会中,自然界对人来说才是人与人联系的纽带,才是他为别人的存在和别人为他的存在,只有在社会中,自然界才是人自己的合乎人性的存在的基础,才是人的现实的生活要素。"[3]在马克思看来,自然界中所包含的人的属性,以及人所体现的自然属性,只有在社会中才能存在,因此,要从社会中去考察人与自然的关系,因为"社会是人同自然界的完成了的本质

---

[1]《马克思恩格斯选集》第一卷,北京:人民出版社,2012年版,第158页。
[2]《马克思恩格斯选集》第一卷,北京:人民出版社,2012年版,第56页。
[3]《马克思恩格斯文集》第一卷,北京:人民出版社,2009年版,第187页。

的统一,是自然界的真正复活,是人的实现了的自然主义和自然界的实现了的人道主义"①。

(二)人与自然关系的异化

在马克思、恩格斯看来,人与自然是辩证统一的,人依赖自然并改造自然,自然也慷慨大方地为人类提供生存所需。然而,立足资本主义社会,马克思、恩格斯敏锐地发现,人类为满足不断膨胀的物质欲望,不顾后果,过度地开发自然,导致资源匮乏、生态恶化、自然灾难频发,人与自然关系逐渐扭曲。对此,马克思、恩格斯基于资本主义社会人与自然关系异化的现状,深刻剖析了其产生的原因,为进一步找到实现二者关系和解的举措提供了理论基础。

1.资本主义私有制是人与自然关系异化的根本原因

随着资本主义生产方式的确立,资本主义经济飞速发展,社会物质财富不断积累,其背后却是以生态破坏为高额代价。在此过程中,人与自然关系不断恶化,造成严重损失。马克思、恩格斯对资本主义社会生态污染、环境恶化、资源匮乏等人与自然关系异化现象进行了揭露,对资本主义私有制的反生态性质进行了深刻的批判,他们认为,在资本主义社会,资本的逐利本质决定了生态问题不仅无法得到合理解决,还会不断加剧,人与自然关系只会对立,并最终走向崩溃。

一方面,资本主义私有制是资本主义社会的必然产物,维护少数资产阶级的利益是其天然立场。制度的产生有其特定的社会历史背景和文化背景。就资本主义制度而言,它的产生既是社会形态更替的必然结果,也包含着"血和肮脏的东西"②。"手推磨产生的是封建主的社会,蒸汽磨产生的是工业资本家的社会。"③18世纪60年代爆发的工业革命促进了社会生产方式的深刻变革,推动了资本主义经济快速发展,资本主义制度随之发展成熟。在资本主义私有制背景下,资本家们有且仅有一个目标——获取更多的利润。为了达到这一目标,资本家们一是榨取工人更多的剩余价值,二是占有更丰富的自然资源。从前者来讲,资本家把工人当作时刻运转的机器,希望他们能够不停地工作,创造更多的财富,所带来的必然后果是,资本家们的确赚得盆满钵满,工人们的生活却日益

---

① 《马克思恩格斯文集》第一卷,北京:人民出版社,2009年版,第187页。
② 《马克思恩格斯选集》第二卷,北京:人民出版社,2012年版,第297页。
③ 《马克思恩格斯选集》第一卷,北京:人民出版社,2012年版,第222页。

贫困;从后者来讲,为了获取生产的原材料——自然资源,资本家们想尽一切办法,例如通过开发原始森林、使用现代科技、巧取豪夺等方式,对自然进行疯狂掠夺,其结果是加剧了环境恶化和生物灭绝。这表明,在资本主义制度下,只有少数资产阶级的利益能够得到保障,资本主义制度会毫不犹豫地为其不合理的利益攫取方式作出辩护。

另一方面,资本的逐利本质决定了资本主义社会背景下的生态问题无法得到根治。其一,在意识形态领域,作为西方社会思潮的重要组成部分,消费主义思潮在不断恶化人与自然的关系。以强烈的物欲性、虚假性、符号化等为特征,消费主义主张消费至上,通过主张无节制地消耗自然资源、贪婪地占有物质财富来确证人的价值。同时,作为一种资本主义意识形态,消费主义天然地反映着资本的意志并为其增值目的服务。在资本主义私有制条件下,为了使利润最大化,资本家们一边借助媒体广告对其商品进行大肆宣传,以刺激人们的消费欲望,一边过度生产商品和过度开采资源,以满足人们的消费欲望。最终结果是人的物质欲望不断膨胀、人的实际需要被忽视、生产资料被浪费、社会生产力被消耗,形成恶性循环,人与自然关系最终走向异化。其二,在生产领域,倡导"自由""平等""所有权",资本主义社会把一切商品交换都建立在买卖双方的自由意志和利益最大化基础之上,交易只是利益产生的环节,而非满足人的实际需要的手段。因此,资本家们为了快速销出商品,在彼此的竞争压力下角逐利益。不可忽视的是,在竞争的过程中,资本家们通过优化与改善管理制度、应用最新科技手段等举措,提高了劳动生产率,促进了社会生产力的发展,带来了丰厚的社会物质财富,但同时他们也反对任何对生产过程的社会监督和调节,认为这有悖于资本主义社会私人财产权。因此,生产变得盲目、无计划,导致大量自然资源被浪费。此外,尽管资本主义社会在面临生态危机时作出了调整,但在利益面前,任何阻碍资本自由发展的政策和措施都无法触及问题根源,不过是资本为其丑恶面目挂上的面纱。

2.资本主义异化劳动是人与自然关系异化的直接原因

劳动创造了人生存发展所需的物质资料,创造了丰富多彩的精神世界,创造了人本身。在人与自然关系的考量中,劳动是联结人与自然的中介,自然的人化过程需要劳动才能实现,如果没有劳动,自然将永远停留在原始自然阶段,人类也无法存活。因此,劳动是财富的源泉、生命的源泉。然而,在资本主义社会,劳动仅成为工人谋生的手段,劳动者在劳动过程中感受到的不是幸福,而是压抑和痛苦,更可怕的是,"只要肉体的强制或其他强制一停止,人们就会像逃避瘟疫那样逃避劳动"①。这就是劳动的异化性质。在《手稿》中,马克思集中阐述了异化劳动思想,并从异化劳动的四重规定出发,探讨了不同时期人与自然关系的演变,对未来共产主义社会人与自然关系的和解作出了构想。在马克思看来,异化劳动具有四重规定,这四重规定也直接导致了人与自然关系走向断裂。

其一,劳动者同自己的劳动相异化。人的主观能动性决定了在自然面前人并不是处于无能为力的状态,人完全可以依靠劳动实践满足需求,改变现状,获得发展。人类社会发展到今天,这一事实也已经得到确证。然而,作为人的主体活动的劳动,在资本主义社会却成为劳动者痛苦的来源。资本家为了榨取更多的剩余价值,或者延长工人的工作日获取绝对剩余价值,或者缩短工人的必要劳动时间获取相对剩余价值,总而言之,要将工人彻底束缚在工厂内,使其成为大机器的一部分,这使得工人身心疲惫、苦不堪言,劳动成为工人的噩梦。"他在自己的劳动中不是肯定自己,而是否定自己,不是感到幸福,而是感到不幸,不是自由地发挥自己的体力和智力,而是使自己的肉体受折磨、精神遭摧残。"②

其二,劳动者同自己的劳动产品相异化。占有一定的劳动产品,是人生存和发展的必要条件。自然界为人类提供了生产所需的原始材料,劳动者通过劳动活动,将原始材料加工为可以直接为人使用的生活资料,满足人的发展需求。然而,劳动者却无法直接获得由他们自己生产的劳动产品,反而需要出卖自身劳动力以换取微薄的工资去购买。也即是说,工人想要获取更多劳动产品,就越要出卖自身劳动力,就越不自由,越受到由他自己生产的劳动产品的统治。"工人在劳动中耗费的力量越多,他亲手创造出来反对自身的、异己的对象世界的力量就越强大,他自身、他的内部世界就越贫乏,归他所有的东西就越少。"③

其三,人同自己的类本质相异化。以人为哲学主题,费尔巴哈引入"类"的概念来揭示人的本质。简单来说,"类"即种类,"类本质"即一种事物区别于其他种类事物的根本特性。费尔巴哈认为,人的类本质在于意识,是否具有意识

---

① 《马克思恩格斯选集》第一卷,北京:人民出版社,2012年版,第54页。
② 《马克思恩格斯选集》第一卷,北京:人民出版社,2012年版,第53页。
③ 《马克思恩格斯选集》第一卷,北京:人民出版社,2012年版,第51页。

是人与动物的根本区别。而马克思在费尔巴哈基础上对其进行了超越,他认为,人的类本质是劳动,提出"自由的有意识的活动恰恰就是人的类特性"①。动物无法进行"有意识的生命活动"即劳动,所以动物只能停留在本能活动层面,满足最基本的生存需要。而正是因为人能够进行劳动,才能不断发展、进化。然而,在资本主义社会,劳动沦为谋生的手段,劳动者在劳动过程中不再感到愉悦和轻松,而是像机器完成任务一般死气沉沉,毫无生气。

其四,人同人相异化。人在劳动过程中形成各种关系,这些关系的总和就构成了社会。在资本主义社会,最主要的关系是资本家阶级和工人阶级的关系,显然,二者之间的关系并不是平等和谐的,而是压迫与被压迫的,因为工人的劳动和生产的劳动产品不属于他本人,属于资本家,劳动被贬低为工人维持肉体生存的手段,劳动产品成为对工人来说异己的存在物。由此一来,人与人关系发生异化,人与自然关系异化,因为人与自然的关系实质上就是人与人的关系,"人同自身以及同自然界的任何自我异化,都表现在他使自身、使自然界跟另一些与他不同的人所发生的关系上"②。

3.资本主义科技异化是人与自然关系异化的又一动因

人类认识自然和改造自然能力的发展,最直接的表现就是科技的进步。科学技术水平的提高,能够直接促进劳动工具的更新换代,而作为劳动过程重要组成部分的劳动工具,在生产力发展过程中又发挥着不可替代的作用,因此,马克思对资本主义社会科学技术发展带来的制度发展、社会形态更迭以及以往社会不可比拟的物质财富进行了充分肯定,他指出:"火药、指南针、印刷术——这是预告资产阶级社会到来的三大发明。火药把骑士阶层炸得粉碎,指南针打开了世界市场并建立了殖民地,而印刷术则变成新教的工具,总的来说变成科学复兴的手段,变成对精神发展创造必要前提的最强大的杠杆。"③然而,在资本主义社会,科学技术成为人类征服自然、控制自然,甚至掠夺自然的工具,这种以异化形式存在的科技,创造了巨大的生产力,但也引发了严重的生态问题,成为人与自然关系异化的又一动因。

一方面,资本主义社会科技异化导致自然资源匮乏,影响自然资源的再生

---

① 《马克思恩格斯选集》第一卷,北京:人民出版社,2012年版,第56页。
② 《马克思恩格斯选集》第一卷,北京:人民出版社,2012年版,第59页。
③ 《马克思恩格斯全集》第三十七卷,北京:人民出版社,2019年版,第50页。

和再利用。以资本主义社会的农业发展为例,从传统农业转向资本主义现代农业,科技发挥了不可替代的作用。新型机械化农具的出现,农药、化肥等生物技术的使用,在提高农业生产率的同时,也在一定程度上给自然资源尤其是土地资源带来了不可逆的伤害。马克思指出:"资本主义农业的任何进步,都不仅是掠夺劳动者的技巧的进步,而且是掠夺土地的技巧的进步,在一定时期内提高土地肥力的任何进步,同时也是破坏土地肥力持久源泉的进步。"[1]以大工业为重头戏的资本主义生产方式,科学技术的广泛应用不可避免。但在资本逻辑的影响下,科技成为资本家谋取利益的手段,成为其获取自然资源的捷径,其结果是科技异化,成为凌驾于人之上、控制人的武器,在人与自然这对本应该和谐的关系中,人的主体性被削弱,自然资源被过度开发,人与自然关系走向异化。

另一方面,资本主义社会科技异化导致自然环境污染严重,人的生存环境恶化。以资本主义社会工业发展为例,为了提高劳动生产率,最大程度降低生产成本,资本家们提高了生产的机械化程度,但又无视大机器生产过程中产生的废水、废渣、废气等,不做处理直接排出,造成严重的空气污染、水污染、固体废弃物污染等环境污染。恩格斯在《英国工人阶级状况》中说到,19世纪中叶的曼彻斯特是现代工业城市的典型代表,由于大工业生产排放了大量废气,煤烟弥漫,使得城市空气质量低下。在曼彻斯特的工人聚居区,"到处都是死水洼,高高地堆积在这些死水洼之间的一堆堆垃圾、废弃物和令人作呕的脏东西不断地发散出臭味来污染四周的空气,而这里的空气由于成打的工厂烟囱冒着黑烟,本来就够污浊沉闷的了"[2]。此外,大机器生产还直接污染着人类生命源泉——水资源。由于化学药品的使用和机械化操作对水资源的需求,大量干净的水源变为废水污水排出,导致人尤其是穷人的生活环境极端恶化。在如此恶劣的环境下生存,人的生命健康不得不处于危急状态,各种疾病随之而来。"位于城市中最糟的区域里的工人住宅,和这个阶级的一般生活条件结合起来,就成为百病丛生的根源。"[3]

(三)人与自然关系的和解

从人与自然关系的发展规律出发,马克思、恩格斯对人与自然关系异化的

---

[1]《马克思恩格斯选集》第二卷,北京:人民出版社,2012年版,第234页。
[2]《马克思恩格斯全集》第二卷,北京:人民出版社,1957年版,第342页。
[3]《马克思恩格斯全集》第二卷,北京:人民出版社,1957年版,第382页。

出路提出了自己的观点——实现"两个和解",即人与自然关系的和解、人与人自身的和解。马克思、恩格斯认为,实现"两个和解",人与自然进行合理的物质转换,是避免人类遭到自然报复、彻底解决人与自然矛盾、建立人与自然和谐统一关系的正确途径。其中,实现人与自然关系和解,首要明确自然具有先在性以及人对自然具有能动性,二者是对立统一的辩证关系,在此基础上,顺应自然发展规律,在合理的范围内运用自然资源,以实践为中介,实现生产力的普遍发展,消灭资本主义私有制,最终在共产主义社会实现人与自然真正的本质的统一。

1. 发展生产力是实现人与自然关系和解的物质基础

马克思、恩格斯在《德意志意识形态》中指出,消灭异化,建立共产主义社会,必须"以生产力的巨大增长和高度发展为前提"[1],因为缺乏一定的物质基础,人类就会陷入普遍的贫困之中,"而在极端贫困的情况下,必须重新开始争取必需品的斗争,全部陈腐污浊的东西又要死灰复燃"[2]。因此,只有在物质条件丰裕的前提下,人类才不致为了最基本的生活需要而对自然进行疯狂开发。发展生产力,包括发展自然生产力和发展社会生产力两个方面,二者是相互渗透、相互促进的,共同构成生产力这一有机整体。

自然生产力是社会生产力的前提和基础,其内容既包括客观存在的自然资源,也包括尚未开发的自然条件,它和社会生产力相同,都具有创造社会财富的重要作用。简单来说,自然生产力是指自然界各种物质本身就存在的能量,例如风能、水能、潮汐能、波浪能、太阳能等,蕴藏着巨大的发展潜力,人类只需对其进行合理利用就能将其转变为生产力,从而造福人类社会。马克思十分重视对自然生产力的利用,他指出:"应用机器,不仅仅是使与单独个人的劳动不同的社会劳动的生产力发挥作用,而且把单纯的自然力——如水、风、蒸汽、电等——变成社会劳动的力量。"[3]作为社会产生和发展的前提,自然界提供的物质资料、蕴藏的物质能量,是人类科学技术无法创造的。森林、河流、金属、煤炭等资源,既是人类生存的基础,也是人类发展的保障,发挥自然生产力,就是依赖生活资料的自然富源,实现人与自然之间的物质变换。

---

[1]《马克思恩格斯选集》第一卷,北京:人民出版社,2012年版,第166页。
[2]《马克思恩格斯选集》第一卷,北京:人民出版社,2012年版,第166页。
[3]《马克思恩格斯文集》第八卷,北京:人民出版社,2009年版,第279-280页。

在对资本主义社会的分工和协作进行分析时,马克思明确了社会生产力这一概念。他指出:"结合工作日的特殊生产力都是社会的劳动生产力或社会劳动的生产力。这种生产力是由协作本身产生的。劳动者在有计划地同别人共同工作中,摆脱了他的个人局限,并发挥出他的种属能力。"①这就说明,社会生产力是在分工基础上产生并得到发展的。如果说,自然生产力的发展需要人为的、适度的开发,社会生产力的发展则需要合理的管理和调节。正如马克思指出:"随着许多雇佣工人的协作,资本的指挥发展成为劳动过程本身的进行所必要的条件,成为实际的生产条件。"②因此,社会生产力的发展离不开指挥和调控,否则不仅不会创造新的社会生产力,还会造成资源的浪费。

作为社会发展的基本动力以及衡量社会进步的重要指标,生产力的发展一直是人类社会不断为之奋斗的重要目标,在社会中扮演着重要角色。生产力是经济发展的重要驱动力。生产力水平越高,经济发展质量越高、效益越好,对资源的利用率越高,对生态的破坏就越小,人与自然的关系就更能趋向和谐。此外,高水平的生产力意味着能将更多资源投入到创新创造和科研开发中,创造发明更高效的生产工具、更先进的生产技术,不仅能够满足人的基本生活需求,还能提高生活的幸福感和满意度。经济基础决定上层建筑。生产力的发展不仅能创造物质基础,还能促进社会政治制度的完善、人的精神需求的满足、社会文明程度的提高,进而能促进人重新审视与自然的关系,与自然和谐共处。

2. 合理支配自然是实现人与自然关系和解的重要途径

劳动是实现人与自然物质变换的中介,也是实现人与自然关系和解的重要途径。正如马克思提出:"人在肉体上只有靠这些自然产品才能生活,不管这些产品是以食物、燃料、衣着的形式还是以住房等等的形式表现出来。"③人的生活所需均来自自然界,而这些自然产品最初是作为原始资料给予人类,需要通过劳动实践对其进行加工改造。同时,与动物本能的活动不同,人对自然的实践是一种支配性的活动。恩格斯说:"动物仅仅利用外部自然界,简单地通过自身的存在在自然界中引起变化;而人则通过他所作出的改变来使自然界为自己的

---

① 《马克思恩格斯选集》第二卷,北京:人民出版社,2012年版,第208页。
② 《马克思恩格斯全集》第四十二卷,北京:人民出版社,2016年版,第337页。
③ 《马克思恩格斯选集》第一卷,北京:人民出版社,2012年版,第55页。

目的服务,来支配自然界。"①人给自然打上了人类活动的烙印,一旦人的欲望夸大,自然提供的免费资料不再能满足人的需求时,人就会采取措施增加对自然的索取,这正是人与自然矛盾的缘由所在。因此,尊重自然,正确认识和运用自然规律,合理支配自然,才能实现人与自然关系和解。

敬畏自然、尊重自然是合理支配自然的前提。尊重自然,首先要敬畏自然,要看到自然对人类发展的重要性。马克思、恩格斯坚持自然的先在性以及人对自然的依赖性的唯物主义立场,以劳动实践为中介,把人与自然看作复杂的统一整体,反对将人与自然割裂为两个独立的部分。马克思、恩格斯指出:"我们连同我们的肉、血和头脑都是属于自然界和存在于自然界之中的。"②人是自然的一部分,尊重自然,敬畏自然,就是敬畏人类本身。然而,并非所有人都能认识到这一点。随着科学技术的发展,人类逐渐抛弃敬畏之心,以自然界的主人自居,不仅加大了对自然的开发力度,还在工业生产中制造了大量成分复杂的废弃物,资源枯竭、环境污染、物种锐减、气候异常等生态危机随之而来。追根溯源,都是人类对自然的认识定位出现了偏差,把自然看作随意宰割的对象,而非人类赖以生存的基石。因此,尊重自然,首先要重构人与自然关系,明确二者处于共同体之中,这种共生共存共发展的共同体关系决定了人类必须尊重自然、顺应自然、善待自然。从"共生"角度来讲,人的生存必须依赖自然界提供的空气、土壤、水等资源,否则人类文明无法延续;从"共存"角度来讲,人类并不是凌驾于自然之上的主人,人与自然的关系也并不是主从关系,而是同呼吸、共命运的共同体关系;从"共发展"角度来讲,人类社会要实现可持续发展,就必须以自然界的可持续发展为前提,否则最终会危及人类自身。

正确认识和运用自然规律是合理支配自然的关键。恩格斯指出:"我们对自然界的整个支配作用,就在于我们比其他一切生物强,能够认识和正确运用自然规律。"③这是人能够在自然界获得一定地位的保证。关于人与自然的关系,恩格斯在《自然辩证法》中表明,人与自然并非处于两个对立面,而是相互作用、共同发展的,不能孤立地看待,既要看到人类活动对自然的改造,也要看到自然条件对人类活动的制约性。因此,运用自然规律,首先在于对自然规律的

---

① 《马克思恩格斯选集》第三卷,北京:人民出版社,2012年版,第997—998页。
② 《马克思恩格斯选集》第三卷,北京:人民出版社,2012年版,第998页。
③ 《马克思恩格斯选集》第三卷,北京:人民出版社,2012年版,第998页。

正确认识,要按照自然本身的发展来发挥主观能动性,而不是随心所欲,随意发挥,也不能忽视自然对人类的反作用,要做好调节不利影响的准备。此外,由于处于某一历史阶段的人的认识能力有限,意味着不是每一次人对自然的活动都能带来正向反馈,有时还会适得其反,"每一次胜利,起初确实取得了我们预期的结果,但是往后和再往后却发生完全不同的、出乎预料的影响,常常把最初的结果又消除了"[1]。因此,认识和运用自然规律,首先要着眼长远,重视整个人类社会未来发展的利益,而不能为了贪图眼前小利,杀鸡取卵,竭泽而渔。

3.共产主义是实现人与自然关系和解的最终归宿

在《手稿》中,马克思形容共产主义是"人和自然界之间、人和人之间的矛盾的真正解决"[2];在《资本论》第三卷中,马克思进一步将共产主义表述为人和人结成的共同体,这一共同体通过对物质资料的控制实现人与自然和解、人与人和解。"社会化的人,联合起来的生产者,将合理地调节他们和自然之间的物质变换,把它置于他们的共同控制之下,而不让它作为一种盲目的力量来统治自己;靠消耗最小的力量,在最无愧于和最适合于他们的人类本性的条件下来进行这种物质变换。"[3]因此,人与自然的关系问题,只有在共产主义社会才能得到彻底的解决。

资本主义私有制是造成人与自然关系异化的根本原因,而"共产主义是对私有财产即人的自我异化的积极的扬弃"[4]。中世纪末期,资本主义私有制随着工场手工业的发展而逐渐兴起,作为人类社会发展到一定阶段的产物,其产生具有一定的历史必然性。因此,在资本主义社会早期,消灭私有制可以说是不可能的,正如恩格斯所言:"对于工场手工业和大工业发展的最初阶段来说,除了私有制,不可能有其他任何所有制形式,除了以私有制为基础的社会制度,不可能有其他任何社会制度。"[5]这时,生产力还不能达到高度发展水平,生产关系也还没有成为生产力发展的阻碍。然而,在资本主义私有制背景下,人的实践缺乏自由性,人的劳动成为谋生的手段,异化状态下生产活动的唯一目的是使资本家获得私有财产。私有财产既是催生异化劳动的诱因,也是异化劳动带来

---

[1]《马克思恩格斯选集》第三卷,北京:人民出版社,2012年版,第998页。
[2]《马克思恩格斯文集》第一卷,北京:人民出版社,2009年版,第185页。
[3]《马克思恩格斯文集》第七卷,北京:人民出版社,2009年版,第928–929页。
[4]《马克思恩格斯文集》第一卷,北京:人民出版社,2009年版,第185页。
[5]《马克思恩格斯选集》第一卷,北京:人民出版社,2012年版,第303页。

的结果。工人在异化劳动下愈发贫穷和病痛,资本家却掌握了社会大部分财富,阶级之间的矛盾和对立逐渐激化,资本主义私有制下的生产关系开始阻碍人类社会进一步发展,因此,实现共产主义,首先就要消灭私有制,改变所有制的社会性质,"把资本变为公共的、属于社会全体成员的财产"①。那么,究竟如何消灭资本主义私有制呢?马克思、恩格斯对这一问题作出了回答。消灭私有制,首先不可能一蹴而就,而是一个过程;其次,在具体的方法上,恩格斯提出了和平和暴力两种方式,前者仅适用于少数国家,毕竟"几乎所有文明国家的无产阶级的发展都受到暴力压制",如果被压迫被奴役的无产阶级走向革命,到那时,"共产主义者将用行动来捍卫无产者的事业"②。

资本主义社会异化劳动导致人与人的类本质相异化,而共产主义是"通过人并且为了人而对人的本质的真正占有",是"人向自身、也就是向社会的即合乎人性的人的复归"。③共产主义通过扬弃人的自我异化和私有财产,恢复人的自由自觉,进而真正实现人的本质的复归。从异化劳动的四重规定来看,人的本质的复归也表现为对劳动本身和对劳动产品的复归。在共产主义社会,一方面,生产劳动不再是折磨人的强制劳动,而成为人展现自己本质力量的活动,成为由人自身支配、发展人的自由个性的活动,劳动"本身成了生活的第一需要"④。另一方面,分工消失了,人不会因为分工固定在某一生产领域,限制在某一活动范围,真正可以做到"随自己的兴趣今天干这事,明天干那事,上午打猎,下午捕鱼,傍晚从事畜牧,晚饭后从事批判"⑤,人因劳动获得真正的内心的满足,自身得到全面发展。当人与劳动和劳动产品的异化消失,人与人之间的剥削与被剥削关系也随之消逝,人实现对自身本质的真正占有,实现人性的复归。在此基础上,自然界也得到了真正的"复活",因为当人的劳动回到自由自觉的状态时,人对自然的过度索取也消除了,取之以适度的、合目的性和合规律性的开发和占有,人重新做回自然界的一部分,人与自然关系真正得到和解。

---

① 《马克思恩格斯选集》第一卷,北京:人民出版社,2012年版,第415页。
② 《马克思恩格斯选集》第一卷,北京:人民出版社,2012年版,第304页。
③ 《马克思恩格斯文集》第一卷,北京:人民出版社,2009年版,第185页。
④ 《马克思恩格斯选集》第三卷,北京:人民出版社,2012年版,第365页。
⑤ 《马克思恩格斯选集》第一卷,北京:人民出版社,2012年版,第165页。

二、中国式现代化视域下人与自然的内在张力

党的二十大报告指出:"中国式现代化是人与自然和谐共生的现代化。"[①]这为在新的历史起点上深入推进社会主义现代化建设提供了基本遵循。实际上,中国共产党对人与自然关系的科学认识经历了一个不断总结历史经验并在实践中不断认识、检验,再认识再检验的过程。对此习近平总书记深刻指出:"改革开放以来,我国经济发展取得历史性成就,这是值得我们自豪和骄傲的,也是世界上很多国家羡慕我们的地方。同时必须看到,我们也积累了大量生态环境问题,成为明显的短板,成为人民群众反映强烈的突出问题。"[②]在社会主义现代化建设初期,由于对人与自然和谐共生的重要性认识不够充分,曾出现过过分注重经济增长速度而忽视环境资源保护的现象。这种偏向导致了诸多生态环境问题,一定程度上制约了社会主义现代化建设的持续健康发展。

(一)自然基础性地位认识存在不足

党的十八大以来,中国特色社会主义进入了新时代。在这一时期,我国明确将生态保护置于优先地位,并将可持续发展确立为长远战略,致力于构建人与自然和谐共生的生态文明。然而,在我国社会主义现代化建设的宏观进程中,部分领域仍然受到传统观念的影响,表现出一些亟待解决的问题。

首先,片面追求经济发展而忽视生态保护。新中国成立初期,相较于世界上其他早已步入现代化进程的西方发达资本主义国家,我国社会主义是建立在物质基础相对薄弱、经济文化相对落后的基础上,这决定了必须坚持以经济建设为中心,才能不断巩固和发展社会主义。改革开放以来,我国经济一直保持高速发展,经济总量也不断上升。国家统计局数据显示:"1979—2012年,我国国内生产总值年均增长9.8%,同期世界经济年均增速只有2.8%。"[③]快速发展的经济给社会带来了巨大的物质财富,人民的生活水平得到大幅提高。然而,经济高速增长的背后,是生态环境保护被忽视,环境污染、资源破坏、生态恶化成

---

① 习近平:《高举中国特色社会主义伟大旗帜 为全面建设社会主义现代化国家而团结奋斗——在中国共产党第二十次全国代表大会上的报告》,北京:人民出版社,2022年版,第23页。
② 《习近平谈治国理政》第二卷,北京:外文出版社,2017年版,第209页。
③ 国家统计局:《改革开放铸辉煌 经济发展谱新篇——1978年以来我国经济社会发展的巨大变化》,《人民日报》2013年11月6日第10版。

为片面追求经济发展的惨痛代价。在吸取了以往经济发展的经验教训后,党中央迅速调整了经济发展策略,更加重视经济发展的质量,推动实现经济又好又快发展。党的二十大报告指出,建设人与自然和谐共生的现代化,要"坚持可持续发展,坚持节约优先、保护优先、自然恢复为主的方针,像保护眼睛一样保护自然和生态环境,坚定不移走生产发展、生活富裕、生态良好的文明发展道路,实现中华民族永续发展"[①]。中国式现代化坚持绿色发展理念,以绿色循环低碳发展的现代化经济体系推动形成人与自然和谐共生的现代化格局,有效协调了经济发展和生态保护二者的关系,不断推动经济实现高质量发展。

其次,夸大人的主观能动性而忽视自然界的反作用。自人类开始探寻人与自然关系之日起,人是主体还是自然是主体的问题一直困扰着人们。持有人类中心主义这一价值尺度的人认为,人是主体,自然是客体,自然资源是为人所用的,满足人的需求才是其价值所在,价值评价的尺度必须始终掌握在人手中。古希腊时期普罗泰戈拉提出"人是万物的尺度",启蒙运动时期康德提出"人是目的",我国古人提出"人者天地之心也"等论断,这些思想都把人看作宇宙万物的主体,一切都应以人的利益为准。随着人类社会发展,人类改造自然的能力不断加强,在人类中心主义思想的影响下,部分人开始片面强调人的主体性和主观能动性,强调人对自然的占有,甚至到了极端化的程度。这样就造成了严重的自然资源浪费与环境污染等问题,加剧了人与自然的冲突。恩格斯在《自然辩证法》中告诫人类:"不要过分陶醉于我们人类对自然界的胜利。对于每一次这样的胜利,自然界都对我们进行报复。"[②]人与自然命运息息相关,当人类自视为自然界的主宰,不再把自然看作赖以生存的基础时,人类已经尝到自然界报复的恶果。全球变暖、极端天气的出现、自然灾害频发、瘟疫疾病的暴发、土地的退化和干旱等,都是自然界对人类的报复,威胁着全人类的生存发展利益。面对日益严峻的生态危机,习近平总书记指出:"人与自然是生命共同体……人类对大自然的伤害最终会伤及人类自身,这是无法抗拒的规律。"[③]因此,我国在现代化建设进程中不断加大生态环境保护力度,着力解决大气污染、水污染等

[①] 习近平:《高举中国特色社会主义伟大旗帜 为全面建设社会主义现代化国家而团结奋斗——在中国共产党第二十次全国代表大会上的报告》,北京:人民出版社,2022年版,第23页。
[②]《马克思恩格斯选集》第三卷,北京:人民出版社,2012年版,第998页。
[③]《习近平谈治国理政》第三卷,北京:外文出版社,2020年版,第39页。

突出环境问题,"把生态文明建设摆在全局工作的突出位置"①,扭转了我国长期以来形成的重索取轻保护的错误价值观。

最后,一味追求科技进步而忽视科技异化对自然的破坏。恩格斯在马克思的葬礼上说道:"在马克思看来,科学是一种在历史上起推动作用的、革命的力量。"②科学技术是第一生产力。不可置疑,科技的发展的确为我国经济社会带来了巨大的进步,一次又一次的科技革命也在不断确证这一事实。然而,在科技的助推下,人对自然的控制能力不断增强,助长了人类征服自然和主宰自然的欲望,科技不仅是人类社会发展的象征,更成为人控制自然的手段。因此,人与自然被困在科技的范畴中,关系变得畸形,由此导致了科技异化,破坏自然生态。例如,随着电子产品的更新换代,一代又一代老旧的电子产品被废弃,产生大量的电子垃圾,其中包含的有害物质如铅、汞等元素,如果不对其做专业的回收和处理,会渗入水源和土壤,破坏生态环境;汽车、暖气等科技发展带来的生活用品产生了大量二氧化碳,以及随着人类社会对能源需求的增加,碳排放量逐日递增,导致全球气候变暖和海平面上升,造成严重的自然灾害。因此,在科技给人类生活带来极大便利的同时,科技异化也造成了资源浪费与环境破坏,如果不采取措施进行纠正和控制,只会引发无穷后患。中国式现代化在实践中不断反思科技发展给自然生态带来的负面影响,对科技在我国现代化建设实践中的地位进行新的定位,既明确了科技是第一生产力,要重视科技进步和创新,又推动科技朝着绿色低碳方向发展,为美丽中国建设提供强大的科技支撑。

(二)部分生产生活方式不合理

从生产方式来说,部分区域采取的粗放型经济增长方式成为诱发生态问题的重要原因。粗放型经济增长方式,是在生产技术水平较低的背景下,依靠大规模投入生产要素从而提高产量的模式,突出表现是能源资源利用率低且消耗速度大于经济增长速度。这种高消耗、低效益的模式导致经济增长所付出的资源环境代价过大,促使人与自然关系空前紧张。在改革开放初期,面对薄弱的经济基础,"发展才是硬道理"逐渐成为社会主流。为了促进经济快速发展,我国部分区域采取了较为粗放的经济增长方式,通过大规模投资,工业化、城市化

---

① 《习近平谈治国理政》第四卷,北京:外文出版社,2022年版,第360页。
② 《马克思恩格斯选集》第三卷,北京:人民出版社,2012年版,第1003页。

进程迅速得到推进。从产业结构来看,粗放型经济增长模式下能源密集型产业比重较大,根据国家统计局历年《国民经济和社会发展统计报告》中的分类,"化学原料及化学制品制造业、非金属矿物制品业、黑色金属冶炼及压延加工业、有色金属冶炼及压延加工业、石油加工炼焦及核燃料加工业、电力热力的生产和供应业"[①]六大行业为能源密集型的高耗能行业,这些产业的突出特点就是能源消耗巨大,能源利用率低但碳排放量高,不可避免地引发了一些生态问题,这使我国逐渐认识到,粗放型经济增长模式与生态保护相悖,是不可持续的发展模式,不符合建设社会主义现代化强国的内在要求。因此,我国加快实现了经济增长方式的转变,并在中国式现代化实践中集中推进发展方式转变,坚持"走内涵式、集约型、绿色化的高质量发展路子"[②]。

从生活方式来说,消费主义生活观进一步加剧了生态危机。对于消费主义这种价值取向和生活方式,我国大多数学者认为,在消费主义思潮的影响下,消费者们追求的不再是商品或服务的使用价值,而更多的是商品背后的符号价值,以及由此体现出的消费者自身的社会地位。综合来看,消费主义思潮是指人们为了满足不断膨胀的消费欲望而毫无节制地消费,并由此形成的一种消费至上、物欲至上的价值观念,实质上是一种西方资本主义意识形态。通过资本主义国家行为和各种商业活动,消费主义逐渐渗透进人们的日常生活,并在其影响下表现出异化消费行为,这种异化消费,既通过无节制的消费加重了自然负担,又反向推动异化生产引发资源消耗加剧和环境污染。一方面,在消费主义影响下,人们把对物欲的满足看作人生的最大幸福与最高追求,不管是否需要,对物质的消耗始终摆在第一位,表现为过度消费、浪费消费。这种不合理的消费模式导致了人对自然的过度索取,自然资源不堪重负,最终引发生态危机。另一方面,在消费主义价值观影响下,人的各种欲望同物质绑定起来,人们在消费时看中的更多是资本赋予商品的符号价值,而不是使用价值,因此,脱离使用价值的商品作为一种与人异化的对象而存在,一定程度上对人来说是负担而不是真正的需要,属于虚假的需要。人对物欲的追求已经远远超出个体生存和种的繁衍的尺度,人的欲望无限性与资源有限性之间的矛盾越来越深,导致自然

---

① 中华人民共和国国家统计局:《中华人民共和国2010年国民经济和社会发展统计公报[1]》,《人民日报》2011年3月1日第13版。
②《习近平关于城市工作论述摘编》,北京:中央文献出版社,2023年版,第37页。

生态恶化,生态危机加剧。在中国式现代化视域下,现代化的消费模式具有"共生性""绿色化"等特征,体现了人与自然和谐共生的现代化属性,它摒弃了传统消费模式造成的消费型污染和资源环境压力,反复践行"绿水青山既是自然财富、生态财富,又是社会财富、经济财富"①的理念,是中国式现代化推动形成绿色生活方式的重要内容。

此外,我国城镇化的迅速发展也带来了一些生态环境问题。在提高居民生活质量、减少农村人口压力以及促进经济增长的同时,持续攀升的城镇化率也大幅提升了生态环境风险。一方面,大规模的城市建设势必会改变原有的自然地理面貌,如河流、湖泊、海洋等水文风貌,森林、草原、沼泽、荒漠等植被风貌,平原、沙丘、山脉等地形地貌,从而使原有的生态环境发生变化,这意味着人化自然占比的提高,越来越多的自在自然因为人类活动尤其是工业活动转变为人化自然,工业城市如雨后春笋般出现,导致留给自在自然的范围越来越狭小。在此过程中,自然环境被分割,本应作为整体的生态系统被破坏,形成生态断片,这就直接导致了物种分布不均。与此同时,由于生物栖息地被破坏,部分动物长久以来生存的环境消失,使其本身的生存和繁衍成为问题,影响生物多样性。另一方面,随着城镇化发展,大量人口聚集于城市,带来高强度的产业活动和社会经济活动,促使水泥、砖石等人工建筑取代了草地、农田等自然下垫面,同时大气污染及人工废热的排放等引起热岛效应,造成环境污染和能源消耗加剧。为了调和城镇化发展与生态环境可持续性之间的冲突,解决城镇化进程中的诸多环境问题,习近平总书记指出:"要把生态文明理念和原则全面融入城镇化全过程,走集约、智能、绿色、低碳的新型城镇化道路。"②这为我国在城市建设方面继续走人与自然和谐共生的现代化道路提供了方向指引。

(三)部分生态保护措施存在短板

"长期以来,资源无限、环境无价的观念根深蒂固地存在于人们的思维中,也渗透在社会和经济活动的体制和政策中。"③随着人类活动的不断拓展,生态环境破坏加剧,生态风险不断提高,严重影响人们的日常生活和社会经济活动,

---

① 《习近平谈治国理政》第三卷,北京:外文出版社,2020年版,第361页。
② 《习近平关于城市工作论述摘编》,北京:中央文献出版社,2023年版,第121页。
③ 孙钰:《探索建立中国式生态补偿机制——访中国工程院院士李文华》,《环境保护》2006年第19期,第5页。

人们不得不面对生态恶化及其造成的负面影响这一事实。为了改善环境污染，加强生态保护，我国在环保方面采取了针对性举措，也取得了重大成效。以治理荒漠化、水土流失、土地沙化的植树造林为例，自20世纪80年代起，我国就大力推行植树造林工程，三北防护林体系建设工程被誉为"世界林业生态工程之最"。国家林业和草原局数据显示，截至2023年，三北防护林工程建设取得了巨大成就："工程区森林覆盖率由5.05%增长到13.84%，45%以上可治理沙化土地面积得到初步治理，61%的水土流失面积得到有效控制，4.5亿亩农田得到有效保护……"[1]毋庸置疑，我国在自然生态保护方面作出了巨大努力，也收获了巨大成就。但我国当前的生态环境质量仍然处于中低水平，在生态文明立法保障、管理效能等层面仍然存在短板，形成我国现代化建设过程中人与自然的内在张力。

生态保护相关法律法规不够完善。改革开放以来，随着《中华人民共和国宪法》《中华人民共和国环境保护法》《中华人民共和国水污染防治法》《中华人民共和国大气污染防治法》等相关法律的制定和不断完善，我国环保法律体系已经初步形成，在生态环境保护的各个领域基本做到了有法可依，为我国环境保护事业提供了强有力的法制保障。然而，随着市场经济体制的发展，新的生态问题不断出现，新的问题就需要与之相适应的新的法律法规来调整和解决，但由于受到立法者的意识以及社会整体认知水平的限制，法律具有一定的滞后性，使得执法者在面对新出现的环保问题时没有相关法律法规做支撑，也就不能及时对破坏自然环境、危害生态的行为做出处理。2011年，我国渤海湾蓬莱19-3油田出现海上溢油事故，由于该油田附近海域海水石油类平均浓度较高，石油扩散面积大，漏油事件对周边海域和海洋环境造成了较为严重的污染。此外，渤海湾周边人口稠密，渔业养殖业分布密集，因此，漏油事件同时也造成了严重的经济损失。当国家海洋局和众多水产养殖户向负责蓬莱19-3油田开发的美国康菲石油公司进行索赔时，由于"目前海洋环境保护法规定的海洋生态损害国家索赔内容较为原则、笼统，蓬莱19-3油田漏油的民事赔偿尚面临诸多难解的法律问题"[2]。《中华人民共和国海洋环境保护法》自1982年颁布实施，在渤海湾蓬莱19-3油田漏油事故发生之前，只经历1999年一次修订，因此，在面

---

[1] 国家林业和草原局：《坚决打好"三北"工程攻坚战》，《求是》2023年第22期，第28页。
[2] 蔡岩红：《海洋生态损害国家索赔面临诸多法律难题》，《法制日报》2011年7月12日第4版。

对该类突发事件时,由于相关法律的滞后性、法律规定过于笼统导致操作性弱,无法及时提供法治保障。此后,《中华人民共和国海洋环境保护法》于2013年、2016年、2017年先后进行三次修正,并于2023年进行了第二次修订,为海洋污染防治和生态保护提供了有效的法治保障。

生态环境保护管理体制尚不健全。第一,由于生态环境的系统性和多样性,生态环境保护存在着复杂性和不确定性,环保事业的开展就需要一定的管理体制作为支撑,保障各个环节能够有条不紊地进行。《中华人民共和国环境保护法》(下称《环境保护法》)对环境保护监督管理的主体进行了规定。例如,第十条规定:"国务院环境保护主管部门,对全国环境保护工作实施统一监督管理;县级以上地方人民政府环境保护主管部门,对本行政区域环境保护工作实施统一监督管理。县级以上人民政府有关部门和军队环境保护部门,依照有关法律的规定对资源保护和污染防治等环境保护工作实施监督管理。"然而,各个具体部门应该分管的内容却没有详细明确的规定,这就从一定程度上导致了各部门之间权责不一,影响环境保护执法效力。第二,在环境保护监管方面,尽管我国《环境保护法》对各企业事业单位和各生产经营者的环境污染违法行为作出了明确的法律责任规定,并根据情节的轻重采取处罚、停业、关闭、拘留等措施,但管理主体在面对环境污染违法行为时无法当场立刻采取强制措施,只能按照法律程序一步一步来,加上部分监管人员不作为、滥作为,导致监管难以到位。第三,除了规定的各项主体进行环境保护监督管理活动以外,还需要公众的参与,广泛听取群众意见,接受群众监督,环保工作才能顺利开展。然而,我国在环保监督方面还存在宣传不到位、群众积极性弱等不足,还需要进一步加强和改进,缓解人与自然矛盾。针对生态环境保护管理体制存在的各种问题,党中央明确指出,要"深化生态环境保护管理体制改革,完善生态环境管理制度,加快构建生态环境治理体系,健全保障举措,增强系统性和完整性,大幅提升治理能力"[①],并提出了详细的改革举措,及时弥补了我国生态环境保护管理体制的不足,为中国式现代化深入开展生态环境保护工作、持续推动生态环境高质量发展奠定了坚实的基础。

[①]《十九大以来重要文献选编》上,北京:中央文献出版社,2019年版,第519页。

三、中国式现代化视域下人与自然和谐共生的路径

"必须牢固树立和践行绿水青山就是金山银山的理念，站在人与自然和谐共生的高度谋划发展"[①]，致力于走高质量发展的现代化道路，这既是中国式现代化的中国特色，也是中国式现代化的重要内容。实现人与自然和谐共生是一项复杂的生态系统工程，既需要从坚持党的领导和以人民为中心的价值理念这一全局高度把握方向定位，也需要从加快社会生产生活方式绿色转型这一现实视角展开工作部署，更需要从建立健全生态环境保护制度这一制度层面提供根本保障。

（一）坚持党性和人民性相统一，走科学发展的现代化道路

为人民谋幸福，是中国共产党矢志不渝的追求。人民要幸福，发展是首要任务。中国共产党吸取资本主义现代化以生态破坏为代价、以人与自然对立冲突为后果的教训，在继承马克思主义人与自然关系理论基础之上，以人与自然和谐共生开创了中国式现代化新道路。同时，我国人口规模巨大的现实国情，决定了我国现代化建设将面临巨大的资源压力、环境压力，如果继续走消耗资源、破坏生态的现代化老路，将会重新陷入人与自然对立冲突的怪圈。因此，中国式现代化准确把握了我国现代化建设面临的新形势，在习近平生态文明思想的引领下，以党的领导为根本保证，坚持以人民为中心的发展和治理理念，着力构建人与自然生命共同体，在尊重自然发展客观规律的基础上，促进经济发展与生态保护协同共进，走出了一条科学发展的现代化道路。这是中国共产党以人民为中心、为我国现代化发展创造优良自然环境的生态自觉。

1.坚持党的全面领导

"办好中国的事情，关键在党。"[②]在党的领导下，我国生态文明建设"从认识到实践都发生了历史性、转折性、全局性的变化"[③]。纵观我国生态文明建设的历史进程，可以发现，中国共产党始终发挥着卓越的领导力。

新民主主义革命时期，以毛泽东同志为主要代表的中国共产党人在领导人

[①] 习近平：《高举中国特色社会主义伟大旗帜 为全面建设社会主义现代化国家而团结奋斗——在中国共产党第二十次全国代表大会上的报告》，北京：人民出版社，2022年版，第50页。
[②]《习近平谈治国理政》第四卷，北京：外文出版社，2022年版，第8页。
[③]《习近平谈治国理政》第四卷，北京：外文出版社，2022年版，第361页。

民进行新民主主义革命时,对生态问题有了初步的思考。这一时期,党重视革命根据地的林业、水利建设,重视垦荒和土壤改良,在改善人民生存环境的同时也积极推进了生态文明建设。社会主义革命和建设时期,中国共产党将主要精力放在社会主义新中国的建设上,生态环境建设也是其中重要一环。1958年,毛泽东在北戴河会议上指出:"要使我们祖国的河山全部绿化起来,要达到园林化,到处都很美丽,自然面貌要改变过来。"[1]在党的领导下,我国采取了一系列美化环境、保持水土等方面的举措,奠定了生态文明建设的基础。改革开放和社会主义现代化建设时期,随着对社会主义生态文明建设规律的认识不断增强,我国逐渐建立了生态文明保护体制机制,制定了有关环境保护的法律法规,成立了相关责任部门,提出了生态文明保护的对策和行动方案。以邓小平同志为主要代表的中国共产党人,在我国社会主义初级阶段的基本国情基础上,以经济建设为中心,把环境保护确立为我国的一项基本国策,推动我国生态文明建设法治化、制度化进程;以江泽民同志为主要代表的中国共产党人,在面对国际生态保护呼吁、国内生态问题现状基础上,进一步认识到生态文明建设的重要性,强调要坚持可持续发展,坚持资源环境与经济协调发展;以胡锦涛同志为主要代表的中国共产党人,站在国家发展战略高度,提出保护生态环境,树立科学发展观,建设资源节约型和环境友好型社会,使经济又好又快发展。

党的十八大以来,以习近平同志为核心的党中央围绕"什么是社会主义生态文明建设、怎样推进生态文明建设"这一重大课题提出一系列新理念新论断新举措,形成了习近平生态文明思想,成为中国共产党领导人民进行生态文明建设的根本行动指南。立足新时代,中国共产党深入践行"绿水青山就是金山银山"的理念,不断完善生态环境保护制度,开展环境污染防治攻坚战,加强生态保护和修复,改善人居生活环境,不断实现天更蓝、山更绿、水更清。中国式现代化,是中国共产党领导的社会主义现代化,党的领导是中国式现代化的本质特色,也是构建人与自然和谐共生的现代化的根本保证。第一,党中央集中统一领导生态文明建设,保证全党步调一致、行动统一,能够有效增强构建人与自然和谐共生现代化的战略定力和战略稳定性,增强生态文明建设的系统合力;第二,地方党委在党中央领导下发挥自身执行力,起到承上启下、层层传递

---

[1] 中共中央文献研究室、国家林业局:《毛泽东论林业》新编本,北京:中央文献出版社,2003年版,第51页。

的桥梁作用,能够进一步落实生态文明建设的主体责任,确保各地区能将生态环境保护和治理落到实处,着力构建人与自然和谐共生的现代化;第三,基层党组织作为党在社会基层组织的战斗堡垒,是党的全部工作和战斗力的基础,在党中央领导下,基层党组织能够充分发挥其密切联系群众的优势,对人与自然和谐共生的现代化建设目标进行有针对性的宣传等,提升人民群众的思想自觉和行动自觉,真正将中国式现代化人与自然和谐共生的理念贯彻到人民群众的实践中。

2.坚持以人民为中心

习近平总书记指出"党性和人民性从来都是一致的、统一的",因此,"坚持党性就是坚持人民性"[①],坚持党的领导就是坚持以人民为中心。中国式现代化是以人民为中心的现代化,现代化建设的主体是人民,价值归宿也是人民。一方面,人民是中国式现代化的建设主体。马克思主义是实践的唯物主义,强调人民只有在实践中改造客观世界才能成为主体。中国式现代化依靠广大人民的实践智慧、实践精神和实践力量进行现代化建设,在发展生产力、改造客观世界的同时,也使得人民在实践中构建作为人的内在品质,体现人的尊严和创造生命价值,实现作为人的本质的本真意义。另一方面,满足人民美好生活需要是中国式现代化的建设目的。唯物史观认为,"现实的人"的需要是社会发展的动力。中国式现代化以人民为中心,本质上就是要以人民的需要为中心,通过在实践中考察和把握人民需求,进而满足人民真实的、合理的需求。以人民为中心,就是要站稳人民立场,把人民利益放在首要位置,发挥人民主体力量,实现发展成果由人民共享。

首先,促进人与自然和谐共生的初心使命是人民利益。治国有常,利民为本。党的十八大以来,以习近平同志为核心的党中央深入贯彻以人民为中心的发展思想,把为民造福作为最重要的政绩。习近平总书记在党的二十大报告中指出:"人民群众获得感、幸福感、安全感更加充实、更有保障、更可持续,共同富裕取得新成效。"[②]历史是出卷人,人民是阅卷人。中国共产党的工作成效,要以人民生活是否得到改善、人民利益是否得到保障作为检验的根本标尺。一方

---

① 《习近平关于社会主义文化建设论述摘编》,北京:中央文献出版社,2017年版,第23页。
② 习近平:《高举中国特色社会主义伟大旗帜 为全面建设社会主义现代化国家而团结奋斗——在中国共产党第二十次全国代表大会上的报告》,北京:人民出版社,2022年版,第11页。

面,人民的幸福生活建立在牢固的物质财富基础之上,而经济社会发展与生态文明保护不可分割。保护和改善生态环境,探索人与自然和谐共处之道,就是要实现经济高质量、可持续发展,从而满足人民对美好生活的向往。另一方面,环境就是民生,提升人民群众的生态环境福祉正是中国式现代化坚持人民利益至上的体现。空气质量好不好,水资源质量高不高,直接影响着人民的生活品质。人与自然和谐共生,就是要通过生态文明建设,解决当前我国的环境问题,不断满足人民日益增长的优美生态环境需要。

其次,践行人与自然和谐共生的主体力量是人民群众。"历史活动是群众的活动,随着历史活动的深入,必将是群众队伍的扩大。"①人民群众是历史的创造者,这是历史唯物主义的根本观点。中国共产党秉持马克思主义关于人民群众是历史创造主体的重要结论,在实践中尊重人民主体地位和首创精神,充分激发人民群众蕴含的伟大力量,并在百年党史实践过程中不断深化对人民主体作用的认识。"人民是历史的创造者,是真正的英雄。"②党的十八大以来,以习近平同志为核心的党中央团结带领人民群众进行社会主义现代化建设,充分发挥人民群众的历史创造作用,用生动的实践诠释了中国式现代化的蓬勃生命力。在生态文明建设过程中,劳动主体是人民,生态产品的生产者和消费者也是人民,因此,只有充分发挥人民的力量,人与自然和谐共生的现代化才能切实推进。习近平总书记在党的二十大报告中指出:"全面建设社会主义现代化国家,必须充分发挥亿万人民的创造伟力。"③中国式现代化以人民为实践主体,通过加快发展方式绿色转型、深入推进环境污染防治、提升生态系统多样性稳定性持续性、稳妥推进碳达峰碳中和④等方式,推动实现人与自然和谐共生。

最后,实现人与自然和谐共生的价值遵循是人民共享。在马克思、恩格斯看来,人民是物质资料生产的主力军,理应享有由人民自己创造的物质财富和精神财富。马克思主义关于人民享有社会财富的思想,内蕴"共享"发展理念,在社会主义现代化建设中表现为坚持发展成果由人民共享,这既是社会主义的

---

① 《马克思恩格斯文集》第一卷,北京:人民出版社,2009年版,第287页。
② 《习近平谈治国理政》第四卷,北京:外文出版社,2022年版,第8页。
③ 习近平:《高举中国特色社会主义伟大旗帜 为全面建设社会主义现代化国家而团结奋斗——在中国共产党第二十次全国代表大会上的报告》,北京:人民出版社,2022年版,第70页。
④ 习近平:《高举中国特色社会主义伟大旗帜 为全面建设社会主义现代化国家而团结奋斗——在中国共产党第二十次全国代表大会上的报告》,北京:人民出版社,2022年版,第50-51页。

本质要求,也是中国式现代化的价值遵循,更是中国共产党始终如一的价值取向。中国式现代化以全体人民共同富裕为本质特征,从生态文明视角来看其深层逻辑就是要让人民真正共享生态发展成果,这是中国式现代化以人民为中心在生态文明建设方面的具体体现。

(二)促进社会发展绿色转型,走绿色发展的现代化道路

自然是人类赖以生存发展的基本条件,尊重自然、顺应自然、保护自然,是全面建设社会主义现代化国家的内在要求,也是实现人与自然和谐共生、促进人的现代化发展的路径选择。党的十八大以来,在以习近平同志为核心的党中央的领导下,生态文明建设深入推进,绿色发展成为共识。中国式现代化在绿色发展理念指引下,加快经济发展绿色转型,逐步形成绿色低碳的生产生活方式。

1.加速推动社会生产绿色转型

绿色发展是高质量发展的底色。党的二十大报告指出:"推动经济社会发展绿色化、低碳化是实现高质量发展的关键环节。"[1]从社会生产角度来看,中国式现代化要在经济增长方式、产业布局、能源结构、科技研发等方面加快绿色转型,才能推动经济实现"质的有效提升和量的合理增长"[2]。

首先,转变经济增长方式,实现由高污染、高能耗、高排放、低附加值的粗放型增长向高技术、高产出、高附加值的集约型增长方式转换。粗放型经济增长方式是指在生产中主要依靠生产要素的投入增加产量的模式,由于生产技术水平较低且缺乏对生态成本的考虑,粗放型经济增长方式引发了严重的环境问题。对比来看,集约型经济增长方式则主要依靠提高生产要素的质量,在生产中采用新技术、新工艺,提高科技含量和资源利用率,从而实现经济效益的有效增长。加快经济增长方式向集约型转变,既是我国经济步入新发展阶段、实现高质量发展的必然要求,也是实现可持续发展的路径选择。那么,如何推进经济增长向集约型模式转变呢?需要政府和企业共同发力。从政府层面来说,一是要改变唯GDP崇拜的政绩观,把经济发展质量,尤其是经济发展与生态保护

---

[1] 习近平:《高举中国特色社会主义伟大旗帜 为全面建设社会主义现代化国家而团结奋斗——在中国共产党第二十次全国代表大会上的报告》,北京:人民出版社,2022年版,第50页。
[2] 习近平:《高举中国特色社会主义伟大旗帜 为全面建设社会主义现代化国家而团结奋斗——在中国共产党第二十次全国代表大会上的报告》,北京:人民出版社,2022年版,第28-29页。

成效纳入考核指标;二是合理优化产业结构布局,提升产业层次和技术化水平,尤其是要倒逼产业过剩行业进行内部调整;三是加大资源节约型关键技术的开发力度;四是健全相关政策支撑体系,加强对各类企业的监督管理和检查。从企业层面来说,一是进行科技创新,提升产品技术含量;二是深化企业内部改革,促进制度创新和管理现代化;三是发展连锁经营,提高资源利用率,也能降低生产成本,增强竞争力。

其次,积极稳妥推进碳达峰、碳中和,以"双碳"目标赋能绿色生产。2020年9月,习近平总书记在第七十五届联合国大会一般性辩论上的讲话中指出,我国"二氧化碳排放力争于2030年前达到峰值,努力争取2060年前实现碳中和"[1]。这昭示着我国生态文明建设进入以降碳为重要方向的关键时期。2022年10月,习近平总书记在党的二十大报告中进一步指出:"实现碳达峰碳中和是一场广泛而深刻的经济社会系统性变革。"[2]可见,"双碳"目标是实现我国绿色低碳发展的重要抓手,也是实现人与自然和谐共生、推动中国式现代化持续稳定发展的重要举措。实现"双碳"目标,一是要推动能源结构优化升级。我国碳排放主要来源于煤炭、石油、天然气等化石能源的使用。能源作为人类生存和发展不可或缺的资源,是人类生产生活必需的消耗品,因此,推动企业绿色生产,只能从降碳入手。一方面可以减少非可再生能源的使用,而代之以清洁能源,如核能、风能、太阳能、地热能、生物能等,减少碳排放和环境污染;另一方面可以创新发展新能源技术,不仅能为我国能源供给提供保障,还能达到降碳效果。实现"双碳"目标,二是要推动产业结构绿色转型。产业结构与碳排放量密切相关,高污染、高耗能产业比重大的地区,碳排放量自然就高。因此,实现降碳,要合理化产业布局,在合理范围内降低重工业比重,提高轻工业和服务业比重;加大对高污染、高能耗产业的改造,促进其绿色转型升级;大力发展绿色低碳产业,如生态保护、绿色服务、循环经济等产业,助力"双碳"目标的实现。实现"双碳"目标,三是要加大绿色低碳技术的研发和应用。2023年8月,国家发展改革委等部门印发《绿色低碳先进技术示范工程实施方案》,提出了源头减碳类、过程降碳类、末端固碳类三大类绿色低碳技术重点方向,并提出资金支持、金融税

---

[1] 习近平:《在第七十五届联合国大会一般性辩论上的讲话》,《人民日报》2020年9月23日第3版。
[2] 习近平:《高举中国特色社会主义伟大旗帜 为全面建设社会主义现代化国家而团结奋斗——在中国共产党第二十次全国代表大会上的报告》,北京:人民出版社,2022年版,第51页。

收政策支持、其他要素保障等措施,为我国加大绿色低碳技术研发、实现"双碳"目标提供了保障。

最后,加快发展数字经济,助推制造业绿色转型。习近平总书记指出:"建设现代化经济体系,必须把发展经济的着力点放在实体经济上。"[①]制造业是实体经济的根基,要实现产业体系现代化,助推制造业绿色转型是重要途径。近年来,以人工智能、大数据、云端等为代表的数字信息技术不断取得新突破,有效提高了生产要素配置率,在促进传统产业转型升级的过程中,也赋能制造业绿色发展,实现经济增长和生态保护双重目标。数字经济赋能制造业绿色发展,一是要通过数字信息技术加快信息要素流通,降低产出成本。制造业企业可以通过数字信息技术快速获取生产过程的各项数据,实现数据可视化,并能有针对性地及时处理异常情况,甚至可以直接通过云端进行操作,这就大大节约了人力、物力资源,有效降低了生产成本。二是要通过数字信息技术优化资源配置,减少资源浪费。数字经济以高速信息传输能力优化各部门的资源分配,实现资源的集成和共享,降低资源错配率,提高资源利用率。同时,企业通过大数据技术能够有效分析和管理产品的生命周期,实现资源的循环利用。三是要通过数字信息技术辅助企业制定污染治理措施,减少环境污染。工业生产不可避免地会排放废渣、废水、废气等污染物,对环境造成深刻影响。大数据技术可以通过实时监测和数据分析,对企业的排污情况进行掌握和预测,从而辅助企业制定有效的治理措施,提高治理效果,助推企业绿色转型升级。

2.积极推动社会生活绿色转变

习近平总书记强调:"每个人都是生态环境的保护者、建设者、受益者,没有哪个人是旁观者、局外人、批评家,谁也不能只说不做、置身事外。"[②]因此,加强生态文明建设,实现人与自然和谐共生的现代化,除了要发挥政府和企业的作用,还要动员人民群众,发挥群众的力量。2023年12月27日,中共中央、国务院颁布的《中共中央、国务院关于全面推进美丽中国建设的意见》对全民践行绿色低碳的生活方式作了具体要求,倡导形成简约适度、绿色低碳、文明健康的生活方式和消费模式,这就为中国式现代化走绿色发展的现代化道路、实现人与自然和谐共生提供了指引。

①《习近平谈治国理政》第三卷,北京:外文出版社,2020年版,第24页。
②《习近平谈治国理政》第三卷,北京:外文出版社,2020年版,第362页。

首先,引导大众形成科学、绿色的消费观。消费领域是人类生活的重要领域,消费行为直观地反映着人们的消费价值观。近年来,由于市场经济的快速发展和对外水平不断提高,一方面在人民生活条件得到改善的同时,拜金主义、享乐主义等价值观也不可避免地被卷入进来并在部分人中滋生蔓延,在消费领域中直接地表现为消费观畸形,引起超前消费、借贷消费、浪费消费等行为,对生态环境造成了一定影响。因此,倡导全民践行绿色生活方式,要引导大众树立科学的消费观。一是要引导人们树立以人为本的适度消费观。无论是过度消费还是消费不足,都会给社会带来不同程度的负面影响,不利于人的全面发展。适度消费观主张科学规划、量力而行、理性消费,既能满足人的基本生活需求,又能满足人的发展需求,更能避免过度消费,造成资源浪费。因此,政府及各宣传主体要引导大众坚持以人为本,养成良好的消费习惯,既要通过合理的消费行为增强生活的幸福感和满意度,又要避免盲从,保持独立思考,不过度消费。二是要引导人们树立取之有度的可持续消费观。在消费主义的影响下,为了满足人们的物质欲望,现代工业只能加速对自然资源的开采和掠夺,是不可持续的生产方式。可持续消费观要求我们关注长远的消费需求和人类子孙后代的利益,而不是仅仅着眼于当代人的眼前利益。因此,要号召人民以长远眼光关注人类前途命运,坚持可持续消费观。三是要引导人们树立人与自然和谐共生的绿色消费观。绿色消费观是在平等看待人与自然的关系的基础上,注重生态保护,倡导绿色生活、环保选购。政府和各宣传主体要引导大众树立绿色消费观,在消费时既要尽量选择有助于健康的绿色产品,又要注重消费后对垃圾的环保处理,避免环境污染。

其次,加强生态文明宣传教育,让绿色生活的理念真正深入人心。在当前我国社会发展过程中,污染环境、破坏生态的事情时有发生,人民生态环境意识亟待提高,只有将绿色低碳的生产生活理念内化于心,才能真正外化于行,实现环保、绿色、可持续发展。加强生态文明宣传教育,一是要利用互联网媒体进行广泛宣传。在互联网时代,媒体作为大众获取信息的主要途径,承担着引导社会舆论的职能。加强生态文明宣传教育,推动形成绿色生产生活方式,要积极利用微博、微信公众号、抖音、知乎、小红书等新媒体平台,通过开设相关主题专栏、直播讲解、话题互动等形式,增强宣传教育的趣味性和可接受性,从而提高宣传成效。二是要有针对性地进行普及教育。尽管互联网是当今人们获取信息最快的渠道,但由于信息茧房、个性化推荐以及不同用户倾向等,生态文明宣传教育不一定都能产生好的效果。因此,针对不同人群,要开展不同形式的宣传教育活动。例如,针对老年群体,可以通过开展老年讲座,并提供米、油、鸡蛋等福利,提高入座率;针对学生群体,可以通过开展校园文化建设、班风建设、主题活动、知识竞赛等方式,调动学生的热情和求知欲,让绿色环保的理念在学生心中扎根。三是要加强队伍建设以夯实专业基础。生态文明宣传教育要取得成效,关键在于群众是否信服。"理论只要说服人,就能掌握群众;而理论只要彻底,就能说服人。"[1]要让群众真正理解并自觉形成环保意识,做到绿色生活,宣传教育成员就要有说服人的能力。因此,要加强队伍成员的学习、培训和交流,不断总结实践经验,深化生态文明宣传教育的规律认识,打造高水平专业队伍。

最后,动员大众将绿色低碳环保的意识外化于日常行为中。绿色生活不仅是一种意识导向、生活态度,归根结底要落脚到人们的实践行为上,如果仅仅停留于理论层面,人与自然和谐共生的中国式现代化将永远无法实现。《中共中央、国务院关于全面推进美丽中国的建设意见》明确指出,要持续开展"美丽中国,我是行动者"系列活动,广泛动员社会各界参与美丽中国建设,真正发挥人民群众的作用。一是要动员人们勤俭节约,减少资源浪费。古人云:一粥一饭,当思来之不易;半丝半缕,恒念物力维艰。厉行勤俭节约的优良传统,意味着要珍惜物力财力,减少浪费。例如,适当购买食材、妥善保存食物,减少食物浪费;随手关闭水龙头、合理控制出水量和时间、生活用水循环利用等,减少水资源浪费;随手关闭电源、养成低碳照明习惯、科学调整空调温度等,减少能源浪费。二是要动员人们绿色出行,助力低碳生活。科技进步实现了出行方式多样化,给人们的生活带来极大的便捷。2021年发布的《数字出行助力碳中和——践行绿色交通 引领低碳出行》研究报告显示,我国总碳排放量中约有10%来自交通行业,而交通行业总碳排放量中约有80%来自道路交通。因此,采用更环保、绿色的出行方式是减碳的重要举措。例如,鼓励公众多乘坐公共交通工具,短距离采用步行和骑行方式,在购车上尽量选择新能源汽车等。三是要动员人们正确处理生活垃圾,保护自然环境。随着人们生活水平的提高,生活垃圾的产生量不断增加,若不对其进行科学处置,不仅污染环境,还会危害人体健康。尽管垃圾的回收处置有专业人员进行操作,但对垃圾进行初步分类、减少垃圾的产

---

[1]《马克思恩格斯选集》第一卷,北京:人民出版社,2012年版,第9-10页。

生,是每个人都可以做到的绿色生活方式。例如,对大众进行垃圾分类教育,普及可回收垃圾、厨余垃圾、有害垃圾、其他垃圾四类垃圾相关的处理措施;鼓励大众减少纸杯、塑料袋等一次性物品的使用,代之以可降解材料和可重复使用的物品。

(三)健全生态环境保护制度,走环保发展的现代化道路

加强生态文明建设,实现人与自然和谐共生的现代化,这既是我国现阶段面临多重复杂环境问题的必然选择,也是建设社会主义现代化强国的内在要求,不仅关系到民生福祉、党政使命,还关系到中华民族的未来发展。2023年7月,习近平总书记在全国生态环境保护大会上的讲话中指出:"必须始终坚持用最严格制度最严密法治保护生态环境,保持常态化外部压力。"[①]当前,我国仍然处于生态文明建设负重前行的关键时期,健全生态文明制度体系和主体责任保护体制机制,为人与自然和谐共生提供制度保障,走环保发展的现代化道路,已成为中国式现代化的迫切任务。

1.健全生态文明制度体系

建立健全系统的生态文明制度体系是党的十八届四中全会以来党中央提出的生态文明建设的重要内容,是对推进我国生态治理体系和治理能力现代化的更高要求,为我国生态文明建设指明了工作方向。具体而言,健全生态文明制度体系,要不断完善生态文明法律法规、完善生态文明基本制度、强化生态文明制度执行力,使生态文明建设有法可依、有法必依、执法必严,从根本上保障人与自然和谐共生的现代化建设。

首先,要不断完善生态文明法律法规。完善的生态文明法律制度是建设生态文明制度体系的前提,没有法律做保障,生态文明建设无法有序开展。我国自1979年颁布第一部环境保护法——《中华人民共和国环境保护法(试行)》以来,在实践中不断完善和健全,其内容已经涵盖了我国生态环境的大部分领域。但由于生态环境问题复杂多变,不同地区的情况又各不相同,这就对相关法律法规的针对性和综合性提出了更高要求。我国针对不同地区、不同类别生态环境问题设立了专门的法律法规。例如,针对长江流域、黄河流域的生态保护和发展,全国人大常委会专门制定了《中华人民共和国长江保护法》和《中华人民

---

① 习近平:《推进生态文明建设需要处理好几个重大关系》,《求是》2023年第22期,第4—7页。

共和国黄河保护法》;针对青藏高原特殊的地理位置和生态价值,全国人大常委会专门制定了《中华人民共和国青藏高原生态保护法》。这种立法模式在内容上契合了我国各地区生态环境基础不一、生态问题复杂有别、解决条件各不相同的实际情况,体现了生态文明法律法规的中国特色。然而,由于生态环境具有整体性,各个组成要素之间相互依赖,彼此间存在着复杂的相互作用关系,局部地区或某一环境要素被破坏,同样会对其他地区和其他环境要素造成危害。因此,生态环境问题复杂多变,要求相关部门要根据具体情况,定期对负责区域的生态文明法律法规实施情况、落实情况进行严格考核并及时上报立法部门,由立法部门对其进行进一步的完善和优化。

其次,要不断完善生态文明基本制度。2015年,中共中央、国务院颁布了《生态文明体制改革总体方案》,指出我国生态文明制度体系包括"自然资源资产产权制度、国土空间开发保护制度、空间规划体系、资源总量管理和全面节约制度、资源有偿使用和生态补偿制度、环境治理体系、环境治理和生态保护市场体系、生态文明绩效评价考核和责任追究制度"[①]等八类,各类制度下还包括多个具体制度,这些制度共同构成了我国生态文明制度体系,是生态文明建设的重要保障。当前,推进生态文明建设,促进人与自然和谐共生,是我国的一项重要工作,也是一项处于发展过程的动态工作。随着我国向第二个百年奋斗目标进军,踏上全面建设社会主义现代化国家新征程,生态文明建设也应随之不断深入,并根据不同时期的生态问题作出相应调整。一方面,要根据生态环境实际和社会经济具体发展要求对生态文明基本制度作出进一步的修改和完善。近年来,我国生态文明建设工作取得了一定成效,生态环境质量持续改善,生态环境治理能力不断提升,美丽中国建设也取得了阶段性进展。但是,我国生态环境违法案件仍时有发生。以重庆市为例,重庆市生态环境保护综合行政执法总队在通报2023年第三季度环境执法和应急工作总体情况中介绍到,2023年以来重庆市已累计查处环境违法案件826件。可见,即使是在生态文明制度体系下,仍然有部分人抱有侥幸心理,尤其是部分企业为了节省成本,不按规定对废弃物进行合理处置,随意排污。习近平总书记指出:"对破坏生态环境的行

[①] 中共中央、国务院印发:《生态文明体制改革总体方案》,《再生资源与循环经济》2015年第8卷第10期,第1页。

为,不能手软,不能下不为例。"①因此,对此类情况要加大处罚力度,转变违法成本低、守法成本高的局面。另一方面,对于生态文明出现的新问题,要尽快制定与之适应的制度,填补制度空白。2022年2月,联合国环境规划署发布了最新的《前沿报告》,提出了噪声、火灾与物候不匹配三大新兴环境问题:噪声污染损害人类健康;野火污染水源并加速冰川融化;气候变化破坏自然规律。其中,噪声问题早已引发我国关注,2022年6月,我国正式施行《中华人民共和国噪声污染防治法》,为保护人民健康、维护生态环境提供了及时的制度保障。

最后,要不断强化生态文明制度执行力。落实生态文明各项制度,关键在于执行。党的十八大以来,以习近平同志为核心的党中央从我国社会发展全局视角出发,从多个层面开展生态文明建设工作,出台了一系列生态文明相关制度,以党的领导和习近平生态文明思想为根本保证,以增强民生福祉为价值导向,以严密的法律法规为保障,不断提升生态文明制度科学性,不断增强生态环境监管执法力度,有效强化了生态文明制度执行力。当前,我国正处在推进美丽中国建设、实现人与自然和谐共生现代化的关键时期,不断强化生态文明制度执行力,是健全生态文明制度体系、实现可持续发展的重要途径。习近平总书记指出:"一些重大生态环境事件背后,都有领导干部不负责任、不作为的问题,都有一些地方环保意识不强、履职不到位、执行不严格的问题,都有环保有关部门执法监督作用发挥不到位、强制力不够的问题。"②因此,强化生态文明制度执行力,要发挥领导干部的带头示范作用,让领导干部以身作则,做生态文明建设的表率,引领全社会自觉维护生态文明制度权威。作为组织内部的核心力量,发挥领导干部的带头作用,还能够引领生态文明建设工作方向,带动生态文明建设工作落实,强化生态文明制度执行力。领导干部不仅要以身作则,更要承担相关责任,对本行政区域的生态文明制度落实情况负责。习近平总书记指出,"要落实领导干部任期生态文明建设责任制"③,"一旦发现需要追责的情形,必须追责到底,决不能让制度规定成为没有牙齿的老虎"④。

---

① 《习近平关于社会主义生态文明建设论述摘编》,北京:中央文献出版社,2017年版,第107页。
② 《习近平关于社会主义生态文明建设论述摘编》,北京:中央文献出版社,2017年版,第110页。
③ 《习近平关于社会主义生态文明建设论述摘编》,北京:中央文献出版社,2017年版,第110页。
④ 《习近平关于社会主义生态文明建设论述摘编》,北京:中央文献出版社,2017年版,第111页。

2.健全生态环境保护机制

生态环境保护机制是生态文明制度体系的重要内容,也是完善生态文明制度体系的重要切入点。健全生态文明制度体系,实现人与自然和谐共生的现代化,宏观上要从完善法律法规、完善基本制度、提高制度执行力等方面入手,微观上则要从生态保护的主体——政府、企业和个人入手,健全生态环境保护政绩考核和问责机制、企业主体责任履行机制以及全民参与机制,提高体制机制对生态文明建设的保障力度。

首先,要健全生态环境保护政绩考核和问责机制。长期以来,一些地方政府在地区发展过程中存在着重视经济利益而忽视生态保护的问题,无法将二者置于平衡地位,甚至以破坏生态换取经济发展,导致地方生态环境恶化。因此,要健全生态环境保护政绩考核和问责机制,形成对生态保护主体的硬性约束。健全生态环境保护政绩考核和问责机制,一是要把环境污染、资源消耗、生态效益等指标纳入社会发展综合评价体系,并根据地区发展实际情况实行差别化考核。虽然常规化的政绩考核制度相对稳定,但地区差异在考核中无法得到具体体现,不可避免地出现"一刀切",也影响地区对后续生态文明建设的规划和开展。实行差别化考核机制,在考核内容上要根据党中央生态文明建设的总体要求和对地方的具体要求,突出考核重点,注重考核特色;在考核方式上既要明确硬性指标,又要提高针对性,对不同工作领域、不同工作内容采取差异化考核,并通过多种考核方式提升考核的客观性;最后要充分利用考核结果,对表现突出、成绩优异的地区、单位或个人给予奖励,发挥激励作用。二是要实行生态环境保护问责机制,对重大生态事件和重大生态决策进行问责、追责,这既是我国生态文明建设的内在要求,也是全面从严治党的重要体现。实行生态环境保护问责机制,形成对领导干部和有关责任人员的问责追究,要动员各部门各尽其责,齐心协力,形成工作合力,确保对危害生态环境的行为零容忍。此外,还要实行终身追责。习近平总书记指出:"对造成生态环境损害负有责任的领导干部,不论是否已调离、提拔或者退休,都必须严肃追责。"[1]生态环境保护工作不是短时效工作,需要长期开展。有些生态保护措施能够在短时间内呈现效果,但长期来看效果又并不理想,甚至出现反作用。尤其是部分地区为了应付上级检查,临时采取措施,做表面功夫。因此,既要对生态文明建设工作进行科学

---

[1]《习近平关于社会主义生态文明建设论述摘编》,北京:中央文献出版社,2017年版,第111页。

化、专业化评估,也要加强长期考核,强化对相关人员的责任追究。

其次,要健全生态环境保护企业主体责任履行机制。企业是经济发展的主体,也是生态文明建设的重要主体。近年来,随着我国生态文明建设持续推进,多数企业都实现了绿色转型,为实现人与自然和谐共生的现代化作出了实质性的贡献。但仍有一部分企业缺乏生态保护责任意识,在利益驱使下肆意破坏生态环境,片面追求经济效益。因此,要健全生态环境保护企业主体责任履行机制,督促企业履行生态保护义务。一是要推动企业内部改革,设立专业部门负责环保相关问题。作为生态文明建设的重要主体,各企业应明确自身权利和义务,在政府领导下主动履行主体责任,这就需要专门的职能部门做好信息交流与沟通,帮助企业收集相关信息,了解前沿政策,做好生产规划。同时,这类部门要明确其职责和权限,真正发挥专业能力,在企业中树立起绿色生产的核心理念,帮助企业绿色转型和可持续发展。二是要实行信息公开,接受社会监督。各企业依法主动披露生态环境保护数据信息,既是推进我国生态环境治理体系和治理能力现代化的要求,也是企业自身向现代化转型的需要。2021年12月11日,生态环境部印发了《企业环境信息依法披露管理办法》,明确规定企业应当依法、及时、真实、准确、完整地披露环境信息,这就为各企业实行信息公开作了法律上的硬性规定。各企业在披露环境信息时应保证数据的真实性,主动接受政府和公众对环境信息的查阅。三是要引进和创新绿色环保技术,为企业履行主体责任提供技术支撑。排污是各企业生产不可避免的一个环节,也是造成环境污染的重要来源。如何排污,排污后如何处理,是各企业进行生态文明建设要解决的重要问题。引进和创新环保技术,加强技术研发,对污染物进行科学合理处置,既能降低企业成本,又能最大限度保护环境,实现可持续发展。

最后,要健全生态环境保护全民参与机制。生态文明建设不仅要发挥党的领导责任、政府的主导责任以及各企业的主体责任,还要动员社会组织和公众主动履行环保义务。社会组织是社会中的一种基本组织制度形式,也是生态文明建设的重要主体。在我国生态文明建设过程中,社会组织与政府形成合力,积极参与到生态保护实践中去,既减轻了政府生态工作压力,也助力营造生态文明建设的社会氛围,增强了公众的环保意识。生态文明建设事关人民生活质量的提高,事关中华民族的永续发展,在建设人与自然和谐共生的现代化背景下,发动公众参与生态保护是一项关键举措。健全生态环境保护全民参与机制,要拓宽社会组织和公众的参与渠道。一是要加强信息公开。对社会公众来说,由于缺乏相应的组织管理以及本身具有分散性、独立性,其参与生态文明建设的渠道略少,这就需要政府加强信息公开,通过媒体平台传播相关信息,增强公民对生态保护渠道的了解和参与。同时,政府与社会组织之间也要加强信息交流和共享,帮助社会组织更迅速了解生态文明建设的最新动态、政策法规、实际需求等。二是要开展宣传活动。政府可以通过公民意见征集和处理、开展志愿服务活动等形式,了解群众需求,拓宽群众参与渠道。而由于自身的生态属性,社会组织在参与生态文明建设方面渠道更多,便捷性更强,但这并不意味着就不需要再对社会组织进行管理,反而更要对其进行培训和指导,以提高社会组织的工作成效,减少意外风险。例如,政府可以通过邀请专家开展相关知识讲座和进行相关专业技能指导、培训,提高社会组织的知识技术水平和专业素质能力。

第三章

中国式现代化视域下人与社会的协调发展

从人与社会的内在关系角度看,中国式现代化不仅是人的现代化和社会的现代化,而且是人与社会的协调发展。这就要求以马克思主义关于人与社会关系的思想为指南,以中国式现代化视域下人与社会协调发展的内在要求为尺度,审视和剖析现代化进程中人与社会的矛盾冲突,探究如何在推进中国式现代化的现实进程中不断推动人与社会的协调发展,实现人的现代化与社会的现代化的良性互动。

一、马克思主义关于人与社会关系的思想

人与社会的关系问题一直是人类思想史上受到持续广泛关注的核心问题。马克思对这个问题给予了全面而深刻的回答,他基于对现代社会的考察,从历史唯物主义角度不仅揭示了人与社会的辩证统一关系,突出了人与社会关系的物质生产方式基础,而且通过现实中人与社会的对立对资本主义展开深刻批判,展望了未来"自由人联合体"中人与社会的和谐统一,为理性认识中国式现代化进程中人与社会关系的演变提供了思想指引。

(一)人与社会的辩证统一关系

现实的人是社会的人,现实的社会是人的社会。正如人与自然之间具有互动关系一样,人与社会之间也存在双向互动的辩证统一关系,不过人与社会的关系相比于人与自然的关系更加复杂。马克思对人与社会关系的认识既坚持历史唯物主义的立场,又贯穿着辩证法的思想,他强调人与社会既相互依存,又在特定的社会历史条件下彼此存在不同程度的相互对立。在论述人与社会一般关系的基础上,马克思进而用以考察了资本主义现代化进程中人与社会的种种对立,展望了未来共产主义社会中人与社会的和谐统一。

1.社会"生产作为人的人"且"社会也由人生产"

现实的人和社会并不是相互分离、各自独立存在的抽象的东西,而是共生的有机体。马克思所讲的人,既是处于一定社会关系之中的人,也是从事物质生产活动的人。社会也不是抽象的,而是由"现实的人"组成的社会,是人们交互活动的产物。马克思批判蒲鲁东把主观的抽象称之为社会,他指出:"社会不是由个人构成,而是表示这些个人彼此发生的那些联系和关系的总和。"[1]在社

---

[1]《马克思恩格斯全集》第三十卷,北京:人民出版社,1995年版,第221页。

会这有机体中,现实的个人作为社会历史的"剧中人"和"剧作者",有着双重地位和作用。马克思指出"正像社会本身生产作为人的人一样,社会也是由人生产的"①,这就揭示了人与社会的关系,即现实的社会生产现实的人。"只有在社会中,人的自然的存在对他来说才是人的合乎人性的存在,并且自然界对他来说才成为人。"②在现实世界里,人与社会的统一是历史的、具体的统一。具体表现在:

第一,劳动是人与社会关系的中介,劳动使自然界与人类社会分化。人不仅通过劳动为自己创造了一个人化的自然环境,还通过劳动和社会交往活动为自己创造了丰富的社会关系。在劳动中,人的自然属性和社会属性达到了有机统一。恩格斯在《劳动在从猿到人的转型中的作用》中指出:人类可以通过劳动而进行自我创造或自我生成,"劳动创造了人本身"③,劳动的发展也促使社会成员更加紧密地结合起来,这表明,人通过劳动使自身成为一种能够自我创造的主体性存在。同时,人们可以通过劳动创造社会。马克思指出"整个所谓世界历史不外是人通过人的劳动而诞生的过程,是自然界对人来说的生成过程"④,可见,人的出现与社会的产生是一致的。在《德意志意识形态》中,马克思、恩格斯说道:"社会结构和国家总是从一定的个人的生活过程中产生的。"⑤社会是人的活动的领域,而人又总是怀着一定的意识和目的去活动的,正是人类有意识有目的的活动创造了人类历史。马克思经常把"人类社会"作为一个统一的词使用,就是为了说明人与社会的统一,说明人类与社会的出现并没有先后之分。马克思在1844年8月11日致费尔巴哈的信中说道:"建立在人们的现实差别基础上的人与人的统一,从抽象的天上降到现实的地上的人类这一概念,如果不是社会这一概念,那是什么呢?"⑥社会并不存在于抽象的精神世界中,而是伴随着人的出现而出现的。恩格斯指出"由于随着完全形成的人的出现又增添了新的因素——社会"⑦,人之所以是社会的人,就在于人与人在生产和交往活动中

---

① 《马克思恩格斯文集》第一卷,北京:人民出版社,2009年版,第187页。
② 《马克思恩格斯文集》第一卷,北京:人民出版社,2009年版,第187页。
③ 《马克思恩格斯文集》第九卷,北京:人民出版社,2009年版,第550页。
④ 《马克思恩格斯文集》第一卷,北京:人民出版社,2009年版,第196页。
⑤ 《马克思恩格斯文集》第一卷,北京:人民出版社,2009年版,第524页。
⑥ 《马克思恩格斯文集》第十卷,北京:人民出版社,2009年版,第13页。
⑦ 《马克思恩格斯文集》第九卷,北京:人民出版社,2009年版,第554页。

结成了一定的思想和物质的社会关系。"不管个人在主观上怎样超脱各种关系，他在社会意义上总是这些关系的产物。"①即使个人进行的是私人劳动，这种私人劳动也是在一定社会形式下进行的，马克思指出："一切生产都是个人在一定社会形式中并借这种社会形式而进行的对自然的占有。"②离开一定的社会形式，个人无法进行生产关系和社会关系，人是无法生产的。在马克思看来，人与社会的关系并不是一成不变的，而是随着生产力的发展变化而变化的。

第二，社会塑造人，人也建构社会。在现实社会中，人是社会性的存在物，社会是人的存在形式，离群索居状态下不存在真正意义的"人"，"在社会中进行生产的个人，——因而，这些个人的一定社会性质的生产，当然是出发点。""单个的孤立的猎人和渔夫"③只是亚当·斯密和大卫·李嘉图缺乏想象力的虚构。如果离开社会，人就同动物无法区别开来。社会是如何塑造人的，首先人的能力的发挥和发展离不开社会，社会为个人创造生存和发展的环境，同时社会还规定了人的一系列属性。马克思分析道，不管是奴隶还是公民都不是天生的，而是由社会关系决定的，"成为奴隶或成为公民，这是社会的规定，是人和人或A和B的关系。A作为人并不是奴隶。他在社会里并通过社会才成为奴隶"④。其次社会关系的生产塑造人的本质，社会关系的生产是包括物质生产、精神生产等的综合生产，这些综合生产关系的总和就是人的内在规定性即人的本质，社会关系的变革也会塑造人的新本质。最后社会发展决定着人的发展。马克思指出"一个人的发展取决于和他直接或间接进行交往的其他一切人的发展"⑤，"其他一切人的发展"决定并反映着社会的整体发展水平。而社会发展的整体水平又决定着人的发展速度和发展高度，社会发展程度越高，能提供给人可供支配的自由时间就越多，人就越是能摆脱片面、畸形的发展，从而得到全面的发展。

人是如何建构社会的？首先，人是社会的主体，社会是现实的人实践活动的结果。"现实的个人"首先是有生命、有意识的个人，其次是在一定条件下进行生产的人。恩格斯在《家庭、私有制和国家的起源》中指出："根据唯物主义观

---

① 《马克思恩格斯选集》第二卷，北京：人民出版社，2012年版，第84页。
② 《马克思恩格斯文集》第八卷，北京：人民出版社，2009年版，第11页。
③ 《马克思恩格斯文集》第八卷，北京：人民出版社，2009年版，第5页。
④ 《马克思恩格斯全集》第三十卷，北京：人民出版社，1995年版，第221-222页。
⑤ 《马克思恩格斯全集》第三卷，北京：人民出版社，1960年版，第515页。

点,历史中的决定性因素,归根结底是直接生活的生产和再生产。"[1]这"两种生产"指的是物质生活资料的生产和人自身的生产,二者统一于社会生产中,共同推动着社会的发展。其次,人的发展是社会发展的最终目的和最高价值取向,也是评价社会发展的内在尺度。社会发展往往取决于当时人民群众的发展水平,社会发展程度也取决于人的解放和发展程度。如果社会发展状况满足不了人的需要和能力的发展,人就要根据自己的利益需要去发展社会,这既满足了自身和他人的需要,也为社会的发展提供物质基础。最后,人建构社会还体现在以群体成员的身份联合起来参与斗争,改变社会形态,整合已分化的社会利益,保持社会稳定和健康发展。

第三,社会本质与人的本质、社会利益与个人利益、社会解放与人的解放具有内在一致性。马克思将人的本质界定为劳动、一切社会关系的总和和人的需要,这三重界定最根本的是人的劳动本质,这也是人区别于动物的根本标志。人在劳动中创造自我,而社会生活在本质上也是实践的,物质生产实践是人类社会存在和发展的基础。马克思、恩格斯在《德意志意识形态》中批评费尔巴哈只注重感性世界的直观时说道:"他没有看到,他周围的感性世界决不是某种开天辟地以来就直接存在的、始终如一的东西,而是工业和社会状况的产物,是历史的产物,是世世代代活动的结果,其中每一代都立足于前一代所奠定的基础上,继续发展前一代的工业和交往,并随着需要的改变而改变他们的社会制度。"[2]可见,社会的本质与人的本质是一致的,二者一致的基础就在于社会实践。

社会利益与个人利益在根本上是一致的。马克思在《青年在选择职业时的考虑》一文中指出:"在选择职业时,我们应该遵循的主要指针是人类的幸福和我们自身的完美。不应认为,这两种利益会彼此敌对、互相冲突,一种利益必定消灭另一种利益;相反,人的本性是这样的:人只有为同时代人的完美、为他们的幸福而工作,自己才能达到完美。"[3]青年时代的马克思站在全人类幸福的高度建议青年选择符合社会利益的职业,认为社会利益与个人利益在根本上是一致的。但他并不否认二者存在冲突,在社会主义社会中,个人利益要服从社会

---

[1]《马克思恩格斯选集》第四卷,北京:人民出版社,2012年版,第13页。
[2]《马克思恩格斯文集》第一卷,北京:人民出版社,2009年版,第528页。
[3]《马克思恩格斯全集》第一卷,北京:人民出版社,1995年版,第459页。

的整体利益,个人劳动在进行社会总产品的六项扣除后,才能得到属于自己的那部分消费资料。邓小平明确指出:"在社会主义制度之下,归根结底,个人利益和集体利益是统一的,局部利益和整体利益是统一的,暂时利益和长远利益是统一的。我们必须按照统筹兼顾的原则来调节各种利益的相互关系。"①

社会解放与人的解放也是一致的,人类解放是人的解放和社会解放的统一。社会解放并不等同于人类解放,在马克思看来,它只是从政治解放到人类解放所必经的一个阶段。社会解放不仅是要建立无产阶级专政和实现生产资料公有,而且还要大力发展社会生产力,为最终实现人的解放奠定物质基础。马克思指出:"只有当现实的个人把抽象的公民复归于自身,并且作为个人,在自己的经验生活、自己的个体劳动、自己的个体关系中间,成为类存在物的时候,只有当人认识到自身'固有的力量'是社会力量,并把这种力量组织起来因而不再把社会力量以政治力量的形式同自身分离的时候,只有到了那个时候,人的解放才能完成。"②可以看出,马克思所指的人类解放既包括劳动者主体的解放,也包括社会的解放。人类解放首先就是消除异化劳动,争取劳动解放,然后实现个人的自主活动,最终用每个人自由联合的劳动代替雇佣劳动。

2."人创造环境,同样,环境也创造人"

马克思、恩格斯在《德意志意识形态》中批判了环境决定论,指出"人创造环境,同样,环境也创造人"③,揭示了人与社会相互制约的内在关系。人与社会相互制约关系是在历史中形成和呈现的。个体与社会的关系,蕴含着一般与特殊、理想与现实的矛盾,这种矛盾在实践中不断产生,又在实践中不断得到解决。"个人与社会的关系是一切社会问题的根源"④,在人类社会中,不仅存在着个人对社会的反抗,还存在着社会对个人的压制、对个人自由的限制、对个人正当利益的损害。人的社会属性与作为人本身之间产生矛盾,马克思在《黑格尔法哲学批判》中指出在阶级社会中君王作为国家权力的代表和作为人,既无实际的权力,也没有实际的活动,"在这里,是从最高矛盾的角度表现出政治的人和现实的人、形式的人和物质的人、一般的人和个体的人、人和社会的人之间的

---

① 《邓小平文选》第二卷,北京:人民出版社,1994年版,第175页。
② 《马克思恩格斯文集》第一卷,北京:人民出版社,2009年版,第46页。
③ 《马克思恩格斯选集》第一卷,北京:人民出版社,2012年版,第172-173页。
④ [英]鲍桑葵:《关于国家的哲学理论》,汪淑钧译,北京:商务印书馆,2009年版,第79页。

分离"①。人与社会的相互制约具体体现在:

第一,社会环境对人的存在和人的活动具有先在制约性。经济状况并不会自动发生作用,"而是人们自己创造自己的历史,但他们是在既定的、制约着他们的环境中,是在现有的现实关系的基础上进行创造的"②,这种客观制约的环境,既包括自然环境,也包括社会环境,正是这种客观制约性的存在,使得社会的发展不可避免地要付出代价。历史每一阶段的生产力总和,都是代代相传的,"人们不能自由选择自己的生产力——这是他们的全部历史的基础,因为任何生产力都是一种既得的力量,是以往的活动的产物"③。因此,人们不能随心所欲地进行生产活动,只能在社会提供的条件下开展特定的实践活动。

第二,社会的发展水平决定着人的发展程度。社会的进步不是一劳永逸的,是要付出一定的代价的。马克思指出:"人类的才能的这种发展,虽然在开始时要靠牺牲多数的个人,甚至靠牺牲整个阶级,但最终会克服这种对抗,而同每个个人的发展相一致;因此,个性的比较高度的发展,只有以牺牲个人的历史过程为代价。"④人类社会和自然界一样,在发展的某个阶段,为了种族的利益总是要牺牲个体的利益,这是因为二者在根本上是一致的,以私有制社会发展为例,社会的发展是以牺牲一部分人、产生殖民主义和殖民地为代价的。但是,马克思并没有被这种暂时的不合理现象所蒙蔽。他认为,在从原始社会到资本主义社会的史前时期,人类主体不可能获得真正的自由,他们历史地处在被客观力量强制性支配的"必然王国"中。"由于资本主义生产方式阻碍着自然史与人类史的统一,出现了人与自然、人与社会、自然与社会之间的尖锐矛盾和剧烈对抗,导致生态矛盾和经济矛盾、社会矛盾、文化矛盾的交织并存。"⑤因此,马克思认为,人与社会的真正统一,需要建立在消灭资本主义私有制的基础上,只有消除社会异化和人的异化现象,才能解决人与社会之间的对立。在社会主义初级阶段,社会的整体发展也很难做到不牺牲个人的利益。

第三,人的发展程度深刻影响着社会发展水平。社会历史的发展离不开

---

① 《马克思恩格斯全集》第三卷,北京:人民出版社,2002年版,第136页。
② 《马克思恩格斯选集》第四卷,北京:人民出版社,2012年版,第649页。
③ 《马克思恩格斯全集》第四十七卷,北京:人民出版社,2004年版,第440页。
④ 《马克思恩格斯全集》第三十四卷,北京:人民出版社,2008年版,第127页。
⑤ 方世南:《马克思恩格斯的生态文明思想——基于〈马克思恩格斯文集〉的研究》,北京:人民出版社,2017年版,第160页。

人。美国专家英格尔斯指出:"在整个国家向现代化发展的进程中,人是一个基本的因素。一个国家,只有当它的人民是现代人,它的国民从心理和行为上都转变为现代的人格,它的现代政治、经济和文化管理机构中的工作人员都获得了某种与现代化发展相适应的现代性,这样的国家才可真正称之为现代化的国家。"[①]英雄人物和杰出人才对社会发展起着特殊作用,马克思主义经典作家从不否认杰出人才的作用。在资本主义社会化大生产中,那些顶尖科学技术的发展和应用都是由杰出人才掌握和操纵的,可见人自身素质的高低,规约着生产力的发展程度和水平,影响着社会发展水平。不仅人的质量对社会发展起着重要作用,人的数量对社会发展也起着极其重要的作用。在原始社会、奴隶社会和封建社会中,人口的多少对生产力的影响更明显,生产力的发展更依赖于人口的增长,人口的数量成为衡量社会发展状况的一个重要指标。

(二)资本逻辑主导下人与社会关系的"现代性悖论"

从马克思对人与社会关系一般论述出发审视资本主义社会下人与社会之间的关系,发现在资本逻辑主导下人与社会之间存在一个"现代性悖论"。资本的出现带有双重性,一方面它斩除了封建的和宗法的等各种羁绊,创造了人与社会关系的丰富性;另一方面,它又使得社会一切关系变成了赤裸裸的金钱关系,使个体只顾及私人利益,导致人与社会之间呈对抗状态。这说明资本在解除人的旧羁绊的同时,又给人套上新的枷锁。

1.资本无情斩断束缚人的"形形色色的封建羁绊"

前资本主义社会中每个人都依附于各种各样的血缘或宗法共同体,在这种共同体形式中,"各个个人都不是把自己当做劳动者,而是把自己当做所有者和同时也进行劳动的共同体成员。这种劳动的目的不是为了创造价值——虽然他们也可能从事剩余劳动,以便为自己换取他人的产品,即剩余产品——,相反,他们劳动的目的是为了维持各个所有者及其家庭以及整个共同体的生存"[②]。这种共同体的成员处在狭隘的民族的、宗教的和政治的规定中,"在这里,无论个人还是社会,都不能想象会有自由而充分的发展,因为这样的发展是同原始关系相矛盾的"[③]。在封建的农奴依附关系下,劳动者本身就是价值,他

[①] 殷陆君编译:《人的现代化》,成都:四川人民出版社,1985年版,第8页。
[②] 《马克思恩格斯文集》第八卷,北京:人民出版社,2009年版,第123页。
[③] 《马克思恩格斯文集》第八卷,北京:人民出版社,2009年版,第136页。

同牲畜一样是农奴主的财产。对资本主义而言,传统的生存方式和价值观念是束缚人的"形形色色的封建羁绊",自给自足的生产处处阻碍着资本主义的发展要求。

马克思在揭露资本罪恶面的同时,并未否认资本文明的一面。他指出:"资本的文明面之一是,它榨取这种剩余劳动的方式和条件,同以前的奴隶制、农奴制等形式相比,都更有利于生产力的发展,有利于社会关系的发展,有利于更高级的新形态的各种要素的创造。"[1]资本的发展使人摆脱了自然经济和封建等级制度对其的严重束缚,劳动力成为商品后,打破了奴隶制和封建制条件下劳动者对统治阶级的人身依附,资本的无限性和开放性超越了前资本主义社会的有限性和封闭性。在资本主义社会,人在法律上是独立自由的,每个人都可以自由地追求私人利益。马克思、恩格斯指出,资产阶级曾在历史上起过非常革命的作用,"资产阶级在它已经取得了统治的地方把一切封建的、宗法的和田园诗般的关系都破坏了。它无情地斩断了把人们束缚于天然尊长的形形色色的封建羁绊"[2],马克思、恩格斯对资产阶级的这种赞扬实质上也是对资本的赞扬。人与社会的良性互动关系,必须建立在资本主义高度发展的基础上,这是因为"如果没有这种发展,那就只会有贫穷、极端贫困的普遍化;而在极端贫困的情况下,必须重新开始争取必需品的斗争,全部陈腐污浊的东西又要死灰复燃"[3]。随着生产力的发展,人的生存状态也发生明显的变化,"在行会中,帮工和师傅之间的宗法关系继续存在,而在工场手工业中,这种关系由工人和资本家之间的金钱关系代替了;在乡村和小城市中,这种关系仍然带有宗法色彩,而在比较大的、真正的工场手工业城市里,则早就失去了几乎全部宗法色彩"[4]。这表明,随着资本主义的发展,原始共同体逐渐解体,旧的宗法关系逐渐被新的金钱关系所代替。资本一面客观上要求人的发展,为人的全面的发展准备前提条件。马克思指出:"要使这种个性成为可能,能力的发展就要达到一定的程度和全面性,这正是以建立在交换价值基础上的生产为前提的,这种生产才在生产出个人同自己和同别人相异化的普遍性的同时,也产生出个人关系和个人能力的普

---

[1] 《马克思恩格斯文集》第七卷,北京:人民出版社,2009年版,第927-928页。
[2] 《马克思恩格斯选集》第一卷,北京:人民出版社,2012年版,第402-403页。
[3] 《马克思恩格斯选集》第一卷,北京:人民出版社,2012年版,第166页。
[4] 马克思、恩格斯:《德意志意识形态》节选本,北京:人民出版社,2018年版,第56页。

遍性和全面性。"①资本的另一面导致生产力低下时人与社会的"休戚与共"逐渐走向人与社会的对抗。

2.资本造成"人的社会关系转化为物的社会关系"

资本作为一个有灵性的怪物,使人和人的劳动都成为其自身增殖的工具和手段。作为一种社会力量,资本使人与社会的直接关系被异化为以商品和货币为中介的间接关系,这种抽象力量使物化的社会关系成为主宰人和社会的统治性力量,人的逻辑被资本逻辑所代替。资本主义社会中商品的交换以及在这种交换中形成的相互联系,对人来说已成为一种异己的东西,"在交换价值上,人的社会关系转化为物的社会关系;人的能力转化为物的能力"②。资本取代人成了社会的主体,社会关系被嵌入商品经济中,"资本形而上学把人的所有的一切都沉浸在金钱的冰水当中,人的精神与自由被遮蔽得如此之深远,以至于我们忘记了人是具有'神性'的存在,而完全堕入了'物性'之中"③。社会目的已不再是实现人类解放,而是实现资本的无限增殖,个体受到的资本的这种抽象统治使其感到自己只是一个贫乏的"商品物"。

资本主义社会关系的物化导致社会关系外在于人,整个社会没有人的容身之地,人与社会关系遭到了全面的异化。"不过这里涉及的人,只是经济范畴的人格化,是一定的阶级关系和利益的承担者。"④人们之间的社会关系仅仅成为私有者为了实现私人利益而进行的物质交换关系,这些关系沉浸在金钱的冰水之中。马克思指出:"资本主义生产比其他任何一种生产方式都更加浪费人和活劳动,它不仅浪费人的血和肉,而且浪费人的智慧和神经。实际上,只有通过最大地损害个人的发展,才能在作为人类社会主义结构的序幕的历史时期,取得一般人的发展。"⑤那么,是什么导致社会与人之间产生对抗?马克思认为造成这种事实的原因就在于劳动分工。分工一方面极大地促进了社会生产力的发展,另一方面也在不断恶化工人的生存处境。资本主义社会的分工越来越细化,职能或职业越来越专业化,加剧了人与社会的对抗。受分工制约的社会力量变为异己的、强制的力量,成了奴役人、压迫人的手段。生产的不停顿的运动

---

① 《马克思恩格斯全集》第三十卷,北京:人民出版社,1995年版,第112页。
② 《马克思恩格斯全集》第三十卷,北京:人民出版社,1995年版,第107页。
③ 王庆丰:《〈资本论〉与当代社会发展道路》,北京:北京师范大学出版社,2022年版,第44页。
④ 《马克思恩格斯选集》第二卷,北京:人民出版社,2012年版,第84页。
⑤ 《马克思恩格斯全集》第三十二卷,北京:人民出版社,1998年版,第405页。

过程,使社会最终完全受制于资本的逻辑。要洞察现代社会的"限制"所在,克服人与社会分裂、对抗的矛盾,建立个人与社会的良性关系,就要消灭私有制,当阶级对抗消除后,人与社会再次内在地统一起来。就如马克思所说:人就是人的世界,就是国家、社会。

(三)共产主义社会中人与社会的和谐统一

马克思认为私有制导致的人与社会的对抗只是暂时的,"首先应当避免重新把'社会'当做抽象的东西同个体对立起来。个体是社会存在物"[1]。当资本与劳动的对立达到顶点时,资本主义社会这个"虚幻的共同体"必然被共产主义社会这个"真正的共同体"所代替,真正实现人与社会的和谐统一。

1.人的自由而全面发展是建立"自由人联合体"的基础条件

共产主义社会是实现人的自由而全面发展的"真正的共同体",马克思对共产主义的研究中贯穿着对共同体问题的关注。在共产主义阶段,人是"自由而全面的发展"的个体,社会是以"自由人联合"为基础构建起的共同体,这表明人与社会的关系实现了更高阶段的复归,人真正成为社会的人,社会也才真正成为属人的社会。马克思认为未来的新社会是人发展的第三个阶段,是"建立在个人全面发展和他们共同的、社会的生产能力成为从属于他们的社会财富这一基础上的自由个性"[2],是一种更高级的社会形式。马克思虽然对此没有太多的描述,但可以肯定的是"自由人联合体"是由摆脱了异化状态的"自由而全面的个人"构成的。当生产力发展到一定程度,私有制和分工会变成阻碍其发展的桎梏。马克思、恩格斯指出私有制终将会被消灭,但有其前提条件,"私有制只有在个人得到全面发展的条件下才能消灭,因为现存的交往和现存的生产力是全面的,而只有全面发展的个人才可能掌握它们,即把它们变成这些个人生命的自由活动"[3]。而整个社会将由共产主义革命而发展为"自由人联合体",共产主义"将是这样一个联合体,在那里,每个人的自由发展是一切人的自由发展的条件"[4]。

人的自由而全面的发展是"自由人联合体"建立的基础。共产主义社会的

---

[1]《马克思恩格斯文集》第一卷,北京:人民出版社,2009年版,第188页。
[2]《马克思恩格斯全集》第三十卷,北京:人民出版社,1995年版,第107-108页。
[3] 马克思、恩格斯:《德意志意识形态》节选本,北京:人民出版社,2018年版,第121-122页。
[4]《马克思恩格斯文集》第二卷,北京:人民出版社,2009年版,第53页。

根本特征是每个人实现"自由而全面的发展",人的发展包含人的类特性的发展、人的社会性的发展和人的个性的发展,在共产主义社会,三者达到高度统一。人的全面发展又依赖自由发展,人的自由发展指的不仅是通过无产阶级革命把自身从统治阶级和自然必然性的支配下解放出来的"消极自由",也指在真正共同体中人实现自己个性全面发展的"积极自由"。重新建立个人所有制后,被异化了的资本权力会归还人本身,这时个人的自由和全面发展将不再是一句空话。列宁对于人的全面发展问题有自己独特的理解,他认为人的全面发展重点在于教育、训练和培养,资本主义遗留给社会主义的有各工种的工会,经过多年的发展成为产业工会,"然后经过这种产业工会,进而消灭人与人之间的分工,教育、训练和培养出全面发展的和受到全面训练的人,即会做一切工作的人"[1]。

2."自由人联合体"是实现人的自由而全面发展的共同体形式

"自由人联合体"与"虚幻共同体"有着根本的区别。"从前各个人联合而成的虚假的共同体,总是相对于各个人而独立的;由于这种共同体是一个阶级反对另一个阶级的联合,因此对于被统治的阶级来说,它不仅是完全虚幻的共同体,而且是新的桎梏。在真正的共同体的条件下,各个人在自己的联合中并通过这种联合获得自己的自由。"[2]"虚幻共同体"打着共同利益的旗号行使着特殊权力,掩盖着作为统治阶级的"特殊利益"。它以"合法"的形式侵害着大部分人的利益,阻碍了社会的发展,限制了人的全面发展。国家的产生,只是在形式上维护着共同利益。马克思揭穿了"虚幻共同体"的阶级本质,指出真正的共同体是"自由人联合体",这是一个有活力的人民的机体,它注重人民的公共生活。在"自由人联合体"中,人们能够充分掌握和运用自然以及社会运行规律,"任何人都没有特殊的活动范围,而是都可以在任何部门内发展,社会调节着整个生产,因而使我有可能随自己的兴趣今天干这事,明天干那事,上午打猎,下午捕鱼,傍晚从事畜牧,晚饭后从事批判,这样就不会使我老是一个猎人、渔夫、牧人或批判者"[3]。这表明,在"自由人联合体"中,个人的潜能与个性得到了充分的发展,每个人都获得自由而全面的发展。

---

[1] 列宁:《共产主义运动中的"左派"幼稚病》,北京:人民出版社,2016年版,第32页。
[2]《马克思恩格斯文集》第一卷,北京:人民出版社,2009年版,第571页。
[3]《马克思恩格斯文集》第一卷,北京:人民出版社,2009年版,第537页。

"自由人联合体"是从个人与整个社会相互作用的角度提出来的关于人自由而全面发展最终得以实现的共同体形式。"让我们换一个方面,设想有一个自由人联合体,他们用公共的生产资料进行劳动,并且自觉地把他们许多个人劳动力当作一个社会劳动力来使用。""这个联合体的总产品是一个社会产品。这个产品的一部分重新用作生产资料。这一部分依旧是社会的。而另一部分则作为生活资料由联合体成员消费。"[①]实现人自由而全面的发展是"自由人联合体"最基本的价值取向,个人要想作为自由人联合起来,必须从群体中解放出来,获得独立地位。"只有在共同体中,个人才能获得全面发展其才能的手段,也就是说,只有在共同体中才可能有个人自由。"[②]但这种共同体的实现需要一个长期的奋斗过程,恩格斯指出:"随着社会生产的无政府状态的消失,国家的政治权威也将消失。人终于成为自己的社会结合的主人,从而也就成为自然界的主人,成为自身的主人——自由的人。"[③]在这种共同体中,人与自然的关系、人与他人的关系和人与社会的关系都是一种完全新型的社会交往关系,其中任何社会管理机构的存在都是为了保障和促进每个人自由而全面地发展。经由这个自由而全面发展的人的联合体,人最终得以实现与社会的真正和解。

二、中国式现代化视域下人与社会的局部冲突

无论是从中国式现代化的远景目标而言,还是从人的自由而全面发展的最高价值指向而言,中国式现代化进程中人与社会的关系总体上不断趋向和谐统一,但仍然存在不同程度的局部冲突,导致社会发展与人的发展的相互掣肘,精准把握和深入分析这些局部冲突,为中国式现代化进程中推进人的全面发展与社会的全面进步找到抓手。

(一)经济高质量发展的要求同人的发展质量不高的冲突

党的二十大报告指出:"必须坚持科技是第一生产力、人才是第一资源、创新是第一动力,深入实施科教兴国战略、人才强国战略、创新驱动发展战略,开

---

① 《马克思恩格斯全集》第四十四卷,北京:人民出版社,2001年版,第96页。
② 《马克思恩格斯文集》第一卷,北京:人民出版社,2009年版,第571页。
③ 《马克思恩格斯选集》第三卷,北京:人民出版社,2012年版,第817页。

辟发展新领域新赛道,不断塑造发展新动能新优势。"①过去我国主要依靠传统的"物质消耗、要素投入和低成本比较优势"②的经济发展模式,GDP上来的同时也增加资源、生态的压力,为了寻求经济高质量发展的新出路,我国适时提出要转变经济发展方式,将创新驱动、人才驱动作为解决我国经济发展矛盾的主要战略。经济高质量发展对人的发展提出了更高的要求,二者之间存在冲突。

1.经济高质量发展所需人才总量不足

随着科学技术发展的日新月异,我国经济也迈向高质量发展新阶段,为了更好地建设现代化强国,尤其需要一支拥有现代科技知识和创新能力的高素质人才队伍。为此,党的二十大报告提出要深入实施人才强国战略,努力培养更多包括"战略科学家、一流科技领军人才和创新团队、青年科技人才、卓越工程师、大国工匠、高技能人才"③在内的高素质人才。作为国家发展大计的重中之重,各类型的人才为实现中国式现代化承担着不同的职责和使命。其中,战略科学家"是科学帅才,是国家战略人才力量中的'关键少数'"④,是具有强大前瞻判断力和组织领导力的高层次复合型人才;一流科技领军人才和创新团队是为解决"卡脖子"关键核心技术而组建的攻坚人才和团队;青年科技人才是高素质人才队伍的"源头活水",在中国式现代化进程中需要他们来挑大梁、当主角;如果说卓越工程师是制造业和工业的领头人,那么大国工匠和高技能人才就是推动我国制造业和工业发展的主力军,在探索中国特色、世界水平的现代化工业体系中都是不可或缺的重要人才力量。

当前,我国已拥有一支规模日益宏大、结构日益合理、素质逐步提高的高素质人才队伍,但人才总量的不足仍然达不到经济高质量发展的要求。总体上看,我国人才资源总量从2010年的1.2亿人增长到2022年的2.2亿人,虽然占据世界第一,但就我国14亿总人口,7.5亿就业人口的基数来看,目前人口资源总量仍然相对不足。不仅如此,从各类型的人才总量分布上看也存在着人才缺口。比如截至2022年,我国高技能人才不到7000万人,占人才总量比例不足

---

① 习近平:《高举中国特色社会主义伟大旗帜 为全面建设社会主义现代化国家而团结奋斗——在中国共产党第二十次全国代表大会上的报告》,北京:人民出版社,2022年版,第33页。
② 黄书进主编:《实现中华民族伟大复兴的行动纲领》,北京:人民出版社,2012年版,第30页。
③ 习近平:《高举中国特色社会主义伟大旗帜 为全面建设社会主义现代化国家而团结奋斗——在中国共产党第二十次全国代表大会上的报告》,北京:人民出版社,2022年版,第36页。
④ 中央组织部人才工作局:《深入实施新时代人才强国战略》,《人民日报》2022年1月13日第9版。

30%,而美国、日本、德国等发达国家高技能人才占普通人才的比例超过40%。[1]而根据数据显示,预计到2025年,仅制造业十大重点领域技能人才缺口将达到近3000万人。由此可见,各类型高技能人才的缺失,对发挥人才红利优势、促进经济高质量发展依旧是一个制约因素。在科技革命和产业革命形成历史交汇的今天,国家间的竞争与博弈,归根到底依旧是科技和人才的较量。据中国科协调研宣传部、中国科协创新战略研究院联合发布的《中国科技人力资源发展研究报告(2018)》,截至2018年底,我国科技人力资源总量达1.5亿人,虽说规模是世界第一,但是战略科学家偏少。[2]缺少战略科学家对科技创新发展规律和战略动向的科学研判与把握,对我国综合国力和国际竞争力都会造成严重的威胁与挑战。因此人才强国战略的实施对经济高质量发展尤为重要,高素质人才的储备是实现中国式现代化的必备要素。

2.经济高质量发展所需人才质量不高

在新一轮的科技变革和产业变革迅猛发展之际,经济高质量发展对人才的质量提出了更高的要求,如同习近平总书记在中央人才会议上的讲话上提到的,我们的目标是"到2025年,全社会研发经费投入大幅增长,科技创新主力军队伍建设取得重要进展,顶尖科学家集聚水平明显提高,人才自主培养能力不断增强,在关键核心技术领域拥有一大批战略科技人才、一流科技领军人才和创新团队;到2030年,适应高质量发展的人才制度体系基本形成,创新人才自主培养能力显著提升,对世界优秀人才的吸引力明显增强,在主要科技领域有一批领跑者,在新兴前沿交叉领域有一批开拓者;到2035年,形成我国在诸多领域人才竞争比较优势,国家战略科技力量和高水平人才队伍位居世界前列。"[3]

当前我国人才总量虽然位居世界前列,但人才比例相对失衡,而且人才质量也参差不齐,尤其是高精尖人才的培养还远远满足不了推动经济高质量发展的需要。人才质量不高主要体现在学历水平普遍较低、人才同质化程度高以及高质量人才的短缺三个层面。第一,根据2021年教育统计数据,中国就业人员

---

[1] 陈银健:《培养造就更多大国工匠和高技能人才》,《光明日报》2023年10月31日第2版。
[2] 吕科伟:《建设人才强国呼唤战略科学家》,《中国人才》2021年第12期,第9—11页。
[3] 习近平:《深入实施新时代人才强国战略 加快建设世界重要人才中心和创新高地》,《人民日报》2021年9月29日第1版。

总数为7.86亿人,其中,拥有大学(指大专及以上)文化程度的就业人员为2.18亿人,占比27.8%;拥有高中(含中专)文化程度的就业人员为2.13亿人,占比27.1%;拥有初中文化程度的就业人员为4.87亿人,占比62.0%;拥有小学文化程度的就业人员为3.50亿人,占比44.5%。[1]由此可见,目前从事技能工作的人员,其学历水平和文化程度以小学、初中为主,本科及以上的学历层次较少,在当前数字经济急需创新人才的大背景下,学历教育的不足严重限制了人才的发展,没有人才就没有创新,而缺乏教育就缺乏人才;第二,我国在人才培养上,对于基础教育过分重视,而往往忽视对人才的差异化培养,这就容易导致人才同质化。这样一种同质化现象不仅会造成专业人才的天平失衡,一边是基础人才的饱和,另一边又是高精尖人才的匮乏;同时也意味着不同类型人才无法在市场上得到有效配置,人才个人价值无法得到充分实现,也难以形成高效团队,对于高精尖技术人才的培养和集聚是一种挑战;第三,高质量人才的培养不仅需要大量的研发经费而且需要比培养普通劳动者更长的时间成本,尤其是高科技领域人才、关键领域人才。他们作为新兴前沿交叉领域的开拓者,有着甘愿坐冷板凳的意志,具备从无数次失败中站起来的勇气,这之中取得成就的人少之又少,因此高质量人才比重在人才总数中非常少,总体看人才质量不高。总而言之,"人才是衡量一个国家综合国力的重要指标"[2],缺乏高精尖人才的创新与活力,经济高质量发展依旧"道阻且长"。

3.经济高质量发展所需人才结构不佳

全面建成社会主义现代化强国,实现经济高质量发展离不开一支规模宏大、素质优良、结构合理的人才队伍。为此国家深入实施人才优先发展战略,意在"推动人才结构战略性调整,突出'高精尖缺'导向,实施重大人才工程,着力发现、培养、集聚战略科学家、科技领军人才、企业家人才、高技能人才队伍"[3]。但又正如习近平总书记在中央人才工作会议上的讲话所指,我国的"人才队伍

---

[1] 基于国家统计局2021年统计年鉴和教育部官网数据整理。
国家统计局:2021年中国统计年鉴,https://www.stats.gov.cn/sj/ndsj/2021/indexch.htm。
中华人民共和国教育部:2021年全国教育统计数据,http://www.moe.gov.cn/jyb_sjzl/moe_560/2021/quanguo/。
[2] 习近平:《深入实施新时代人才强国战略 加快建设世界重要人才中心和创新高地》,《人民日报》2021年9月29日第1版。
[3] 《全面建成小康社会重要文献选编》下,北京:人民出版社,2022年版,第870页。

结构性矛盾突出,人才政策精准化程度不高,人才发展体制机制改革还存在'最后一公里'不畅通的问题"①。由此可见,人才队伍的建设仍然存在着不平衡不充分的问题,人才结构的不合理制约着人才强国的建设。

当前,我国人才结构性矛盾突出,人才有效供给不足,尚未形成支撑我国经济转型发展的人才结构。第一,人才结构在地域上的失衡。从发达城市和欠发达城市上看:一线城市的人才聚集数量远远超过二三四线城市,这就导致一线城市的人才过多集聚出现人才闲置,而二三四线城市由于人才短缺而出现用工困难,创新驱动力不足导致城市发展落后;从沿海城市和内陆城市上看:东部沿海省份人才密集,越往西走,高技能人才越少,人才结构的失调导致城市发展的东西部失衡,这也是经济高质量发展止步不前的重要原因之一。第二,人才分布的行业结构不合理。"我国人才大量分布在教育、文化、卫生、经济、会计以及传统工业等领域,而农业、金融、软件、保险等行业人才相对较少,新材料、新能源、生物技术、现代医药、环保等新兴产业人才严重不足,尤其是高新技术和复合型的创新人才极为短缺。"②由此可知,我国当前出现产业过剩和产能不足并存的问题,究其原因就在于人才在不同产业的分布不均衡。第三,人才内部分配不合理。我国专业技术人员大部分在国有部门,而在非国有部门较少。高技能人才几乎在高等院校和科研院所,只有少量分布在企业。人才结构的失衡从侧面反映了当前社会人才结构是一个两边窄、中间宽的橄榄型形状,既缺少高精尖人才,也缺少熟练的技工人才,处于中间地带的普通人才比重居多,容易产生人才的资源过剩或者是资源浪费。此外,尽管当前的人才队伍正逐渐年轻化,但还是有很多青年人才在组织和开发的实际运用中能力表现稍逊,在产业转型升级的过程中不能自如应对新科技革命的挑战,整个人才队伍缺乏大量高素质的复合型人才制约着经济社会的发展。

综上,人才的发展既要通过教育提升人自身的综合素质和创新能力,还要深化人才强国战略,破除人才培养的各种体制机制障碍,聚天下英才而用之,才能转制度优势为人才优势、科技竞争优势,推动经济高质量发展。

---

① 习近平:《深入实施新时代人才强国战略 加快建设世界重要人才中心和创新高地》,《求是》2021年第24期。
② 崔建民:《"十四五"期间深入实施人才强国战略研究》,《青海社会科学》2021年第1期,第50-54页。

（二）全过程人民民主的推进同参政主体素养不高的冲突

全过程人民民主是实现中国式现代化的本质要求，是中国特色社会主义民主政治的显著特征。人民群众作为政治生活的主体，应该具备良好的政治修养，即应自觉主动参与政治生活和履行政治义务。而当前部分群众在贯彻民主实践中依然存在着政治素养不高的问题，阻碍了全过程人民民主的全面推进。

1.部分人民的参政意识不强

人民的参政意识就是人民参与管理国家政治事务的意愿和想法，具备参政意识，人民才有可能参与到管理国家的政治活动中，如果连参政的意愿都没有，就更不会有参政的实践。全过程人民民主就是要实现人民作为民主主体的自主性，激发他们参与政治生活的热情和意愿，使其能够主动自觉投入到管理国家事务的过程中来，这是人民参与政治生活和履行政治义务的前提。而当下人民群众的参政意识呈现消极化和不平衡性的表现，对全过程人民民主的有序推进是一种挑战。第一，人民的参政意识消极化。一方面，基层群众缺乏进行有效政治参与的主体意识，参与的主动性和自觉性较低，部分群众缺乏应有的主人翁意识，对于国家大事和公共事务漠不关心，比如在民主选举中常常抱有"选谁不选谁，对我影响不大"的思想，他们不理解选举投票的真正意义，民主意识不强，缺乏主见，愿意放弃自己的权利。另一方面，部分代表人民参政的人民代表的宗旨责任意识淡薄，一些人民代表经常将自己等同于一般的人民群众，忘记了自己是人民选出来的代表委员，缺少主动行使权利的宗旨意识，对群众关心的问题不闻不问，对人民缺乏感情，代表人民、服务人民的思想树得不够牢固，对人民赋予的神圣职责缺乏足够的认识，把代表委员职责看淡了，使命看轻了，不利于全过程人民民主的落实。第二，人民政治参与意愿的不平衡。从地域上看，城乡之间、发达城市和欠发达城市、东西部之间人民政治参与意识的程度不一致。一般而言，城市相比于农村，发达城市相比于欠发达城市，东部相较于西部基于经济、教育、环境、政治信息的接受程度等因素存在差异，政治参与意识会更强，也更有能力行使政治权利。尽管如此，发展程度更高地区的居民虽然具有较好的政治参与条件和文化知识水平，但由于人口结构复杂、流动人口多、依附性强、归属感低等因素影响，参政热情较低，因此拥有较高参政意识的人民在人口中所占比例较小。从阶层划分上看，不同阶层、群体和从业者的参政意愿也存在差异。知识分子、精英人物和中等及以上收入阶层更容易对政治参与产生兴趣,而农村群体、城镇弱势群体和贫困阶层则由于物质条件和教育条件不足参政意识较弱。从不同年龄阶段来看,年轻一代由于能熟练使用网络,更容易获取和了解政治信息,对于国家大事有着强烈的自豪感和主人翁精神,因而相较于中年和老年群体能更方便、更直接参与政治生活,参政意识也更高。当前,部分公民对政治参与的积极性略显不足,这在一定程度上影响了国家事务的民意基础。这种状况可能削弱人民民主的实践效果,对中国式现代化的进程带来挑战。

2.部分人民的法治观念淡薄

法治观念是依法治国的前提,而全过程人民民主有赖于党的领导、人民当家作主和依法治国的有机统一。如果人民在参与政治生活的过程中没有守住法律这根红绳,那么民主的实现将会是虚无,因此,引导人们心中有法、主动学法、学会用法是提升人们政治修养的体现,也是推动全过程人民民主的需要。当前人民的法治意识还比较淡薄,集中表现在不懂得如何尊法、学法、守法和用法四个方面。第一,人民尊法意识不强。十八大报告中强调"深入开展法制宣传教育,弘扬社会主义法治精神,树立社会主义法治理念,增强全社会学法尊法守法用法意识"[①]。首次提到尊法意识,旨在让全体人民通过信仰法律以更好地解决国家、社会、个人在日常生活中所产生和遇到的矛盾与问题。但现实中,人们理所当然地将法律作为维护自己的武器,却没有真正认同法律本身的价值,很多人没有维护法律尊严的意识,只是认为法律于我有利时就信任法律,当法律于我而言不利时就抛弃法律,这种主观选择究其根本是没有真正地相信法律、尊重法律、信仰法律。第二,人民学法意识不强。虽然国家通过颁布规章条例意在推动宪法宣传教育的常态化,但现实情况仍然是群众根本不知道、不清楚、不了解法律规定了人民应该享有的权利和需要履行的义务。既然连权利和义务都不熟悉,维护权利和履行义务就更无从谈起了。因此在社会交往日益紧密、日益复杂的今天,不懂得学法,对法条的认识知其然而不知其所以然,对法律的认知太过浅显,不仅容易使自己的利益受到侵害,也可能在不知不觉中伤害到他人的权益,因此,增强人民的学法意识是不容懈怠的。第三,人民守法意识不强。法律的实施有赖于全体人民的遵守,人民不守法,法律就不能发挥其应有的作用,那么法治社会、全过程人民民主、中国式现代化的建设就会变成空

[①]《十八大以来重要文献选编》上,北京:中央文献出版社,2014年版,第22页。

中楼阁。守法意味着全体人民能够自觉遵守法律法规,包括依法行使权利和积极履行义务两方面内容。正如马克思早就预见的那样"资本来到世间,从头到脚,每个毛孔都滴着血和肮脏的东西"[1],市场经济下的人都是逐利者,更有甚者为了利益可以做出违反法律和道德的事情,权利和义务相统一的原则正是为了规范人们只享受权利而不履行义务的错误行为,因此要守好法律这根最后准绳,守法意识必须要深入人心。第四,人民用法意识欠缺。法律的核心在于保障人民的合法权益。在现实生活中,许多人仅满足于遵守法律的最低标准,未能充分利用法律来维护公共利益和促进社会正义。法治社会的完善需要公民超越被动守法,积极投身于法律实践,以确保个人和公共利益得到有效保护。通过增强法律意识和素养,公民能够更加积极地参与法治进程,确保个人权益与公共利益在法律框架内得到有效维护。

3. 部分人民的政治参与不足

习近平总书记指出:"我国全过程人民民主不仅有完整的制度程序,而且有完整的参与实践。"[2]全过程人民民主不仅需要人们高度的参政热情与意愿,更需要将意愿的表达付诸实践,通过政治参与实践彰显人民当家作主的主体性,彰显人民良好的政治修养。民主选举、民主协商、民主决策、民主管理、民主监督作为人民参与政治生活管理国家事务的主要渠道,对中国特色社会主义事业高质量发展有着重要意义,但随着时间和深度的推进,人民的政治参与在不同环节也面临多重困境。第一,民主选举不深入。个别地方尤其是农村地区的选举在现实生活中并没有依照选举程序进行,有时会出现一人代替多人投票或只允许投票代表投票的现象,有时也存在着贿赂选举的行为,严重危害人民选举权的正常行使,影响选民参与选举的积极性,破坏选举公平公正公开的原则,大大降低了选民对选举委员会的信任,影响他们日后的政治参与实践。第二,民主协商的参与度不高。在民主协商推进的过程中,仍然存在着参与人数较少的问题,这是由于学校和社会忽略了对于民主协商的宣传和教育,导致很多群众对于民主协商的涵义、意义和怎么参与民主协商这些基本问题都不了解,他们普遍认为自己没有能力参与协商,即使参与了也不能提供有价值的意见。除了参与人数较少之外,还存在着人民无效参与的现象。虽然民主协商顺利开展,

---

[1]《马克思恩格斯选集》第二卷,北京:人民出版社,2012年版,第297页。
[2] 习近平:《在中央人大工作会议上的讲话》,《求是》2022年第5期。

但协商过程中很多人不愿意发表自己的意见,怕自己的意见"上不了台面"而引得大家哄堂大笑,又或是害怕自己的意见同他人产生冲突而不利于人际关系的发展,因此民主协商逐渐变为少数人意志的体现。由于未能真正发挥协商的实际效用,使得部分人不愿意参加到民主协商的环节中来,导致政治参与度不足。第三,人民参与民主决策意愿不高。部分地方由于未及时发布政府信息,公开透明度不够影响了人民对等待决策的事务的理解与判断,政府与人民形成不了互动,决策便难以进行,渠道的不畅通磨灭了人民参与民主决策的热情;此外,虽然民主决策是众人事众人议,但部分领导干部和知识分子拍板决策的行为阻断了人民的政治参与,决策停留在精英阶层,很多普通群众被排除在决策之外,无法表达自己的利益诉求。第四,民主管理的权力异化也会打消人民参与政治生活的积极性。民主管理作为基层群众自治的核心,本应是村民和村委会、村党支部共同管理村级事务,但由于村民基数庞大,加上村民知识水平和文化素养有限,对于一些比如招商投资、安全生产、环境保护等专业性事务无法发表意见,于是这种权力就集中在领导干部手上,村民在村务管理中的身份逐渐模糊,更不愿意参与到政治生活中来。第五,虽然监督制度保障人民有效行使自己的权利,但在具体实践过程中也出现不少问题。比如村务公开是每个村庄都应履行的工作事项,而且村庄也应该全面地真实地公开村务,但有时由于宣传力度不够、村民识字能力有限或是村民不感兴趣等因素,导致部分事关村民切身利益的公告信息被村民忽略,使得部分村民没有行使民主监督的权利,这在一定程度上削弱了监督的力度,使得民主监督这项实践活动难以取得预期的成效。当前由于部分公民缺乏完整的政治参与实践环节,直接影响了他们的政治归属感,也影响了全过程人民民主的有效推进。

综上,公民政治参与度不高的原因可归结为两个方面:首先,市场经济的导向作用导致公民在政治参与上更倾向于关注与个人利益直接相关的议题。当政治议题与个人利益紧密相连时,公民通常更愿意积极地了解和参与政治讨论。相对地,对于那些与个人利益关联不大的议题,公民可能更倾向于保持观望态度,这种选择性参与可能限制了民主的广泛实现。其次,虽然我国已经建立了政治参与制度,但在实际执行过程中,公民的自主参与度和监督能力仍需进一步提高。如果公民在政治决策中的利益诉求不能得到有效的表达和回应,可能会削弱他们参与政治的积极性。为了推动人民民主的深入实践,需要消除公民政治参与的制约因素,促进公民在国家治理中的广泛参与。

(三)社会主义文化强国建设同群众文化素养不高的冲突

党的二十大报告强调中国式现代化是"物质文明和精神文明相协调的现代化"①。进入新时代以来,我国在物质方面已取得硕果累累的伟大成就,但人民群众的精神文化层面没有得到充分发展,这同社会主义文化强国的建设产生矛盾,影响着社会主义现代化强国的建设。

1.群众产生的文化需要不够强烈

改革开放后我国经济社会快速腾飞,人们的生活水平迅速提高,人民收入水平的稳步增长推动了人们文化需求的不断提高。尽管如此,受疫情影响,近几年群众的文化需求程度和对文化的需求意愿有所降低。

第一,群众文化消费总体水平较低,且结构略显失衡。随着人民生活质量的提高,人们对精神文化的需求也相应提高,尽管我国文化消费在最近几年有了显著的增长,但是从总体的消费状况来看仍然存在着消费潜力不足的趋势。据国家统计局统计,2023年我国居民家庭消费支出中,人均食品支出比重为29.8%,而文化消费支出比重仅为10.8%。从增长速度看,2023年全国居民人均消费支出比2018年增长34.97%,而文化消费支出比2018年增长30.46%,②我国文化消费的增长速度低于整体经济增长速度,可见我国居民的文化消费潜力不足,人们对文化需求的程度有所下降。再者,城乡之间、区域之间的群众文化消费需求水平也有较大差异。随着城市化进程的加速,城市在文化设施和文化投资方面明显超越了农村,这导致了城乡间的农村文化需求远低于城市文化需求。而从全国范围内来看,由于东、西部地区在社会经济发展水平上存在巨大的差距,这导致了这两个地区在文化需求的发展上有所不同,其中东部地区的文化需求明显超过了中西部地区。

第二,群众对群众性文化的需要较为乏力。尽管国家大力推进公共服务文

---

① 习近平:《高举中国特色社会主义伟大旗帜 为全面建设社会主义现代化国家而团结奋斗——在中国共产党第二十次全国代表大会上的报告》,北京:人民出版社,2022年版,第22页。
② 基于国家统计局2018年和2023年居民收入与消费支出情况整理。
国家统计局:2018年居民收入和消费支出情况,https://www.stats.gov.cn/sj/zxfb/202302/t20230203_1900203.html.
国家统计局:2023年居民收入和消费支出情况,https://www.stats.gov.cn/sj/zxfb/202401/t20240116_1946622.html.

化的建设,但一直以来都缺少群众广泛的参与。一方面,公民参与公共文化服务的意识不强。在文化权利或者享有文化的意识方面较为淡薄,基本的公共文化权利观念存在实用主义的倾向,加之我国部分公共文化服务的开展基本上听从于政府部门的行政指令,公民极少考虑通过自身参与来改善和提升公共文化服务,导致其对群众性文化的需求普遍不高,义务意识不强。另一方面,受都市快节奏的影响,人们的生活基本被工作、学习包围着,很少能够挤出时间享受群众性文化,对于公共文化服务的接受程度以及对诉求的表达渠道的认识不足等诸多因素的影响,使得公民参与与之需求不相适应的公共文化服务活动,造成参与效率低微。如此一来,群众作为文化需求侧缺乏了动力,那政府企业作为文化供给侧的另一端也无法创造出人们喜闻乐见的文化事业和文化产业,不利于社会主义精神文明的建设。

2.群众选择的文化样态较为单一

中国特色社会主义文化是一个巨大的文化生态系统。这一文化生态系统包含现代文化与传统文化、本土文化与外来文化、主流文化与亚文化、精英文化与大众文化等。随着中国特色社会主义的不断建设,当代中国文化展现出了丰富和多样的发展特点,在这种多元与多样性并存的背景下,不同文化体系间的互动、碰撞和融合已经成为一种普遍现象。这种充满活力的发展态势为现代中国文化带来了新的活力和生机,同时也为实现人民的美好生活和建设文化强国提供了关键的途径保障。但就当下情况看,人民的文化样态选择呈现单一化的局面。

第一,选择现代流行文化而忽视优秀传统文化。随着各种思想文化的交流、融合与碰撞变得越来越深入、越来越频繁,加之互联网的飞速发展,大众对于传统文化的了解与继承呈现淡化的态势。他们对中华优秀传统文化的认知表现出了鲜明的文化态度和评价,具有强烈的自我意识,体现了多样性、复杂性和矛盾性等特征。一方面,群众对中华优秀传统文化的整体认知尚不明确,尤其是当代年轻人大多停留在对中华优秀传统文化表面、浅层的了解上,比如他们仅仅对某些有形的、传播相对较广的文化表现形式表现出强烈的兴趣和较高的接受度,而当真正被问到中华优秀传统文化的深层内涵时,有时出现一问三不知的尴尬情况。另一方面,群众普遍对中华传统文化所带来的社会效应和时代意义给予高度评价,这为推进传统文化教育奠定了坚实的基石。然而,与此不相协调的是,他们对于传统文化知识的掌握程度并不尽如人意,这在某种程度上反映了知识与实践之间存在的脱节情况。

第二,选择外来文化而忽视本土主流文化。中华优秀传统文化是在黄河的滋养下孕育而成的五千年悠久文明,是中华民族包容智慧的文化结晶,理应成为中国特色社会主义社会建设的主流文化。而西方文化虽然存在的时间相对较短,却能够借助全球化浪潮和科技媒体的形式迅速流入国内,对我国的社会主义核心价值观建设和文化建设造成一定的冲击。青年学生群体作为大数据、融媒体的主要使用者和主要受益者,他们在网络使用与学习中可以及时地了解到国外先进的科学技术和人文理念,久而久之会向往外国的文化,所以出现了社会中的崇洋浪潮。又由于网络平台能够容纳多种文化,信息传播极为迅速。因此,多种政治势力都在努力借助网络缺口争夺影响力。这一过程中,西方文化中的腐朽陈旧和不良因素对大学生的世界观、人生观及价值观产生了消极影响,与我国传统优秀文化发生了碰撞。

3.群众享有的文化生活品质不高

习近平总书记在规划当下经济社会发展方向时曾提出要"努力推动高质量发展、创造高品质生活"[①]。创造高品质生活,提升文化需求的品质是关键。高品质的文化需求既包括群众消费的文化产品本身的品质要高,也包括群众的文化消费要符合群众自身的生活品质。当前群众作为文化强国建设的主体力量,无论是从群众消费的文化产品来看,还是从群众的文化消费类型来看,都还并没有达到高品质的文化需要。

第一,部分群众沉浸于"速食文化"。中青年群体既是文化享受的主要群体,也是经济建设的主要奋斗者,"996"是他们的标签和象征,虽然他们对文化有着非常强烈的需求,但是无奈受制于闲暇时间的不足而只能借助互联网碎片化地接受世界各地的文化信息,不能进行充分的文化享受。受繁忙的工作任务和快节奏的生活状态影响,群众主要集中于能够高效满足其文化需求的快餐文化、流行文化。流行文化、快餐文化通过一定的流行音乐、综艺节目和影视作品等形式来满足人们的娱乐需要和文化需求,但往往没有很好兼顾作品内容的优质性,忽视和抛弃了文化本身的内涵和深刻韵味,生产出来的大多是一些良莠不齐、肤浅的文化作品,有些作品甚至立意不高,内容低俗,存在抄袭、炒作、哗众

[①]《习近平书信选集》第一卷,北京:中央文献出版社,2022年版,第189页。

取宠的现象,严重影响群众的审美趣味和世界观、人生观、价值观的标准建立。

第二,群众攀比性文化消费倾向明显。中国社会自古就是人情社会,不论身份地位、不论城市农村、不论古代现代,都为了追求维系所谓的"面子"而进行大量的消费。随着物质生活的逐渐富足,部分群众在文化上的攀比性消费也变得尤为明显,比如每年春节档都会上映很多电影,大家都争相去观看,观看的人数越多,越会吸引更多的人去观看,但他们不会去思考这种文化消费是否符合自身的实际需要,只是基于从众心理和攀比心理而忽视了正常的享受性文化消费。此外,由于盲目跟风,"符号消费"的出现使得部分群众花大量金钱购买奢侈品、昂贵电子产品摆放在家中而毫无用处,造成浪费,不符合群众高品质文化消费和高品质生活的需要。

综上,群众的文化需要不能很好地实现与满足主要有两方面原因。一方面,从供给侧看,社会物质经济基础的不平衡不充分发展,制约人民群众的文化消费意愿和水平,加之文化产业、文化事业创新动力不足和市场监管力度的欠缺,没有很好为群众提供高品质的文化产品;另一方面,从需求侧看,群众自身的文化消费观念和文化素质也没有达到建设文化强国的要求,对于高品质的文化需要了解还不深入。因此,需要社会、高校与政府的协同发力,引导文化的供给和需求良性发展,推动社会主义现代化强国的建设。

三、中国式现代化视域下人与社会协调发展的路径

中国式现代化的推进过程,既是人的全面发展和社会全面进步的过程,又是人与社会协调发展相互促进的过程。针对中国式现代化视域下人与社会的局部冲突,着力推动社会经济、政治与文化同人的良性互动,协同推进社会的现代化与人的现代化进程。

(一)推动经济高质量发展为人的发展奠定物质基础

"高质量发展是全面建设社会主义现代化国家的首要任务。"[1]推进中国式现代化,必须牢牢把握高质量发展这一本质要求,加快构建新发展格局,建设现代化经济体系。而人才作为经济高质量发展的关键要素,人才培养的质量、规模、结构影响着经济发展的趋势,因此需要通过提高教育经费占比、持续增加研

---

[1]《习近平著作选读》第一卷,北京:人民出版社,2023年版,第23页。

发经费、打造良好的展才环境等途径来推动人的发展。

1.提高教育经费占比提升人才培养质与量

建设现代化教育强国是满足经济社会高质量发展的迫切需要。经济社会高质量发展的目标对社会人才提出了更高更多的时代要求,只有大力推动教育优先发展,加快建设高质量教育体系,培养造就担当民族复兴大任的时代新人,才能为中国式现代化建设提供更加强大的智力支持。

第一,提高国家财政性教育经费的投入占比。世界银行发布数据显示,全球教育投入占 GDP 的比重在 4.3% 左右,古巴的教育花费占中央财政预算的 10%。而聚焦近三年我国国家财政性教育经费的投入占比,2020 年国家财政性教育经费为 42908.15 亿元,比上年增长 7.15%,占 GDP 比例为 4.22%。[1]2021 年国家财政性教育经费为 45835.31 亿元,比上年增长 6.82%,占 GDP 比例为 4.01%。[2]2022 年国家财政性教育经费为 48472.91 亿元,比上年增长 5.75%,占 GDP 的比例为 4.01%。[3]可见,我国国家财政性教育经费投入占比虽然自 2012 年以来连续第九年做到不低于 4%,但在 GDP 总值稳步增长的情况下,国家财政性教育经费占比的增幅却相对迟缓。为实现提升人才的质与量、促进我国经济高质量发展的目标,应当进一步加大对于教育经费的财政投入,着力提高国家财政性教育经费投入的占比增长。

第二,引导社会资本增加教育经费投入。社会资本的教育经费投入是提高我国教育经费占比的重要途径,但社会资本的教育经费投入需要政府开展积极鼓励与引导工作。政府可以通过优化投资环境、推进产教融合、强化社会责任教育等措施吸引社会资本投入占比的提升。首先,优化教育投资环境。政府把握好我国教育进入提高质量、优化结构、促进公平的新阶段,着力建成更加适应全民学习、终身学习的现代教育体系,充分研究、调整优化现代化职业教育体系、学前教育、义务教育、高等教育、继续教育等教育阶段的经费投入结构,推进学习型社会建设,加强教育数字化基础设施、共享平台建设,为社会资本的投入

---

[1] 中华人民共和国教育部:2020 年全国教育经费执行情况统计公告发布,http://www.moe.gov.cn/jyb_xwfb/gzdt_gzdt/s5987/202111/t20211130_583350.html.
[2] 中华人民共和国教育部:关于 2021 年全国教育经费执行情况统计公告,http://www.moe.gov.cn/srcsite/A05/s3040/202212/t20221230_1037263.html.
[3] 中华人民共和国教育部:2022 年全国教育经费执行情况统计公告发布,http://www.moe.gov.cn/jyb_xwfb/gzdt_gzdt/s5987/202312/t20231202_1092912.html.

营造教育投资的良好环境。其次,推进产教融合。政府可以引导企业投资职业教育与培训,在企业和学校的通力合作下,共同培养符合现代化市场需求的高素质人才,从而使教育与产业发展的结合更加紧密,为社会资本的注入提供更好的平台。最后,强化社会责任教育。政府还应对企业和其他社会团体加强社会责任教育,使其认识到自身在教育发展中所肩负的社会责任。社会资本在投入教育事业后,不仅能够为社会的长远发展作出贡献,还能够提高企业的社会形象,从而增强市场竞争力,实现经济效益与社会效益的双赢。

2.持续增加研发经费投入培养创新型人才

随着经济的快速发展和全球竞争加剧,创新型人才已成为提高我国竞争力和实现高质量发展的关键因素。研发经费的持续增加不仅能提高科技人员待遇,吸引更多优秀的人才从事科学研究,同时还能够促进科技成果转化、推动产业结构升级等。因此,持续增加研发经费投入有助于推动我国经济实现高质量发展。

第一,持续增加基础研究与应用研究经费支出。习近平总书记强调,"培养创新型人才是国家、民族长远发展的大计"[1]。当前,我国与创新型国家之间仍有一定差距,为了加快实现科技自立自强、强化国家战略科技力量,必须大力推动落实科技强国战略,增加研发经费投入。创新型国家以科技创新为经济社会发展核心驱动力,其主要特征指标是国家创新发展指数、科技进步对经济社会发展贡献率、全社会R&D经费支出占GDP的比例以及基础研究与应用研究经费支出约占全国R&D经费总支出的比例等等。我国2020年基础研究、应用研究和试验发展经费所占比重分别为6.0%、11.3%和82.7%。[2]2021年基础研究、应用研究和试验发展经费所占比重分别为6.50%、11.3%和82.3%。[3]2022年基础研究、应用研究和试验发展经费所占比重分别为6.57%、11.3%和82.1%。[4]从R&D经费的支出结构看,我国研究经费比例偏低,基础研究与应用研究经费支

---

[1]《习近平著作选读》第二卷,北京:人民出版社,2023年版,第474页。
[2] 国家统计局:2020年全国科技经费投入统计公报,https://www.stats.gov.cn/sj/tjgb/rdpcgb/qgkjjftrtjgb/202302/t20230206_1902130.html。
[3] 国家统计局:2021年全国科技经费投入统计公报,https://www.stats.gov.cn/sj/zxfb/202302/t20230203_1901565.html。
[4] 国家统计局:2022年全国科技经费投入统计公报,https://www.stats.gov.cn/sj/zxfb/202309/t20230918_1942920.html。

出约占全国R&D经费总支出的15%左右,远低于主要发达国家45%以上的平均水平。因此,我国必须持续增加基础研究与应用研究经费的投入。

第二,持续加大科技人才资助力度与规模。为落实中央人才工作会议精神和具体部署,全方位吸引、培养和用好青年科技人才,中共中央办公厅与国务院办公厅联合发布《关于进一步加强青年科技人才培养和使用的若干措施》,强调应加强对职业初期青年科技人才的稳定支持力度。基于实际需求、使用效果以及财政状况,逐步增加资助范围,并完善以绩效评价为主导的动态资金分配制度,确保资金的有效使用。由此可见,促进人才培养,持续增加经费资助是必然趋势,经济高质量发展则为能够持续性增加研发经费培养创新型人才提供重要物质保障。首先,政府可以设立人才资助专项资金,用于人才培养、引进、奖励等方面,对具有特殊才能或突出贡献的人才进行重点帮扶,为人才提供全方位的支持。其次,政府还应该建立完善的监督评估机制,对人才资助项目进行全程跟踪和管理,确保项目按照计划顺利实施。同时对人才资助的效果进行定期评估和反馈,及时调整改进资助政策和措施,提高人才资助的整体效益。

3.打造良好展才环境提升外来人才吸引力

在经济高质量发展的前提下,以高新技术产业和战略性新兴产业为代表的各类产业能够得到充分发展,形成了对人才具有强大吸引力的产业环境。人才展现才华,实现自我价值和社会价值的平台不断扩大和优化,能够吸引国外人才和留学人才回国,进一步增强国内人才队伍的科研实力和创新能力。而打造良好的展才环境必须要破除人才成长体制障碍,肃清形式主义、官僚主义、论资排辈、圈子文化荼毒,从而释放人才活力,拓宽人才成长通道,助力经济高质量发展。

第一,坚持问题导向,着力破除人才培养、使用、评价、服务、支持、激励等方面问题。习近平总书记强调,"破除'四唯'现象,向用人主体授权,为人才松绑"[①],要把人才从各种形式主义、官僚主义的束缚中彻底解放出来,持续联合开展清理"唯论文、唯职称、唯学历、唯奖项"专项行动,对各类人才成长体制障碍进行全面清理和整改。习近平总书记还强调,"要用好用活各类人才,对待急需紧缺的特殊人才,要有特殊政策,不要求全责备,不要论资排辈,不要都用一把

---

① 《习近平著作选读》第二卷,北京:人民出版社,2023年版,第518页。

尺子衡量,让有真才实学的人才英雄有用武之地。"①肃清论资排辈、圈子文化等腐朽落后文化思想,可以为年轻人才提供清正廉洁的成长环境,有效缓解人才流失的现象,发挥人才的卓越才干。

第二,健全体制机制,坚持把人才发展体制机制改革作为全面深化改革重要组成部分。制度问题是根本性、关键性的问题,人才制度建设问题是衡量人才工作水平的根本性指标,应当以《关于深化人才发展体制机制改革的意见》《关于深化项目评审、人才评价、机构评估改革的意见》《关于分类推进人才评价机制改革的指导意见》等体制机制改革方案为制度文本依据,针对政府人才管理的核心任务,重新审视并转变管理职能,特别是在人才评价机制、激励创新创业、海外人才引进及人才流动配置等重要领域和关键环节,强化顶层制度设计和相关制度配套。明确各级人才主管部门的职责和权力,以释放人才发展的潜力和激发创新活力为目标,赋予用人单位更大的自主权。同时优化和改进科研项目的评审管理和科技人才的评价方式,完善科研机构的评估制度。

第三,优化人才管理,使各方面人才各得其所、尽展其长。习近平总书记强调,要"打通人才流动、使用、发挥作用中的体制机制障碍"②,深化人才发展体制机制改革,是构筑人才制度优势、实现高质量发展的战略之举,必须进一步解放思想,更新观念,从改善人才管理体系、加强科研经费与项目管理的深化改革、优化和整合各类人才计划等多个维度着手,以更加积极的举措发现人才,以更加开放的胸怀使用人才,以更加有效的政策保障人才,进一步彰显中国特色人才制度优势,并将人才优势持续转化为国家竞争优势和创新发展优势。

(二)发展全过程人民民主为参政主体成长拓展场域

"全过程人民民主是社会主义民主政治的本质属性,是最广泛、最真实、最管用的民主。"③发展社会主义民主政治,建设社会主义政治文明,是建设中国式现代化的内在要求和重要目标。坚持和发展全过程人民民主,必须加强宣传教育以提升人民参政意识,必须健全体制机制以保障人民参政权利,必须丰富政

---

① 《全方位培养引进用好人才——论学习贯彻习近平总书记中央人才工作会议重要讲话》,《人民日报》2021年10月3日第1版。
② 《习近平关于社会主义经济建设论述摘编》,北京:中央文献出版社,2017年版,第129页。
③ 习近平:《高举中国特色社会主义伟大旗帜 为全面建设社会主义现代化国家而团结奋斗——在中国共产党第二十次全国代表大会上的报告》,北京:人民出版社,2022年版,第37页。

治活动以锻炼人民参政能力,促进人民成长,提升人民政治素养。

1.加强宣传教育提升人民参政意识

人民具有较强参政意识,能够全链条全方位全覆盖地有效参与国家政治生活,是全过程人民民主的内在要求。作为政府与人民之间的桥梁和纽带,宣传教育能够增加人民对国家政务的了解程度、帮助人民更加深入地了解政府制定的政策与规划,人民对政务信息的了解程度直接影响其参政意识强弱。宣传教育能够增强人民的参政能动性,激发其更加积极地参与社会事务和公共决策,提高政府的透明度和公信力,为实现全过程人民民主奠定互信和合作的基础。因此,加强宣传教育以提升人民参政意识,是培养合格参政主体的首要要求。

第一,准确把握宣传教育内容。一方面,宣传教育内容要紧扣民生政务问题,关注与人民利益息息相关且普遍关心的话题领域,如收入分配、教育就业、社会保障、医疗卫生和住房保障等。宣传内容反映同群众切身利益的高度相关,才能激发参政积极性主动性。另一方面,要加强人民主人翁意识教育。引导人民积极自觉地进行政治参与,增强人民的法治意识、权利意识、责任意识,使人民能够理性、积极、有序地参与社会治理,维护自身的合法权益。相关部门可以通过举办法律知识讲座、制作法律宣传片、开展法律咨询服务等方式,让人民了解法律法规,增强法治意识。通过开展政治理论学习、组织参观考察、举办民主评议会等方式,提高人民的政治素养,增强人民参政意识。

第二,借助融媒体开展宣传教育。传统媒体和新兴媒体是更新迭代、优势互补的关系,发挥融媒体一体化效能是打造资源集约、结构合理、差异发展、协同高效的全媒体传播体系的关键着力点。习近平总书记强调,我国媒体融合发展"要坚持一体化发展方向,加快从相加阶段迈向相融阶段,通过流程优化、平台再造,实现各种媒介资源、生产要素有效整合,实现信息内容、技术应用、平台终端、管理手段共融互通,催化融合质变,放大一体效能,打造一批具有强大影响力、竞争力的新型主流媒体"[①]。随着互联网的普及和技术的发展,新媒体平台已成为宣传的重要渠道。政府可以通过建设政务微博、政务微信等新媒体平台,但同时也要重视传统媒体的不可替代性,基于传统媒体具有较高的权威性和可信度,政府可以利用报纸、电视、广播等传统媒体,发布政务新闻、民生专题,加强政务信息公开,增强政府和人民的互动性,提高人民的参与度。

[①]《习近平谈治国理政》第三卷,北京:外文出版社,2020年版,第317页。

第三,采取贴近群众的宣传方式。一方面,注重宣传内容可读性和易懂性。宣传内容更贴近人民群众生活,采用通俗易懂的语言,避免使用过多的专业术语和繁杂的表述方式,简洁明了地阐述参政的重要意义和多种路径。还可以通过实际具体案例解释参政的具体流程,加以图像、图表等形式辅助文字说明,便于人民理解和接受,从而提高内容的吸引力。另一方面,重视宣传反馈畅通性和快捷性。政府可以建立信息反馈机制和在线咨询平台,为公众提供留言投诉、意见建议等渠道,积极为民众开放如留言投诉、意见反馈等交流渠道,确保民众与政府之间的沟通更为畅通无阻。摸清参政宣传教育对象情况和重点,明确参政宣传教育的目标和方向,了解人民的接受情况,及时发现宣传教育中的问题,重视人民参政宣传教育活动达到的实际效果,持续推动宣传教育的优化与进步,进而切实提升人民参政意识。

2.健全制度机制保障人民参政权利

人民参政权利保障是社会主义民主政治建设的重要内容,人民参政体制机制的健全与否直接影响到人民参政权力的实现,体制机制不完善,人民的参政权就难以得到有效保障,而良好的体制机制可以促进人民的政治参与,提高决策的科学民主性,推动政治文明建设。

第一,坚持和完善人民代表大会制度。习近平总书记强调,"人民代表大会制度是实现我国全过程人民民主的重要制度载体"[①]。坚持人民代表大会制度,完善人大工作机制,保障人民的多项参政权利。保障人民具有选举权与被选举权,保证选举的公平、公正、公开。保障人民的言论、出版、集会、结社、游行等自由权利。保障人民的监督权,使人民能够通过信访举报、舆论监督等方式对政府的行为进行监督,督促政府更好履行职责。保障人民的知情权与参与权,加强政府信息公开,提高政府决策的透明度和公信力,促进政府与人民的沟通和互动,接受人民的合理建议和批评。推动人民通过行政听证、民主恳谈、公众评议等方式,参与公共决策执行的全过程。通过人民代表大会制度的健全,保障人民广泛参政权利的使用。

第二,发展社会主义协商民主机制。习近平总书记强调,"协商民主是实践

---

① 《习近平著作选读》第二卷,北京:人民出版社,2023年版,第532页。

全过程人民民主的重要形式"①。发展社会主义协商民主,拓宽人民参与社会治理的渠道,建立多层次、广覆盖、有序参与的协商机制,要充分发挥政党、人大、政府、政协、人民团体、社会组织、基层群众自治组织等在协商民主中的作用,健全各种制度协商平台。要把握人民群众这一社会主义协商民主的重点,在人民内部各方面广泛商量,发扬民主、集思广益,统一思想、凝聚共识。涉及人民群众利益的各类政治决策和各项政治工作,都要保证人民意见和建议的充分表达,保障参政权利的实际落地。

第三,健全基层民主自治制度。党的二十大报告中提出,"基层民主是全过程人民民主的重要体现。健全基层党组织领导的基层群众自治机制,加强基层组织建设,完善基层直接民主制度体系和工作体系,增强城乡社区群众自我管理、自我服务、自我教育、自我监督的实效"②。健全基层民主自治制度确保村(居)民在重大事务上享有充分的讨论和决策权。实施民主评议和问责机制,提高透明度,保障村(居)民在重大事务中全程参与决策前的咨询,执行中的监督,完成后的评议。同时,以制度强制力破除在民族区域自治和基层群众自治中出现的"形式民主"现象,确保每一项民主权利都能落到实处。

3. 丰富政治活动锻炼人民参政能力

随着人民素质的提升,参与政治活动日益成为人民进行社会管理、行使民主权利的重要途径。政治活动是人民参与政治过程的具体活动载体,政治活动不仅能够让人民深入了解政治运作机制和国家政策制度,还能培养人民政治觉悟和参政意识,培养人民的组织协调能力、表达能力、组织协调能力等参政必备能力,使人民更好地成长为能够胜任政治民主管理的合格人民。

第一,丰富政治组织活动。政治组织活动指的是政治组织为达到其政治目的而进行的政治决策、政治领导、政治协商等活动。为了加强政治组织的凝聚力和组织性,提高政治组织的影响力,政党活动、政治协商会议可以通过公开会议议程、公告会议结果、发布政策建议等方式,让人民更加了解进而参与政治组织活动的运行过程和决策结果,培养人民关注政治信息、政治新闻、政治评论,

---

① 习近平:《高举中国特色社会主义伟大旗帜 为全面建设社会主义现代化国家而团结奋斗——在中国共产党第二十次全国代表大会上的报告》,北京:人民出版社,2022年版,第38页。
② 习近平:《高举中国特色社会主义伟大旗帜 为全面建设社会主义现代化国家而团结奋斗——在中国共产党第二十次全国代表大会上的报告》,北京:人民出版社,2022年版,第39页。

增强人民的政治敏锐性和政治判断力。同时,政府应该积极促进多元参与,鼓励不同群体、不同利益需求的人民参与到政治组织活动中,通过多元参与充分反映社会各界诉求,平衡各方利益关系,培养人民政治合作意识。

第二,丰富政治管理活动。政治管理活动是指国家权力对政治生活有计划地约束或制约的活动。它是一种高层次的管理活动,以公共权力为核心,通过政治管理的行为来实现特定的目的和任务。为了实现国家治理和社会管理的目标,提高政府的管理效率和效果,推动社会发展进步,提高人民生活水平,在经济管理、城市建设管理、社会管理等方面可以组织人民参与多种活动。例如可以在社区业委会中参与社区文化建设活动管理社区文化事务;可以参与环保活动等志愿服务,为政府和社会提供公共服务;也可以参与城市建设管理过程中的听证会等,从而提升人民的社会责任感和社会参与意识。

第三,丰富政治参与活动。政治参与活动是公民直接或间接地以各种方式对与其利益相关的政治活动施加影响的活动。政治参与的主体是公民,政治参与的手段包括民主选举、民主决策、民主管理、民主监督。为了让人民表达自己的政治意愿,推动政治民主化和法治化进程,政府需要保障人民参加选举、游行示威、政治协商的活动权利。为了使人民更加顺畅地表达政治观点和利益诉求,政府需要构建参与平台。可以举办公共论坛给人民搭建发表意见的政治平台,开展信访或民意调查,听取人民诉求,接受人民监督,也可以加强网络政治参与平台的构建,让人民在网络论坛、官方社交媒体等渠道发表观点,从而增强人民的政治活动参与度。

(三)繁荣文化事业与产业为人的发展注入精神力量

习近平总书记在文化传承发展座谈会上的重要讲话强调,"在新的起点上继续推动文化繁荣、建设文化强国、建设中华民族现代文明,是我们在新时代新的文化使命"[①]。在以中国式现代化全面推进中华民族伟大复兴的新征程中,繁荣文化事业,发展文化产业,为人的发展注入新的文化力量。

1.加强教育引导助推群众文化需要的觉醒

马克思曾指出,"真正的社会联系并不是由反思产生的,它是由于有了个人

---

① 习近平:《在文化传承发展座谈会上的讲话》,北京:人民出版社,2023年版,第10页。

的需要和利己主义才出现的,也就是个人在积极实现其存在时的直接产物"①。在市民社会中的成员"把他们连接起来的唯一纽带是自然的必然性,是需要和私人利益"②,因此,需要是促使人们从事各种社会实践活动的内生动力,文化事业和文化产业发展的成果要滋养人的发展要求群众文化需要的觉醒和增进,群众文化需要不会自发觉醒,需要施加教育引导。

第一,教育引导群众产生更强文化需要。更强文化需求是指群众对于文化的总体需求量更多。为激发群众产生更强文化需求,一是要了解群众的文化需求。可以通过满意度调查和组织座谈会等形式,收集用户对于文化基础设施、文化服务等方面的满意度,了解群众对文化的整体需求和兴趣所在,便于更加有针对性地进行教育和引导。二是要引导民众参与文化建设。引导社会各界积极参与文化建设,可以鼓励企业、社会组织和个人捐款捐物支持文化建设,为民众提供更多的文化产品和服务,为群众产生更强文化需求提供物质性前提,在群众亲自参与文化建设的过程中激发其自身对于文化的理解和需求。

第二,教育引导群众形成高雅文化需要。高雅文化需要是指群众对于内蕴深厚、高尚风雅的文化样态的需求。一是要提供高雅文化产品和服务。提供高质量的文化产品和服务是引导群众形成高雅文化需要的基础。可以通过举办高水平的文艺演出、展览、讲座等活动,让群众接触到高质量的文化成果,增加群众与高雅文化的接触机会。二是要加强高雅文化教育。加强文化教育,提高群众的文化素养和审美水平。可以通过邀请专家学者举办讲座等形式,传授高雅文化知识,引导群众深入了解高雅文化的内涵和价值。同时也要注重培养群众的文化自觉和文化自信,让他们更加认同和欣赏高雅文化。三是要创造高雅的文化环境。营造一个高雅的文化环境对于引导群众形成高雅文化需要至关重要。这包括加强高雅文化基础设施建设、规范高雅文化市场秩序、提高高雅文化场所的公共服务水平等。

第三,教育引导群众生成多元文化需要。多元文化需要是指群众在文化需求方面呈现出的多主体、多类型、多层次特征。一是要明确多主体文化需求。要针对文化需求不同的主体,选择不同的教育引导模式。例如在一些文化资源有限,文化产品和服务较少的地区,应该加大文化资源的投入,增强他们对于文

---

① 《马克思恩格斯全集》第四十二卷,北京:人民出版社,1979年版,第24页。
② 《马克思恩格斯文集》第一卷,北京:人民出版社,2009年版,第42页。

化的最基本了解和需求。在一些对于传统文化缺乏认同感和归属感的地区,要大力开展传统文化教育,强化传统文化习俗和价值观念,增强文化需求。二是要提供多类型文化活动。多类型文化活动是刺激多元文化需求形成的场所条件。鼓励社区居民自发组织社区艺术展览等文化活动,促进社区内部的交流和互动。鼓励图书馆和博物馆举办各种主题的讲座、研讨会、展览和读书会等,提供知识和文化的学习和交流平台。鼓励体育设施和文化中心等场所举办体育文化活动,提供健康有益的体育文化体验。鼓励艺术馆开设绘画、摄影、雕塑等艺术形式的展览,提供高质量的艺术文化欣赏体验。三是要多层次文化交流。建立各个层次的文化交流平台,促进不同地区、不同民族的文化交流和融合。可以通过组织文化交流活动、建立文化交流中心、开展跨地区合作等形式,让群众了解不同文化的特点和魅力,激发他们的文化兴趣和需求。

2.繁荣文化事业保障群众的基本文化权益

文化事业由政府主导,以满足群众基本文化需求为主要目的,具有公共性、服务性特征。保障人民基本文化权益不仅关乎群众利益的实现、维护和提升,还是建设文化强国的重要目标。因此,必须将焦点更多地放在公益性文化事业建设上,让广大人民能够普遍享受到文化成果,并积极参与到文化创造中,从而为文化强国建设提供强大的精神动力,同时塑造出积极向上的舆论氛围和社会文化环境。

第一,加强文化事业设施建设。习近平总书记强调,"要加强公共文化设施建设,推动文化产业高质量发展,更好满足人民精神文化生活新期待"[①]。文化设施是文化事业发展的重要基础,提升文化设施是保障群众基本文化权益的重要举措。政府应加大对文化设施的投入,建设和完善图书馆、博物馆、艺术馆、科技馆等公共文化设施,提高设施的覆盖率和便利性,让群众更加方便地享受文化服务,提供多样化、优质化、普惠化的文化产品和服务,让人民享有更加充实、更为丰富、更高质量的精神文化生活。

第二,推动文化事业创新发展。习近平总书记指出,"激发全民族文化创新创造活力,增强实现中华民族伟大复兴的精神力量"[②],突出强调了文化创新的重要价值。创新是文化事业发展的不竭动力,鼓励文化创新有利于推动文化事

[①] 《习近平关于社会主义精神文明建设论述摘编》,北京:中央文献出版社,2022年版,第31页。
[②] 《习近平著作选读》第一卷,北京:人民出版社,2023年版,第35页。

业的可持续发展。相关部门可以通过制定文化事业发展规划、加强文化事业创新、提高文化事业的国际竞争力等方式,推动文化事业的健康发展,为群众提供更多更好的文化产品和服务。政府应加大对文化创新的支持力度,鼓励艺术家、文化工作者和文化企业积极开展创新实践,探索新的艺术形式、表现手法和文化产品。以创新文化的服务、产品和传播方式作为保障人民文化权益的重要环节。创新文化的服务、产品和传播方式,才能更好满足人民群众多样化、多层次的文化需求。

第三,培养文化人才推进文化交流合作。习近平总书记深刻指出,"人是文明交流互鉴最好的载体。深化人文交流互鉴是消除隔阂和误解、促进民心相知相通的重要途径"[1]。一方面,人才是文化事业发展的核心资源。政府应加大对文化人才培养的投入力度,培养具有创新精神和实践能力的文化人才。同时,要积极引进高层次文化人才,鼓励他们为文化事业的发展贡献力量。建立健全文化人才评价体系和激励机制,提高文化人才的创造力和竞争力。另一方面,通过加强文化交流活动、推动文化交流项目、提高文化交流的质量和水平等方式,增进文化人才对于不同文化之间的了解和尊重,发挥人才在文化交流中的关键作用,促进文化的多样性发展。同时,要加强对国外优秀文化的引进和推广,吸收借鉴优秀文化成果,提高中国文化的国际影响力和竞争力。

3. 发展文化产业满足群众多元化文化需要

文化产业是通过市场机制,是以生产和提供精神产品为主要活动,以满足人们的文化需要为目标,具有营利性特征。目前,人们对文化产品的需要呈现出多元化、高品质化的趋势。文化产业的发展能够提供丰富的文化产品和服务,生产出更多具有创意和特色的文化产品,满足不同年龄、不同层次、不同群体多样化的精神文化需求,文化产业的发展可以提升文化产品的品质。高品质的文化产品能够更好地满足人们高品质、高审美文化需求。

第一,优化文化产业发展的政策支持。"需要在体制机制、文化政策、文化工程等方面做好顶层设计,不断完善以高质量发展为导向的文化经济政策,为文化产业繁荣发展提供坚强保障。"[2]一是强化文化产业市场管理。政府应该加大

---

[1]《习近平外交演讲集》第二卷,北京:中央文献出版社,2022年版,第197页。
[2] 吴田、胡乐明:《担负新的文化使命着力推动文化产业繁荣发展》,《光明日报》2023年10月23日第6版。

对文化产业市场的监管力度,规范市场秩序,防止资本无序竞争和过度逐利行为。政府可以建立信息披露平台,为企业提供信息披露的平台和服务,提高信息披露的效率和透明度,加强对企业的有力保护。二是建立文化产业投资基金。政府可以引导社会资本投入文化产业,对具有发展潜力的文化产业项目进行支持,应鼓励金融机构为文化产业发展提供融资信贷保障,同时重视关于金融业支持文化产业发展模式的严格管理。三是加大政策支持力度。政府可以制定相关政策,正确引导和鼓励资本进入文化市场,可以出台针对文化产业的优惠政策,包括税收减免、资金扶持等,以减轻文化企业的税收负担,提高投资回报率,为资本提供良好的投资环境和广阔的平台。

第二,推动文化产业数字化转型。习近平总书记强调:"实施国家文化数字化战略,健全现代公共文化服务体系,创新实施文化惠民工程。"[1]数字化是当前文化产业发展的重要趋势,推进文化产业数字化有利于提高文化服务的效率和品质。文化产业数字化转型是指利用虚拟现实等技术手段促进文化创作、传播和接受方式的创新发展。一方面,构建数字化文化产业消费模式。培育发展数字化、网络化、智能化等新型文化业态,依托数字化延长文化产业链,促进结构优化,构建一个线上线下相融合的文化消费模式,提供更加丰富和个性化的文化服务,满足人民对数字内容、互动体验、场景消费等的需求。另一方面,政府应加大对文化数字化的支持力度,加强数字化基础设施建设,推动图书馆、博物馆、艺术馆等公共文化机构数字化改造升级,从而提高公共文化产品和服务供给水平引导文化产业加强科技研发。鼓励文化产业加大科技研发投入,推动文化与科技、文化与金融、文化与旅游等跨界融合,提升文化产品的表现力和传播力,提高文化产品附加值,拓展文化产业的领域和市场。

---

[1]《习近平著作选读》第一卷,北京:人民出版社,2023年版,第37页。

第四章

中国式现代化视域下人的自由个性的实现

人的个性发展是社会发展的重要内容和集中表现。马克思所构想的共产主义社会,就是每一个人的个性自由发展、达到自由个性的理想境界的社会形态。中国式现代化在推动社会全面进步的过程中,不断改善人的个性发展的物质文化与自然条件,创造有利于人的个性发展的社会环境,从而促进人的个性发展、推动自由个性早日实现。

一、马克思关于人的自由个性思想

自由个性思想是马克思的伟大理论贡献之一。追溯其源流与发展历程,有助于我们更全面深入地理解马克思的人的解放学说。

(一)马克思人的自由个性思想的提出

据统计,马克思的经典著作中有关"个性"的表述有二百多处,而"自由个性"则有六处。[①]其中最为人熟知的也是最经典表述见于《1857—1858年经济学手稿》:"人的依赖关系(起初完全是自然发生的),是最初的社会形式,在这种形式下,人的生产能力只是在狭小的范围内和孤立的地点上发展着。以物的依赖性为基础的人的独立性,是第二大形式,在这种形式下,才形成普遍的社会物质变换、全面的关系、多方面的需要以及全面的能力的体系。建立在个人全面发展和他们共同的、社会的生产能力成为从属于他们的社会财富这一基础上的自由个性,是第三个阶段。第二个阶段为第三个阶段创造条件。因此,家长制的,古代的(以及封建的)状态随着商业、奢侈、货币、交换价值的发展而没落下去,现代社会则随着这些东西同步发展起来。"[②]这些表述构建起马克思人的自由个性思想的基本内容,并为我们理解马克思人的全面发展理论提供了重要的文本基础。分析马克思有关人的自由个性思想的提出背景,有助于对此理论的更深入更全面地理解。

马克思主义诞生于19世纪中叶。彼时,资本主义政治经济制度在欧洲主要国家已基本确立,市场经济和现代工厂制度被广泛采用,工业革命如火如荼,社会生产力快速进步,物质财富迅速积累,资本主义经历着发展的黄金年代。

---

① 王盛辉:《马克思"人的自由个性"思想寻踪》,《山东师范大学学报》(人文社会科学版)2008年第1期,第129—134页。
② 《马克思恩格斯文集》第八卷,北京:人民出版社,2009年版,第52页。

但是政治经济的一系列变革对社会而言是一把双刃剑,物质富足与精神贫乏并存、经济繁荣与周期性危机交替、资本家的奢靡与工人的贫困形成巨大反差、无产阶级与资产阶级的矛盾已上升为社会主要矛盾……在上述背景下,无产阶级反抗压迫、追求自由的斗争——从消极怠工到破坏机器、从发起罢工到武装起义等,成为阶级斗争的主要表现形式。也正是在这样的背景下,马克思从无产阶级立场出发,从理论上探索工人自由发展和无产阶级与全人类解放的目标和路径。

马克思对人的发展包括个性发展的探索是持续的渐进的。青年时期,马克思即受到古典哲学的影响。在博士论文中,马克思比较了德谟克利特和伊壁鸠鲁的哲学思想,并肯定了伊壁鸠鲁"原子偏斜学说"的价值。"以原子偏斜运动为载体,马克思分析了原子的抽象个体性,并且使偶然性得以彰显,成功地将原子的抽象个性过渡到人的独立个性,也将伊壁鸠鲁强调的原子自由转换到人的自由。"[1]大学毕业后,马克思进入《莱茵报》工作。在此期间,他接触到各种社会问题,对自由的关注也趋向现实中人的自由权利。

此后,马克思对自由的思考日渐深入。他在《〈黑格尔法哲学批判〉导言》中,探讨了德国民众"不自由"的生存状态,并指出"人就是人的世界,就是国家,社会"[2],进而以"现实的人"为出发点,批判了束缚现实的人的各种桎梏:宗教、阶级、国家。所以,德国解放、德国民众的解放必须"向德国制度开火"[3],通过无产阶级革命实现社会自由。无疑,此时马克思对自由的理解早已超越古典哲学的抽象层面,马克思主义的世界观和无产阶级立场在此已得到确立。

马克思对"现实的人"的进一步分析体现在《1844年经济学哲学手稿》和《神圣家族》等著作中。基于对资本主义不断加深的认识,马克思批判了资本主义生产方式导致的人的异化问题:"人同自己的劳动产品、自己的生命活动、自己的类本质相异化的直接结果就是人同人相异化。"[4]这些广泛存在于资本主义社会的异化现象,典型地表现出劳动者被资本所支配后陷入了不自由境地:劳动本来是人自觉自主的活动,但资本主义生产方式下却沦为劳动者无法主导和支

---

[1] 彭棱:《马克思"自由个性"思想研究》,硕士学位论文,大连海事大学,2021年。
[2] 《马克思恩格斯选集》第一卷,北京:人民出版社,2012年版,第1页。
[3] 《马克思恩格斯选集》第一卷,北京:人民出版社,2012年版,第4页。
[4] 《马克思恩格斯选集》第一卷,北京:人民出版社,2012年版,第58页。

配的异己活动,劳动者不仅无法主导劳动、无法展现人的本质的多样性,也无法支配自己的劳动产品,甚至于人与人的社会关系也因此而蜕变。换言之,资本主义让劳动者成为资本的附庸、无法获得自主性、无法展现个性。马克思进一步提出,异化劳动造成了私有财产,造成工人劳动沦为"工资的奴仆",异化劳动与私有财产、工资之间密切相关,"随着一方衰亡,另一方也必然衰亡",这样,工人摆脱异化劳动和被奴役的命运、实现自身解放与自由全面发展,就与消灭资本主义私有制、实现全人类的解放是同一的过程——"社会从私有财产等等解放出来、从奴役制解放出来,是通过工人解放这种政治形式来表现的"[1]。马克思、恩格斯在《神圣家族》中延续了对异化问题的分析,指出"有产阶级和无产阶级同样表现了人的自我异化",但是有产阶级"感到幸福"而无产阶级"感到自己是被消灭的",最终无产阶级消灭资产阶级取得胜利时,"私有财产都会消失"。[2]异化的"阶级差异"无疑是在强调资本主义的剥削本质,所以无产阶级得到解放就必须消灭私有制。

在有了前述的相关思考之后,马克思人的发展理论和自由个性思想趋向成熟。在《德意志意识形态》中,马克思和恩格斯从历史现实出发,探讨了人的自由个性的限制因素。他首先注意到的是生产力发展状况。人"是在现有的生产力所规定和所容许的范围之内取得自由的"[3],生产力的发展水平决定了人所依赖的一切物质条件和社会环境,因此生产力状况构成对人的生存状态、发展状态及自由状态的根本约束。此外,社会分工状况也会对人的自由个性实现形成制约。在生产力发展水平不足的情况下,个人利益与社会利益不一致、自然形成的社会分工并非出于自愿,劳动还是谋生的手段,劳动者就没有自主选择的权利,于是人只能在他熟悉的特定的领域和专业范围劳动,而不能实现自由而全面的发展。"当分工一出现之后,任何人都有自己一定的特殊的活动范围,这个范围是强加于他的,他不能超出这个范围……只要他不想失去生活资料,他就始终应该是这样的人。"[4]马克思还注意到了一些"偶然的东西"对无产者的自由发展的影响。因为无产者的生存完全是被动地接受、适应环境条件,在生存

---

[1]《马克思恩格斯选集》第一卷,北京:人民出版社,2012年版,第61页。
[2]《马克思恩格斯文集》第一卷,北京:人民出版社,2009年版,第261页。
[3] 马克思、恩格斯:《德意志意识形态》节选本,北京:人民出版社,2018年版,第95页。
[4]《马克思恩格斯文集》第一卷,北京:人民出版社,2009年版,第537页。

条件成为"偶然的东西"的情况下,他们也成为"偶然的个人"。对他们而言,必须通过对分工、私有制和异化劳动的扬弃来实现自由个性发展。马克思和恩格斯还在《共产党宣言》中展开了他对未来理想社会的畅想,提出"自由人联合体"这一理想目标。他们持续批判资本主义,"由于推广机器和分工,无产者的劳动已经失去了任何独立的性质"[①],"在资产阶级社会里,资本具有独立性和个性,而活动着的个人却没有独立性和个性"[②]。为实现人的自由个性,就必须发动无产阶级革命,消灭剥削消灭私有制,也就消灭了资产阶级旧社会,最终出现的将是"每个人的自由发展是一切人的自由发展的条件"[③]的联合体。马克思对资产阶级个性的批判和对无产阶级的个性和自由发展的阐述,表明其人的发展理论已基本形成。

阐述马克思自由个性思想的标志性文献是《政治经济学批判1857—1858年手稿》和《资本论》。马克思直接使用"自由个性"的概念并多次提及,相关阐述构成马克思自由个性思想的基础。

在《政治经济学批判1857—1858年手稿》中,有关"自由个性"的直接表述有如下三处:

"关系当然只能表现在观念中,因此哲学家们认为新时代的特征就是新时代受观念统治,从而把推翻这种观念统治同创造自由个性看成一回事。"[④]

"……一种更荒谬的看法,就是把竞争看成是摆脱了束缚的、仅仅受自身利益制约的个人之间的冲突,看成是自由的个人之间的相互排斥和吸引,从而看成是自由的个性在生产和交换领域内的绝对存在形式。"[⑤]

"一旦把竞争看做自由个性的所谓绝对形式这种错觉消失了,那么这种情况就证明,竞争的条件,即以资本为基础的生产的条件,已经被人们当做限制而感觉到和考虑到了,因而这些条件已经成为而且越来越成为这样的限制了。断言自由竞争等于生产力发展的终极形式,因而也是人类自由的终极形式,这无非是说资产阶级的统治就是世界历史的终结——对前天的暴发户们来说这当

---

① 《马克思恩格斯选集》第一卷,北京:人民出版社,2012年版,第407页。
② 《马克思恩格斯选集》第一卷,北京:人民出版社,2012年版,第415页。
③ 《马克思恩格斯选集》第一卷,北京:人民出版社,2012年版,第422页。
④ 《马克思恩格斯文集》第八卷,北京:人民出版社,2009年版,第59页。
⑤ 《马克思恩格斯文集》第八卷,北京:人民出版社,2009年版,第178页。

然是一个愉快的想法。"①

在《资本论》中的相关表述有两处：

"劳动者对他的生产资料的私有权是小生产的基础，而小生产又是发展社会生产和劳动者本人的自由个性的必要条件。诚然，这种生产方式在奴隶制度、农奴制度以及其他从属关系中也是存在的。但是，只有在劳动者是自己使用的劳动条件的自由私有者，农民是自己耕种的土地的自由私有者，手工业者是自己运用自如的工具的自由私有者的地方，它才得到充分发展，才显示出它的全部力量，才获得适当的典型的形式。"②

"劳动者对他的生产活动的资料的私有权，是农业或工场手工业的小生产的必然结果，而这种小生产是社会生产的技艺养成所，是培养劳动者的手艺、发明技巧和自由个性的学校。"③

在《1857—1858年经济学手稿》中有一处：

"人的依赖关系（起初完全是自然发生的），是最初的社会形式，在这种形式下，人的生产能力只是在狭小的范围内和孤立的地点上发展着。以物的依赖性为基础的人的独立性，是第二大形式，在这种形式下，才形成普遍的社会物质变换、全面的关系、多方面的需要以及全面的能力的体系。建立在个人全面发展和他们共同的、社会的生产能力成为从属于他们的社会财富这一基础上的自由个性，是第三个阶段。第二个阶段为第三个阶段创造条件。因此，家长制的，古代的（以及封建的）状态随着商业、奢侈、货币、交换价值的发展而没落下去，现代社会则随着这些东西同步发展起来。"④

上述相关表述构成了马克思自由个性思想的基本内容。马克思正是立足于现实的具体的人，从生产方式角度入手，结合人类社会历史和资本主义现实，阐述了作为社会发展目标的理想状态的自由个性的生成逻辑与丰富内涵。

（二）马克思人的自由个性思想的内涵

马克思对人的自由个性的阐发是融会于对私有制、对资本主义生产方式的批判和对人类社会发展的历史唯物主义分析之中的。这给我们理解这一伟大

---

① 《马克思恩格斯文集》第八卷，北京：人民出版社，2009年版，第181页。
② 《马克思恩格斯全集》第四十二卷，北京：人民出版社，2016年版，第778页。
③ 《马克思恩格斯全集》第四十三卷，北京：人民出版社，2016年版，第825页。
④ 《马克思恩格斯文集》第八卷，北京：人民出版社，2009年版，第52页。

思想带来挑战。一方面,自由个性的表述散乱呈现于诸多经典著作和不同学科领域,要形成系统性的完整的认识并不容易;另一方面,自由个性思想是马克思批判私有制和资本主义的重要武器,也是他科学社会主义理论的目标归宿,人的自由个性思想是理解马克思主义无法绕开的课题。基于这些理由,我们有必要对马克思人的自由个性思想的内涵进行深入探讨。

1.个性与自由个性

马克思很早就关注人的个性问题。比如,在《共产党宣言》中批判资本主义时说:"在资产阶级社会里,资本具有独立性和个性,而活动着的个人却没有独立性和个性。而资产阶级却把消灭这种关系说成是消灭个性和自由!……正是要消灭资产者的个性、独立性和自由。"①在这里,马克思把"个性"和"自由"两个概念联系在一起,他所说的"个性和自由"实际上指的是资产阶级剥削无产阶级的自由、是资产阶级"用这种占有去奴役他人劳动的权力"②。因此,工人要获得个性和自由,就必须消灭资产阶级的这种个性、消灭资本主义私有制,共产主义必须要剥夺资产阶级奴役无产阶级的权力。此外,他还在《1857—1858年经济学手稿》中指出:"个人在自己的某个方面把自身对象化在物品中,他对物品的占有同时就表现为他的个性的一定的发展;拥有羊群这种财富使个人发展为牧人,拥有谷物这种财富使个人发展为农民,等等。"③在这里,马克思强调了个性发展的物质前提的重要性。

围绕马克思对个性的相关阐述,我们大体可以得出以下结论:第一,个性不是孤立的概念,而是蕴含于人与社会、人与自然、人与他人之间的关系中,比如"对物品的占有"就不可能是孤立的;第二,个性是具体的也是发展的,个性的发展过程伴随着社会关系的发展过程;第三,个性发展以自由为前提,二者互相促进;第四,个性发展要具有一定的物质条件,私有制下人的个性发展受到压制,只有共产主义社会才能满足个性自由发展的物质条件;第五,一个人的个性与他人或许不一样,但是某一种个性却可能是多个个人共有的,也就是说个性既可能是单个人的个性,也可能是人类的个性——"马克思主义所理解的个性,既指人类的个性,又指个体的个性。他要求我们一方面要从人类的普遍共性的角

---

① 《马克思恩格斯选集》第一卷,北京:人民出版社,2012年版,第415-416页。
② 《马克思恩格斯选集》第一卷,北京:人民出版社,2012年版,第416页。
③ 《马克思恩格斯全集》第三十卷,北京:人民出版社,1995年版,第173页。

度去把握人的个性,另一方面又要从个体的生存环境的角度去理解人的个性"①。

有学者进一步提出"人的个性是人的精神世界中较为稳定个性倾向性特征、个性心理特征和社会人格特征多要素构成的有机整体,具有主体性、自觉能动性、创造性、独特性和时代性等一般特征"②。也有学者将个性和主体性连接在一起,提出:"马克思人学思想中所说的个性是同人的主体性联系在一起的。个性是人的主体性的个体表现。……人的个性和人的主体性就始终是统一的。具有个性的人必然是能动地创造世界的主体。人的主体性越强,其个体性也就越强。"③

综合地看,个性是存在于一定社会关系中的人的特性,是一个人在思想、性格、精神气质、能力素质等方面区别于他人的独特属性,个性是主体性的呈现。

有关"自由个性"的内涵一向存在多种理解。有多位学者将自由个性理解为是人在实现自由全面发展后达到的最高境界或理想状态。④周世兴更进一步提出"个人的发展是一个从'自然个性'的'依附的个人'('有个性的个人')到'偶然个性'的'独立的个人'('偶然的个人'),最终走向'自由个性'的'自由个性的个人'的历史过程",他强调了"自由个性的个人"的多维内涵,即他是依靠自己而存在的"作为个人的个人",是全面发展的个人,是占有自己全部本质的完全的个人,是自为的"世界历史性的普遍的个人",是具有充分自主活动的个人,还是自觉自由发展的"自由的社会的个人"。⑤操奇等认为自由个性有狭义和广义之分,狭义的自由个性指的是"每一个个体的自由个性",即马克思所说的"自由的(特殊)个性""丰富的全面的个性""有个性的人""个性自由",广义的

---

① 张学书:《马克思主义"自由个性"理论与社会主义人的全面发展》,《甘肃社会科学》2007年第2期,第139-141页。
② 张兰萍:《论人的个性发展》,《西安文理学院学报》(社会科学版)2011年第6期,第82-86页。
③ 李海清:《权利、个性与社会和谐》,《广州大学学报》(社会科学版)2011年第9期,第33-38页。
④ 相关文献可参考:谭培文:《"唯一者"与马克思的个性观》,《马克思主义研究》1997年第4期,第66-70页;汪信砚:《论马克思的"自由个性"概念》,《学习与探索》2004年第5期,第11-15页;孙余余:《马克思的"自由个性"思想及其当代意义》,硕士学位论文,山东师范大学,2008年;张学书:《马克思主义"自由个性"理论与社会主义人的全面发展》,《甘肃社会科学》2007年第2期,第139-142页;孟婷、张澍军:《精微剖析马克思"自由个性"思想的概念内涵——从马克思关于"自由个性"的五处文本直述展开》,《湖北社会科学》2018年第6期,第10-16页。
⑤ 周世兴:《论马克思的"自由个性的个人"》,《中州学刊》2014年第1期,第122-126页。

自由个性则指马克思所说的"自由人",即"每一个个体在自由劳动、自主活动、自我批判基础上最终达到全面自我实现和个性自由的主体存在形态"①。王蓉将自由个性理解为构成人的个性的各种因素(包括人的体力、智力、才能、兴趣、品质等)、各个方面都得到充分发展,并且提出自由个性是衡量人的发展的价值尺度,也是"每个人"和"一切人"的和谐统一。②也有学者认为自由个性并非人的发展目标,而是一种社会发展的理想状态即人实现自由全面发展之后社会所达到的状态。③还有学者综合了这两种观点,认为自由个性有双重内涵:微观上是指个体个性独立和自由的状态,宏观上是指每个人自由发展达到的社会和谐完美状态。④除上述观点外,还有一些学者从特定角度对自由个性做了探讨。比如,尚东涛从人的"自由自觉"的类本性出发,指出自由个性是人的本性,自由个性的发展有赖于自由时间的延长。⑤比较而言,陈曙光等对自由个性的理解更具有综合特色。他们认为,作为人的发展状态,"自由个性"是对"人的依赖性"和"物的依赖性"的双重超越,是人的发展的理想境界;作为一种社会形态,"自由个性"是共产主义的高级阶段,是"自由人的联合体";作为一种价值观念,"自由个性"是自由的理想状态,是个性发展的最高境界,是"以人为本"的完成形态;作为一种生存体验,"自由个性"是对人的本质的真正占有,是自由自觉的完美体验。⑥

上述对自由个性内涵的解读虽然各有侧重各具特色,但总体上,主流观点都认可自由个性最基本的内涵指的是人在实现自由全面发展之后所达到的理想状态。同时,基于马克思文本中"自由个性"概念在不同领域和不同问题上多次出现的原因,无法简单将其内涵局限于单一方面。否则就是对文本的不尊重

---

① 操奇、朱喆:《马克思"自由个性"说辨正》,《马克思主义哲学研究》2014年第1期,第194-202页。
② 王蓉:《马克思"自由个性"的本质内涵探析》,《河北工程大学学报》(社会科学版)2023年第4期,第68-75页。
③ 相关文献可参考:王贵明:《理解马克思主义核心和实质的新提问方式与自由个性》,《马克思主义研究》2003年第1期,第40-45页;陈飞:《共同体与人的存在方式的变迁——以马克思三大社会形态为中心的分析》,《社会科学研究》2019年第6期,第112-118页;喻中:《自由个性的制度表达》,《探索》2005年第2期,第161-164、168页。
④ 参考王盛辉:《"自由个性"及其历史生成研究——基于马克思恩格斯文本整体解读的新视角》,北京:人民出版社,2011年版,第1页。
⑤ 尚东涛:《自由个性的张力》,《探索》2002年第5期,第113-115页。
⑥ 陈曙光、杨洁:《论马克思的"自由个性"观》,《北京大学学报》(哲学社会科学版)2017年第6期,第36-44页。

和对自由个性丰富内涵的无视。所以,在基本内涵之外,自由个性从微观向宏观延伸,每个个人的自由个性便会扩展为自由个性的社会状态。这样看来,将自由个性理解为是人的发展的理想境界、是人的自由的理想境界、是对人的本质完全占有的状态以及"自由人联合体"的共产主义形态,这样的看法无疑是更加全面而深刻的。

马克思从人的本质出发提出人的个性概念,又从社会历史发展的视角提出人的个性发展的目标是自由个性。这种见解极具创见,为我们指明了个性发展的方向和归宿。社会主义作为人的个性发展的必经阶段,中国式现代化作为人类文明新形态,必然要为实现全人类的自由个性提供新方案、作出新贡献。

2. 自由个性的出发点是"现实的个人"

马克思主义对抽象的人本主义哲学的一大超越,就是其以"现实的个人"为基本的出发点。正如《德意志意识形态》所说的,"我们开始要谈的前提……是一些现实的个人,是他们的活动和他们的物质生活条件"[①]。这样,当涉及社会发展和人的发展问题时,就不可避免地要以"现实的个人"为起点展开。这是马克思主义人本思想的内在要求。

首先,现实的个人是有生命的自然存在,生活在一定的自然环境中,必然要受到自然力量的制约。人首先表现为生物学意义上的存在,有身体,有意识,这既是"人"这一"存在物"可以被讨论的前提,也是认识"人"这一存在时要承认的第一点。有生命的人"作为自然存在物,而且作为有生命的自然存在物,一方面具有自然力、生命力,是能动的自然存在物;这些力量作为天赋和才能、作为欲望存在于人身上;另一方面,人作为自然的、肉体的、感性的、对象性的存在物,同动植物一样,是受动的、受制约的和受限制的存在物,就是说,他的欲望的对象是作为不依赖于他的对象而存在于他之外的"[②]。简而言之,就是有生命的人既像其他生命一样有天赋能力、有需求、有欲望,又作为"自然物"受制于甚至依赖于不以人的意志为转移的客观自然环境。

其次,现实的人也是处于一定物质条件下的从事生产实践的人。生产实践或劳动创造了人类生存发展所必需的条件,创造了人类社会,甚至也创造了人本身——"一当人开始生产自己的生活资料,即迈出由他们的肉体组织所决定

[①] 《马克思恩格斯选集》第一卷,北京:人民出版社,2012年版,第146页。
[②] 《马克思恩格斯文集》第一卷,北京:人民出版社,2009年版,第209页。

的这一步的时候,人本身就开始把自己和动物区别开来"①。人的生产实践与自然条件密不可分。一方面,人必须依赖自然条件、服从自然规律、利用自然资源。自然要素构成人类生产生活的依据和来源,自然规律构成人类活动的尺度规则。马克思在《资本论》中曾对人类生产的自然条件作了说明:"外界自然条件在经济上可以分为两大类:生活资料的自然富源,例如土壤的肥力,鱼产丰富的水域等等;劳动资料的自然富源,如奔腾的瀑布、可以航行的河流、森林、金属、煤炭等等。在文化初期,第一类自然富源具有决定性的意义;在较高的发展阶段,第二类自然富源具有决定性的意义。"②离开这些生产所必需的自然条件,生产活动将无法开展,人类将失去存在和发展的基础。另一方面,有生命有意识的人,还会在意识指引之下,通过生产实践来改造自然环境,构成适合自己生存发展的条件。从这个意义上说,人类社会和人化自然也是人类实践活动的结果——"他周围的感性世界决不是某种开天辟地以来就直接存在的、始终如一的东西,而是工业和社会状况的产物,是历史的产物,是世世代代活动的结果"③。在实践过程中,人与自然之间的矛盾关系凸显,这种矛盾关系表现为人对自然既要依赖又要索取、既要服从又要改造。

最后,现实的个人还是丰富社会关系的集合。人是有生命的自然存在物,但"能动的自然存在物"这一规定,还不足以将人与其他自然存在物区分开来,还不足以体现出人的本质的独特内涵。使人之所以为人的根本,是人的社会属性或社会关系这一点。当劳动"创造"出人、使人与非人相区分,此时,人就已经处于以生产关系为基础而构建出的复杂社会关系网络之中,每一个个人都是这个社会关系网络中的一个节点、依托于这个社会关系的网络而存在。离开社会关系孤立地讨论人的存在是不可想象的,因为无论是出生成长还是生存生产——包括人自身的生产,都无法离开他人离开社会而孤立进行。人的生产生活的一切方面,都与社会有千丝万缕的联系。此外,人是有意识的能动的社会性主体,人可以通过实践改造世界,同时也改造着人的社会关系,所以人的社会性、社会关系也是发展着的。

从现实的个人出发,或者说,立足于现实的个人,以人的自由全面发展、人

---

① 《马克思恩格斯文集》第一卷,北京:人民出版社,2009年版,第519页。
② 《马克思恩格斯文集》第五卷,北京:人民出版社,2009年版,第586页。
③ 《马克思恩格斯文集》第一卷,北京:人民出版社,2009年版,第528页。

的自由个性为目标,需要首先承认人的自然属性和社会属性,承认人自身的物质力量和人的社会性本质,这样才能理解实现自由个性的现实困境,也才能找到实现自由个性的实践方向和路径。

3.自由个性的理论进路是所有人个性自由发展

个性自由发展是实现自由个性的必然路径。个性自由不同于自由个性,其基本内涵是人的个性发展具有无限可能,而人能够主导这些可能。也就是说,个性自由强调了人的个性发展是能动的、自主自觉的。"人,本质上就是文化的人,而不是'物化'的人;能动的、全面的人,而不是僵化的、'单向度'的人。"①"没有个性自由,人的自由个性这一人的发展的理想状态就永远也无法实现。"②历史视野下,西方现代化以资本主义驱动,结果无产阶级沦为资本主义生产方式的工具和材料,工人为生计被迫接受强制分工,本应自由自觉的劳动蜕变为异化劳动,劳动成果也无法充分享有,这一切都导致劳动者的个性无法自由发展甚至是个性被严重压制。随着社会进步,人类日益摆脱"物的依赖关系",逐渐发展出丰富的个性。在强制分工、私有制和异化劳动等被消灭、人实现自由而全面发展、社会进入共产主义后,人的个性发展将达到理想状态即自由个性状态。

每个人自由全面发展是自由个性的实现前提。《德意志意识形态》对人的自由全面发展作出畅想:"在共产主义社会里,任何人都没有特殊的活动范围,而是都可以在任何部门内发展,社会调节着整个生产,因而使我有可能随自己的兴趣今天干这事,明天干那事,上午打猎,下午捕鱼,傍晚从事畜牧,晚饭后从事批判,这样就不会使我老是一个猎人、渔夫、牧人或批判者。"③当每一个个体都超越了机械的劳动分工、都能自主自觉地参与劳动乃至其他社会活动、都能在各种活动中充分自由地发展个性,人的全面发展就得以实现,劳动不再是被迫的谋生手段,人也不再是一个被定义的符号,而是达到自由个性状态的理想的人。

自由人的联合体是自由个性的表现形式。实现自由而全面发展的个体并不是孤立存在的。自由个性的社会阶段是人类社会的第三个阶段也是最高的

---

① 习近平:《之江新语》,杭州:浙江人民出版社,2007年版,第150页。
② 汪信砚:《论马克思的"自由个性"概念》,《学习与探索》2004年第5期,第11-15页。
③ 《马克思恩格斯文集》第一卷,北京:人民出版社,2009年版,第537页。

阶段,人已经达到了个性发展的理想状态,但这并不意味着自由个性的社会是一个"个性"张扬而与人无涉的社会原子的排列集合。恰恰相反,由于自由个性的社会中人得以全面发展、得以自由自主地参与所有社会生活,所以人的社会关系会更加发达和巩固、人的社会性会更加凸显。社会、集体在此时不仅不会成为个人自由自觉生产生活的限制和障碍,反而会成为人实现其本质的条件和手段,"只有在共同体中,个人才能获得全面发展其才能的手段,也就是说,只有在共同体中才可能有个人自由"[1]。此时,社会、集体的利益与个人的利益实现了完全统一——"人类的才能的这种发展,虽然在开始时要靠牺牲多数的个人,甚至靠牺牲整个阶级,但最终会克服这种对抗,而同每个个人的发展相一致"[2]。于是,人的自由全面发展就有了充分保证,人的自由个性才能真正展现。

(三)马克思实现人的自由个性的思路

马克思身处西方现代化和资本主义蓬勃发展的19世纪。他深刻揭露了资本主义的内在矛盾与根本问题,而且还特别针对资本主义的历史本性提出了如何超越人类社会发展的第二阶段——"物的依赖关系"的阶段——的思路。马克思的这些思考为人类个性发展和实现自由个性带来启示。

1.发展生产力

如前文所述,现代化给人的个性发展带来的首要贡献,就是生产力快速发展使得物质财富日益丰裕,从而为人的个性发展奠定了坚实的物质基础。人总要受制于特定的社会历史条件和生产力条件。马克思指出:"人们每次都不是在他们关于人的理想所规定和所容许的范围之内,而是在现有的生产力所规定和所容许的范围之内取得自由的。"[3]在共产主义社会之前,生产力发展水平无法充分满足个体发展的物质需求和精神需求,因此劳动还是谋生的手段,分工、私有制、异化劳动等问题便无法从根本上解决,人的个性发展因此受到极大限制。此外,马克思还指出发展生产力对自由时间的意义。发展生产力就能提高社会劳动生产率,这意味着劳动时间的节约和自由时间的延长,"自由时间——不论是闲暇时间还是从事较高级活动的时间——自然要把占有它的人变为另一主体","另一主体"参与生产过程,对"成长中的人"来说是训练,对成年人来

---

[1]《马克思恩格斯选集》第一卷,北京:人民出版社,2012年版,第199页。
[2]《马克思恩格斯全集》第三十四卷,北京:人民出版社,2008年版,第127页。
[3] 马克思、恩格斯:《德意志意识形态》节选本,北京:人民出版社,2018年版,第95页。

说是"知识的运用"或"实验科学",而且生产过程也是身体锻炼。[1]所以,不管主体如何"占有"自由时间、如何利用自由时间,都会在"占有"的过程中发展个性、实现能力和素质的增强。

值得注意的是,马克思特别强调发展生产力时"精神生产力"或者说科学知识的作用。他指出科学技术对生产力发展水平的决定性影响:"随着大工业的发展,现实财富的创造较少地取决于劳动时间和已耗费的劳动量,较多地取决于在劳动时间内所运用的作用物的力量",而"作用物"本身如工具、机器的效率,又是"取决于科学的一般水平和技术进步,或者说取决于这种科学在生产上的应用"[2]。所以,科学技术从根本上决定了财富的创造,相应地就决定了现代化进程中人的个性发展的可能空间——这种情况甚至有一种加剧的趋势。

总之,人类摆脱原始的"人的依赖关系"进入"物的依赖关系"的阶段,从根本上说得益于生产力的进步与推动。未来要进一步超越"物的依赖关系"实现"自由个性",也必然要依赖生产力的发展。

2.拓展交往关系

交往是交往主体与交往对象之间的交流互动。就其本质来说,交往"是一种主客体之间在实践基础上的相互作用关系","不仅存在于人类社会内部人与人之间,也存在于人与自然之间"。[3]所以,交往可以是人、社会、民族、国家等社会主体之间发生的,也可以是人与自然之间发生的。在人的交往活动中形成普遍的社会关系,所以交往关系实质上代表的是人的全部社会关系。人的本质属性是社会性,人自然也要在交往关系中实现其本质。所以,拓展交往关系,是实现人的自由个性的内在要求。

马克思认为,自由个性只有在世界交往中才能实现,"交往的普遍性,从而世界市场成了基础。这种基础是个人全面发展的可能性"[4]。人的社会关系伴随交往范围的扩大而得以丰富。物质的流动、文化的互通、思想的碰撞甚至是政治军事的交流,都会扩大交往的范围、产生新的交往关系。这为人的个性发展开辟了道路。

---

[1]《马克思恩格斯文集》第八卷,北京:人民出版社,2009年版,第204页。
[2]《马克思恩格斯文集》第八卷,北京:人民出版社,2009年版,第195-196页。
[3] 田雨晴、田海舰:《再论〈德意志意识形态〉交往思想》,《思想教育研究》2019年第10期,第44-49页。
[4]《马克思恩格斯文集》第八卷,北京:人民出版社,2009年版,第171页

交往直接塑造人的个性。人的个性总是存在于一定的社会关系也即交往关系中。通过交往活动的发生发展,人的个性不断生成、磨砺和完善。交往与生产联系紧密,二者互为前提,《德意志意识形态》指出,"生产本身又是以个人彼此之间的交往[Verkehr]为前提的。这种交往的形式又是由生产决定的"①。交往与生产的密切关系意味着,交往也在决定着人的生存与发展、对人的个性发展产生至关重要的影响。马克思、恩格斯指出:"一个人的发展取决于和他直接或间接进行交往的其他一切人的发展。"②

交往的革新为人的自由个性准备了条件。交往活动受制于生产力发展水平。马克思指出,"各种交往形式的联系就在于:已成为桎梏的旧交往形式被适应于比较发达的生产力,因而也适应于进步的个人自主活动方式的新交往形式所代替;新的交往形式又会成为桎梏,然后又为另一种交往形式所代替。由于这些条件在历史发展的每一阶段都是与同一时期的生产力的发展相适应的,所以它们的历史同时也是发展着的、由每一个新的一代承受下来的生产力的历史,从而也是个人本身力量发展的历史"③。生产力的革新引起交往的革新。而交往革新往往意味着人突破了固有交往关系或社会关系的禁锢,打破了旧的束缚人的个性发展的制度、规范,也意味着在新的生产力基础之上重建生产关系和交往关系。这个历史的过程会推动人的个性不断发展,走向自由个性的理想目标。正是基于此逻辑,马克思指出,未来普遍的、世界性的共产主义"是以生产力的普遍发展和与此相联系的世界交往为前提的"④。

3.消灭分工和私有制

马克思认为,非自愿的劳动分工妨碍了人的自由和人的个性发展,甚至危及工人的生命。马克思用资本主义的分工事实为例,指出分工一方面会提高生产力,增加社会财富,另一方面又会导致人失去自由并片面化发展,"在分工有很大发展的情况下,工人要把自己的劳动转用于其他方面是极为困难的"⑤,"一方面随着分工的扩大,另一方面随着资本的积累,工人日益完全依赖于劳动,依

---

① 《马克思恩格斯文集》第一卷,北京:人民出版社,2009年版,第520页。
② 《马克思恩格斯全集》第三卷,北京:人民出版社,1960年版,第515页。
③ 《马克思恩格斯文集》第一卷,北京:人民出版社,2009年版,第575-576页。
④ 《马克思恩格斯文集》第一卷,北京:人民出版社,2009年版,第539页。
⑤ 《马克思恩格斯文集》第一卷,北京:人民出版社,2009年版,第116页。

赖于一定的、极其片面的、机器般的劳动"①。这样下去,工人必然会"劳动过度和早死,沦为机器,沦为资本的奴隶(资本的积累危害着工人),发生新的竞争以及一部分工人饿死或行乞"②。这样的结局是可怕的,工人的生命权都无法保障遑论发展。因此,消灭分工和私有制就成为工人解放的必然要求。

事实上,马克思要消灭的不是分工本身,更不是自由自主的分工协作,而是资本支配之下的强制分工和被迫劳动,因为这种分工让人被异己的力量所支配而无法自由发展——"只要分工还不是出于自愿,而是自然形成的,那么人本身的活动对人来说就成为一种异己的、同他对立的力量,这种力量压迫着人,而不是人驾驭着这种力量"③。此外,分工和私有制是同一的。马克思指出,"分工的各个不同发展阶段,同时也就是所有制的各种不同形式。这就是说,分工的每一个阶段还决定个人在劳动材料、劳动工具和劳动产品方面的相互关系"④。所以,对应于资本主义社会分工的是资本主义私有制,资本主义私有制造成了劳动异化和人的异化,强化了人的不平等和不自由。人要回归为真正独立自主的个体,必须消灭私有制和强制分工,"对私有财产的积极的扬弃,作为对人的生命的占有,是对一切异化的积极的扬弃,从而是人从宗教、家庭、国家等等向自己的合乎人性的存在即社会的存在的复归"⑤。与新的生产关系相适应的是,分工也会由自发分工进化到自觉自主的自愿分工。

4.普及全面教育

人的自由而全面发展要求人必须具备全面的素质能力,这给教育提出了全面开展的要求。自由个性要求"培养社会的人的一切属性,并且把他作为具有尽可能丰富的属性和联系的人"⑥。一方面,教育内容、教育过程、教育形式必须是全面的综合的,这样才能培养人的全面素质。首先,教育必须符合实践特别是生产实践的要求。认识世界是为了改造世界,教育最终是要为生产实践服务的,所以必须按照实践的要求、实践的标准来发展;其次,教育必须与劳动结合在一起,未来教育"对所有已满一定年龄的儿童来说,就是生产劳动同智育和体

---

① 《马克思恩格斯文集》第一卷,北京:人民出版社,2009年版,第120页。
② 《马克思恩格斯文集》第一卷,北京:人民出版社,2009年版,第121页。
③ 《马克思恩格斯文集》第一卷,北京:人民出版社,2009年版,第537页。
④ 《马克思恩格斯文集》第一卷,北京:人民出版社,2009年版,第521页。
⑤ 《马克思恩格斯文集》第一卷,北京:人民出版社,2009年版,第186页。
⑥ 《马克思恩格斯文集》第八卷,北京:人民出版社,2009年版,第90页。

育相结合……是造就全面发展的人的唯一方法"[1];最后,全面教育必须包含美学内容、符合美学规律。美是人类实践和认识活动中达到的超越功利性的主客体的统一。马克思在《1844年经济学哲学手稿》中提出美的根源在于劳动,劳动生产了美。所以,美学教育也应该与劳动教育相结合,在劳动中创造美、在劳动中发现美,也在劳动中提升审美素养。另一方面,教育必须是针对所有个体的普遍教育。自由个性的社会阶段,"每个人的自由发展是一切人的自由发展的条件"[2],所以教育必须满足每个人自由发展的要求。马克思、恩格斯在《共产党宣言》中对资产阶级教育的狭隘性曾提出批评,"资产者唯恐失去的那种教育,对绝大多数人来说是把人训练成机器"[3],所以"共产党人并没有发明社会对教育的作用;他们仅仅是要改变这种作用的性质,要使教育摆脱统治阶级的影响"[4]。

5.发起共产主义革命

私有制基础之上的阶级国家是"虚幻的共同体",它阻碍了人的自由发展——"由于这种共同体是一个阶级反对另一个阶级的联合,因此对于被统治的阶级来说,它不仅是完全虚幻的共同体,而且是新的桎梏"[5]。自由个性只能在"真正的共同体"中实现,"只有在共同体中,个人才能获得全面发展其才能的手段……才可能有个人自由"[6]。

通往"真正的共同体"的途径是共产主义革命。要解除"虚幻的共同体"对人的发展的限制、建立"真正的共同体",就应消灭"他们迄今面临的生存条件",消灭"整个迄今为止的社会的生存条件","应当推翻国家",最终使"自己的个性得以实现"。[7]所以,马克思主张通过共产主义革命彻底推翻国家、推翻资本主义私有制和生产方式,为自由个性的实现铺就道路——"不仅是因为没有任何其他的办法能够推翻统治阶级,而且还因为推翻统治阶级的那个阶级,只有在革命中才能抛掉自己身上的一切陈旧的肮脏东西,才能胜任重建社会的工

---

[1]《马克思恩格斯文集》第五卷,北京:人民出版社,2009年版,第557页。
[2]《马克思恩格斯选集》第一卷,北京:人民出版社,2012年版,第422页。
[3]《马克思恩格斯选集》第一卷,北京:人民出版社,2012年版,第417页。
[4]《马克思恩格斯选集》第一卷,北京:人民出版社,2012年版,第418页。
[5]《马克思恩格斯选集》第一卷,北京:人民出版社,2012年版,第199页。
[6]《马克思恩格斯文集》第一卷,北京:人民出版社,2009年版,第571页。
[7]《马克思恩格斯文集》第一卷,北京:人民出版社,2009年版,第573页。

作"①。在《共产党宣言》中,马克思和恩格斯明确地提出:"共产主义革命就是同传统的所有制关系实行最彻底的决裂。"②

共产主义革命的主体是无产阶级。无产阶级拥有最坚定的革命意志,"无产阶级由于其身为无产阶级而不得不在历史上有什么作为"③,必然责无旁贷地承担起摆脱"虚幻的共同体"的历史使命。未来的现代无产者,首先是具有与高度发达的生产力相适应的才能,能够实现对生产工具的占有,"对生产工具一定总和的占有,也就是个人本身的才能的一定总和的发挥";其次会因其一无所有而成为最彻底的革命者——"只有完全失去了整个自主活动的现代无产者,才能够实现自己的充分的、不再受限制的自主活动";最后是现代无产阶级因为消灭了私有制,所以对生产工具的占有和交往活动是"无限制的",是超越了历史上所有革命者的局限性的。④所以,无产阶级完成共产主义革命后才能实现人的个性自由全面发展:"自主活动才同物质生活一致起来,而这又是同各个人向完全的个人的发展以及一切自发性的消除相适应的。"⑤

二、中国式现代化进程中人的个性发展的现实难题

如前文所述,自由个性的基本内涵是人在实现自由全面发展之后达到的理想状态。但这个目标并不是一蹴而就的。历史地看,现代化确曾大大推动了人的解放和人的个性张扬与发展。但现代化在推动人的发展、实现人的一定自由的同时,也带来新的问题。特别是西方现代化模式下,人的解放与人的异化相伴发生,人的自由与剥削压迫和受束缚的事实同时存在。这给现代化的深入推进造成障碍。中国式现代化立足于世界现代化历史和中国国情,以西方现代化模式为镜鉴,从根本上实现了对西方现代化的超越,开创了现代化的新道路和现代文明的新形态。但我们也应认识到,中国式现代化在拥有现代化的"后发优势"的同时,还存在着很多具体难题。这些难题或直接或间接地阻碍了人的个性充分自由发展,是实现人的自由全面发展、实现人的自由个性所无法回避的。

---

① 《马克思恩格斯选集》第一卷,北京:人民出版社,2012年版,第171页。
② 《马克思恩格斯选集》第一卷,北京:人民出版社,2012年版,第421页。
③ 《马克思恩格斯文集》第一卷,北京:人民出版社,2009年版,第262页。
④ 《马克思恩格斯文集》第一卷,北京:人民出版社,2009年版,第581页。
⑤ 《马克思恩格斯文集》第一卷,北京:人民出版社,2009年版,第582页。

(一)经济发展水平制约着人的个性发展

经济发展会直接影响到个人成长和个性发展的宏观环境和微观条件。市场经济改变了资源配置的逻辑和人的生产方式生活方式,经济发展水平也会影响社会公共事业的发展,还会影响到个人收入水平和消费状况以及劳动时间等。这些都会对个人成长、个性自由发展产生冲击。

1.市场经济存在不足

中国特色社会主义的基本经济制度之一就是社会主义市场经济制度。市场经济在提供给个体更大的经济自主性和发展空间之外,也会导致个人生产、交往活动的深刻变化,影响到人的个性发展。

马克思指出:"劳动产品一旦作为商品来生产,就带上拜物教性质,因此拜物教是同商品生产分不开的。"[1]商品经济诞生之后,人与人的关系就会被物与物的关系所掩盖,商品似乎具有了一种能够决定生产者命运的神秘力量,这就是商品拜物教。由商品拜物教出发,又进一步衍生出货币拜物教概念用来描述货币在商品经济中对人的支配现象。商品拜物教和货币拜物教所代表的人的发展状态,实际上就是"物的依赖关系"的状态。这种状态是人走向自由个性的必经阶段,同时也在一定程度上对人的自由个性形成束缚。市场经济是商品经济发展到高级阶段的产物,是发达商品经济阶段的资源配置方式。在市场经济中仍然存在商品货币关系掩盖人与人的社会关系,并反过来驾驭、支配人与人的关系的现象,这无疑是不利于人的个性自由发展的。

现阶段社会主义市场经济中的商品生产、商品交换活动仍然对人的个性发展形成束缚。社会主义市场经济发展水平及其配置资源的能力,尚不足以创造出足够的就业机会满足劳动者自由就业、自由发展的要求,不能为每个人自由发展提供充足的机会和条件,劳动者仍然要服从社会分工,要生产市场所需要的商品,要按照市场的规则、要求进行商品交换。因此,为促进人的个性发展,社会主义市场经济需要不断发展完善。

2.公共财政能力有限

经济发展水平是制约政府财政收入的最重要的因素。而财政收入又直接决定了政府公共产品和公共服务的供应。公共产品和公共服务比如公共医疗、

---

[1]《马克思恩格斯文集》第五卷,北京:人民出版社,2009年版,第90页。

公共教育、公共文化资源以及基础设施等,都会在相当程度上决定个人的生活条件和发展条件、发展质量,进而对人的个性发展产生重要影响。

近些年来我国公共事业快速发展,为个人成长和人的个性发展创造了日益完善的物质条件和更加广阔的选择空间。比如,国家财政性教育经费从2004年4465.86亿元增加到2023年45835.31亿元;政府卫生支出从2004年1293.58亿元增加到2023年24040.89亿元;国家财政科技支出从2007年2135.7亿元增加到2022年10032.02亿元;国家文化体育和传媒支出从2007年898.64亿元增加到2022年3903.32亿元;国家财政社会保障和就业支出从2007年5447.16亿元增加到2022年36609.15亿元。[①]但中国式现代化还处在推进之中,中国仍然处于社会主义初级阶段、仍然是一个发展中国家。不管是从公共财政能力还是从公共产品和公共服务的规模、质量来看,中国与现代化的发达国家都还有明显差距,更不用说再除以一个十四亿多人口的基数了。曹妍等最近的研究表明,中国的教育质量总体上处于全球中等水平,但公共教育支出占比仍然偏低,这降低了基础教育保障质量。[②]如何提升公共财政能力,为人的个性发展提供更充分更高质量的公共产品、公共服务,是中国式现代化促进人的个性发展必须面对和解决的难题之一。

3.收入水平较低

收入水平是制约个人成长和个性发展的根本性因素。根据国家统计局数据,从2004年到2023年的20年间,我国人均可支配收入从5661元上升到39218元,提高约6.93倍;居民人均消费支出从2003年的4395元上升到2023年的26796元,提高约6.1倍。[③]过去20年收入的快速增长直接提升了个人的经济自由,增强了个人的消费能力,自然也就扩大了个人活动的自主性,促进了人的个性发展。

但跟发达国家比较,中国居民收入水平还比较低。根据世界银行数据,按购买力平价(PPP)衡量的人均国民总收入(GNI,现价国际元),中国在2022年达

[①] 相关数据来自国家统计局年度统计数据,国家统计局官网,https://data.stats.gov.cn/easyquery.htm?cn=C01.

[②] 曹妍、张国洋、姚歆玥:《教育质量与国家(地区)收入差距:全球教育质量指数构建》,《华东师范大学学报》(教育科学版)2023年第10期,第66-79页。

[③] 相关数据来自国家统计局年度统计数据,国家统计局官网,https://data.stats.gov.cn/easyquery.htm?cn=C01.

到22260元,而德国是69210元,日本是49820元,美国是77950元,经合组织成员是56182元,世界是21458元。[①]看得出来,中国人均居民收入大致处于世界平均水平,与发达国家差距非常明显。偏低的收入水平,会降低个人生活质量,减少消费选择的自由度;会减少营养摄入量,影响身体发育、身体素质以及人均寿命;会减少个人的教育机会,令个人无法自由选择教育路径和培训机会,从而妨碍了个人能力素质的提高;也会减少参与社会活动的机会,社会关系难以扩展,个人的社会责任感、领导能力、交往能力等也难以培养;会减少参加旅游休闲活动的机会,无法获得相关的经验体会,局限人的视野;甚至收入水平低还可能对个体心理带来负面影响。上述这些都反映着现阶段收入水平对个人成长和个性发展造成的限制。

4.劳动时间偏长

现阶段人的劳动还具有谋生的目的,劳动的自主性、自由度都还比较低。所以减少劳动时间从而相对延长自由时间,有利于个人自主安排自己的活动、自由发展自己的个性。马克思指出,"真正的经济——节约——是劳动时间的节约……节约劳动时间等于增加自由时间,即增加使个人得到充分发展的时间。"[②]

从长期趋势来看,经济发展到一定水平,居民劳动时长会逐渐减少,会把更多时间用于个人发展和享受。根据国家统计局相关报告,从2008年到2018年,中国居民每天有酬劳动时长就减少了4分钟,十年间下降1.5%;个人自由支配时间增加12分钟,休闲娱乐、健身锻炼的时长都有所增加。[③]这反映了中国式现代化进程中人的个性发展获得了更大的时间自由。

但横向比较中国与发达国家的劳动时长,会发现中国劳动者的劳动时间明显偏长。根据经济合作与发展组织的统计,2022年经合组织劳动者年均工作时长是1752小时。其成员国中,美国是1811小时,意大利是1694小时,加拿大是1686小时,日本是1607小时,英国是1532小时,法国是1511小时,德国是

---

① 相关数据来自世界银行数据库,世界银行官网,https://data.worldbank.org.cn/.
② 《马克思恩格斯文集》第八卷,北京:人民出版社,2009年版,第203页。
③ 《过去十年居民时间分配发生较大变化反映人民生活质量稳步提高——国家统计局社科文司高级统计师金红解读2018年全国时间利用调查数据》,国家统计局官网,https://www.stats.gov.cn/sj/sjjd/202302/t20230202_1896141.html.

1341小时。[①]与之比较，中国劳动者特别是企业就业人员工作时长远高于发达国家水平。根据国家统计局2024年1月17日公布的数据，2023年全国企业就业人员周平均工作时间为49.0小时。[②]这样算下来，企业就业人员年度总工作时间要超过2400小时，比经合组织年平均工作时长大约要多40%。这反映出现阶段中国企业劳动者劳动时间过长的事实。显然，劳动时间偏长的现实与个性发展的要求和自由个性的目标还有很远的距离。

（二）政策机制原因局限着人的个性发展

人的个性发展既需要社会生产力发展所提供的物质基础，又需要完善的社会制度支持，特别是保障人的个性发展权利的相关法律、制度的支持。中国式现代化要实现全体人民共同富裕、推动人的个性发展，就必须破除政策机制方面的障碍。

1.分配机制不够合理

制度性因素是导致当前收入分配差距的重要原因。社会主义市场经济体制还不完善，在发挥资源配置功能时会造成经济资源不公平分配。收入分配制度和社会保障制度还存在明显缺陷，无法为低收入人群和弱势群体提供足够的支持，从而影响到部分社会群体的经济利益和发展机会，妨碍其个性自由发展。具体说来，有些是国家发展战略导致的收入差异，比如地区收入差距和城乡收入差距；有些是因为政策原因导致行业收入、发展条件的差异，比如电力、烟草等垄断性行业，其收入水平明显比非垄断行业更高，相关从业人员个性发展的物质基础也就更有保障；也有些是单位性质导致的收入差距，如国有经济和公共部门从业人员的收入水平显著高于民营经济就业人员收入水平。此外，收入差距的木桶效应更集中的表现是社会保障制度不健全导致的低收入人群发展条件严重不足。现阶段社会保障制度不管从覆盖面还是从公平度上说，都不足以满足所有社会群体的需求，部分贫困群体、弱势群体从就业、医疗、养老到社会补助、社会救济等方面都面临更大的压力，其个性发展更难保障。

---

① 数据来自经济合作与发展组织数据库，经济合作与发展组织官网，https://data.oecd.org/emp/hours-worked.htm.
②《国务院新闻办就2023年国民经济运行情况举行发布会》，中国政府网，https://www.gov.cn/zhengce/202401/content_6926623.htm.

2.教育机制发展失衡

新中国成立以来我国教育发展成就巨大,但目前仍存在一些问题。首先是优质教育资源的供应量与全社会的需求量存在一定差距。近年来围绕城市"学区"划分发生了大量社会事件,"学区房"高价炒作也成为一种普遍的社会现象。究其根源,还在于优质教育资源的供应存在严重短缺。其次是教育资源的分配并不均衡,城乡差距、东西差距比较明显。甚至在同一地区同一城市的不同学校教育资源的分配也存在较大差异。在教育资源的配置上,政府和市场并没有发挥好协作、补充的作用,反而产生了比较明显的马太效应:越是教育发展水平高的地区,政府和市场越是在该地区投入更多的教育资源。这非常不利于落后地区和普通学校学生的发展。最后是教育标准化、模式化影响了人的个性发展。标准化的教育体系会更注重知识传授而非个性发展。石中英指出:"多样性是教育系统的一个普遍特征……现行教育评价制度中一个被广泛诟病的问题就是忽视评价对象的特殊性,在评价过程中存在比较严重的'标准化'、'一刀切'问题,导致了各级各类教育共同存在的同质化或趋同化现象。"[①]不止于教育评价的标准化,在教学内容甚至教学过程等方面,教育管理机构、学校也往往以"标准化"指代"规范化""科学化",过度追求"标准化"的形式而忽视教育的实质,忽视教育主体个性差异和全面发展可能。显然,标准化"泛滥"的教育无法培养出个性自由发展的现代化的人。

3.权利保护机制存在不足

在现代社会,个性发展是要以保护个人权利的法律机制为基础和前提的。法律机制保障了个体的生存权、发展权及其他合法权利。个体也正是在这一整套权利保护机制的运行之下才能实现真正的自由发展。大体上,权利保护机制对个性发展的作用主要体现在以下方面:一是确立了个体的自主性,为个性的发展奠定了基础;二是保障了个体正当的选择性与创造性,为个性的发展开拓了广阔的可能空间;三是现代权利的平等性与普遍性使得每一位社会成员都能发展与形成自己的个性;四是权利使得社会成员可以更好地满足自己的合理需要,而需要的不断满足是个性发展的内在动力;五是社会成员之间基于权利的相互制约既为个性的发展提供了可能,同时也给个性的伸张以积极的约束,使

---

① 石中英:《回归教育本体——当前我国教育评价体系改革刍议》,《教育研究》2020年第9期,第4-15页。

个性发展有度可守、有章可循;六是现代各种权利为个体能力的发挥与发展创造了条件,而能力作为个性发展水平的重要标志决定了个体的实际自由度;七是权利的确立与有效实现会给社会成员个性的发展创造较为理想的社会环境。[1]

我国一直大力推进社会主义民主法治建设以保护个人权利。2004年3月,十届全国人大二次会议通过宪法修正案,从此"尊重和保障人权"正式入宪。2017年10月18日,习近平总书记在党的十九大报告中提出,成立中央全面依法治国领导小组,加强对法治中国建设的统一领导。2018年3月,中共中央印发《深化党和国家机构改革方案》,组建中央全面依法治国委员会。2020年11月16日至17日,中国共产党首次召开中央全面依法治国工作会议,将习近平法治思想明确为全面依法治国的指导思想。2022年10月16日,习近平总书记在二十大报告中强调,坚持全面依法治国,推进法治中国建设。这些重大举措反映了法治中国建设的持续进步,也为个人权利保护机制日益完善奠定了基础。但从权利保护机制的运行情况来看,目前还存在不足之处。比如权利保护的法律不健全、权利保护政策法规执行不严格、维权宣传教育不够、维权成本较高等等。这些问题如果不能有效解决,将会给中国法治现代化和人的发展造成严重障碍。

(三)文化心理因素抑制着人的个性发展

现代化蕴含着社会转型。中国式现代化进程也是当代中国社会转型的过程。这个转型,是传统社会转向现代社会的现代化转型,也是农业社会转向工业社会的工业化转型、计划经济转向市场经济的市场化转型、封闭社会转向开放社会的全球化转型等。1949年以来,特别是改革开放以来的四十余年里,中国大力推进上述转型,走完了西方国家在过去两三百年走过的路。转型过程骤发而起,在短时间之内现代文明与传统文明、外来思想与本土文化激烈碰撞,引起文化意识、社会心理的多元冲突。由此造成当代中国人思想意识和价值观念的不稳定甚至是对立矛盾状态,这对人的个性自由发展带来不利影响。

1.精神文明建设不充分不均衡

党的十九大报告指出,当前的社会主要矛盾已经转变为人民日益增长的美

---

[1] 李海青:《权利、个性与社会和谐》,《广州大学学报》(社会科学版)2011年第9期,第33-38页。

好生活需要和不平衡不充分的发展之间的矛盾。"不平衡不充分的发展"的表现之一，就是精神文明建设相对滞后且发展失衡。

社会发展的典型表现之一，就是居民精神文化需求的增速会逐渐超过物质需求增速，经济统计指标中反映居民消费结构的恩格尔系数会逐渐走低，即居民消费中用于食品这类必需品的支出在总消费支出中所占比重会下降，相对地，文化娱乐等方面的消费支出占比会上升。我国居民恩格尔系数从2004年的38.8%下降到2023年的29.8%，这反映了经济社会发展和居民生活水平提高的事实。但是，与精神文明建设直接相关的一些数据增速较为缓慢。比如文化产业的图书出版印数从2004年的64.1亿册增加到2023年的119亿册，虽然其中有因为阅读方式改变导致大量线上阅读代替实体书阅读的因素，但实际上在线上阅读方式流行之前图书印数增长就已经在放缓——2010年图书出版印数也仅为71.7亿册。主要文化机构方面，公共图书馆从2003年的2720家增加到2023年的3309家，群众文化服务机构数从2003年的41402个增加到2022年的45623个，省级、地市级文化馆数和县级、乡镇（街道）群众文化机构和文化站的总数在这20年中的增幅甚至都不到10%。其他如广播电视、电影、艺术表演等等领域也都增长缓慢甚至出现负增长情况。[①]而且，过去20年，居民的文化教育娱乐支出的增速不仅落后于总消费支出的增速，也落后于人均可支配收入增速。这些迹象可能意味着，经济发展后人们在物质生活水平方面的改善要多于精神生活的改善，精神文明建设是相对滞后的。除此之外，精神文明建设还存在比较严重的不均衡现象，区域差异非常大。中西部地区、乡村地区乃至大量小城镇与少数大城市在精神文明发展水平上的差距甚至大过在物质文明上的差距。

精神文明建设不充分不均衡，会给人的个性发展带来一系列问题。首先，是优秀文化资源、文化产品、文化服务不能满足发展需求，人们无法得到优秀文化的滋养，从而不利于人的主体意识、思想素质的提升。其次，社会思想道德容易被经济建设冲击，甚至思想观念泛物质化，道德水平面临滑坡风险，这会影响到社会信任、社会资本、社会网络的发展，进而让社会发展付出高昂的代价，自然也会对人的个性发展和成长产生重大影响。最后，精神文明建设相对滞后还会影响到文化创新的环境，文化底蕴不足、文化发展水平低、文化环境差会导致文化创新缺乏活力，这也不利于人的自主性、创造性的培育和发展。

---

① 数据来自国家统计局年度统计数据，国家统计局官网，https://data.stats.gov.cn/easyquery.htm? cn=C01.

2.社会转型引发价值冲突

中国式现代化要经历多重社会转型。在这个过程中,由于政治经济文化社会各个方面都在急剧变化,转型起点和转型目标常混杂交错,所以转型环境会呈现不稳定状态。但同时人的价值、信念又是相对稳定的,其转变需要较长期的过程。于是在转型中价值冲突、价值混乱几乎无可避免。典型如个人与集体、金钱与道德、公平与效率、理想与现实、传统观念与现代观念、外来文化和本土文化、资本主义与社会主义等方面的差异、对立几乎覆盖了社会的各个领域、贯穿于中国式现代化的整个过程。社会转型的价值冲突大致可分为两大类:一是不同主体的价值冲突,反映的是不同主体因利益诉求不同而产生的价值冲突;二是相同主体不同取向的价值冲突,是价值主体在遇到不同价值取向时,将面临复杂的选择问题。[①]

社会转型过程从生产方式、生活方式、社会关系到身份地位、家庭关系等都需要人主动转变努力适应。但人又无法在短期内完全消除原有的价值观念,更何况宏观上还存在不同利益主体之间的价值冲突——这方面就更难化解。所以,快速现代化带来的不稳定环境会造成个人价值、信念的不稳定,人的个性的价值基础、发展方向都可能受到冲击而需要艰难调适,个性发展的成本和风险大增。

3.外来文化带来潜在威胁

改革开放以来,中国不断扩大开放程度,与世界各国各民族的交往合作不断发展。但对外开放的政策也令外来文化快速涌入,本土文化遭到巨大冲击。特别是2001年中国加入世界贸易组织以后,中国进一步实施全方位、多层次、宽领域的对外开放战略,大量西方文化产品、社会思潮借助入世的东风进入中国。外来文化在开阔中国人的视野、给本土文化带来启发和借鉴之外,也在一定程度上对本土传统文化、社会主义文化的根基造成冲击。

此外,中国顺应全球化浪潮实施扩大开放的战略,但全球化带来的文化交流却可能导致文化同质化,让本土文化的民族性和个性特征在文化交流中被边缘化。文化交流的本意是要相互借鉴、共同成长。但在全球化过程中,强势的西方文化往往占据主导地位,对发展中国家的文化形成打压之势。甚至西方资本主义文化还借文化交流、文化传播之机推广西方价值观和政治理念。比如,

---

[①] 黄焕汉:《中国社会转型及其价值冲突之化解》,《求索》2010年第9期,第55-57页。

近些年来西方国家鼓吹"普世价值",蔑视国家主权,打压、消解民族文化,罔顾制度、文化、发展水平等方面的具体差异,妄图以抽象的人权、民主、自由、平等、法治口号来推广西式民主模式和资本主义生产方式、生活方式,其本质都是为垄断资本在全球扩张而张目。"普世价值"具有很强的迷惑性和误导性,同时在发达国家资本的大力支持之下又具有很强的传播力,更是搭乘着全球化的便车,因此其对中国乃至所有正推进现代化、融入全球化的民族国家的安全与发展都产生了巨大威胁,也直接冲击着个人成长的社会文化环境。

4.落后传统文化形成负累

优秀传统文化对中华文明的传承发展和中华民族的团结统一都具有至关重要的意义,优秀传统文化也是中国式现代化的根基和起点。习近平总书记指出:"中国式现代化是赓续古老文明的现代化,而不是消灭古老文明的现代化;是从中华大地长出来的现代化,不是照搬照抄其他国家的现代化;是文明更新的结果,不是文明断裂的产物。中国式现代化是中华民族的旧邦新命,必将推动中华文明重焕荣光。"[①]传统文化在为中华民族提供长久的精神滋养、哺育新时代文化和中国式现代化的同时,也因其部分思想观念不符合时代发展的要求而成为中国式现代化进程中人的个性发展的负累。邓小平曾指出:"肃清封建主义残余影响,对广大干部和群众说来,是一种自我教育和自我改造,是为了从封建主义遗毒中摆脱出来,解放思想,提高觉悟,适应现代化建设的需要。"[②]习近平总书记也提出,"传统文化在其形成和发展过程中,不可避免会受到当时人们的认识水平、时代条件、社会制度的局限性的制约和影响,因而也不可避免会存在陈旧过时或已成为糟粕性的东西",所以在对待传统文化时必须"坚持古为今用、推陈出新,结合新的实践和时代要求进行正确取舍"。[③]

传统文化对人的个性发展的负面影响主要表现在以下方面。首先,中华传统文化的总体特色倾向稳定和保守,对变革的容忍度、对新生事物的接受度偏低。西汉"罢黜百家,独尊儒术"后,教育、学术的主要内容开始日益局限于儒家文化,日渐缺乏新思想自由成长的空间。其次,传统文化的一些价值取向具有典型的阶级社会、农耕社会印记。比如政治上的官本位和等级思想,经济上的

---

① 习近平:《在文化传承发展座谈会上的讲话》,北京:人民出版社,2023年版,第7页。
② 《邓小平文选》第二卷,北京:人民出版社,1994年版,第335-336页。
③ 《习近平谈治国理政》第二卷,北京:外文出版社,2017年版,第313页。

"农本商末""重农抑商"思想，社群关系上过分注重宗族忽视个体的观念，社会治理上过度依赖宗法制度等。再次，传统文化的思维方式落后于时代。比如，在方法论上有朴素的辩证法思想，但缺乏科学的唯物论基础；有人文意识但较缺乏科学精神；"崇古薄今"比较严重等等。最后，传统教育理念比较崇尚权威，忽视人的主体性和个性化，忽视独立人格。梁漱溟就提出："在中国没有个人观念；一个中国人似不为其自己而存在。……在中国几乎看不见有自己。"[1]

上述这些传统文化的特点，在很大程度上与现代社会的政治观念、发展模式、文化潮流、思维方式、价值取向等存在冲突。这也使得传统文化和观念在一定程度上可能构成人的个性发展、人的现代化的障碍。

5.心理问题造成消极影响

心理健康对人格培养、个性发展具有深远的意义。心理健康的人，更容易建立丰富而融洽的社会关系；能够建立积极的自我认知，有效管控情绪；能够充分发挥自身的潜能；也能够形成独立、完备的人格。

中国式现代化在极短时间内让社会环境发生天翻地覆的变化。个体在剧变的社会环境中会遭遇不同的机遇、作出不同的选择、收获不同的结果。这可能会破坏原有社会关系、引起身份认同危机，造成比较严重的心理失衡问题——"人对社会建设的适应换言之就是对人际关系的适应，也可以说人的心理病态主要是由于人际关系的失衡造成的"[2]。此外，快速现代化带来新的生产方式、生活方式和思维方式，这会给个体带来很大的学习和适应的压力，从而使其产生大量心理问题，比如快节奏、高压力的生活导致焦虑、抑郁等。中科院心理研究所基于20万调查对象形成的《中国国民心理健康发展报告(2021—2022)》表明，在"心理健康自我评估"问题上，回答"很好"的占35.9%，"中等"的占48.1%，"较差"的占13.9%，"不清楚"的占2.1%；抑郁风险检出率为10.6%，焦虑风险检出率为15.8%；心理健康状况分职业、年龄差异较大，比如无业/失业群体抑郁风险检出率高达31%，而18—24岁年龄组的抑郁风险检出率高达24.1%。[3]这些数据表明，现阶段我国社会心理问题比较严重，而且心理疾病高风险人群多与就业压力有关。

---

[1] 梁漱溟：《中国文化要义》，上海：上海人民出版社，2005年版，第82页。
[2] 贾庭彪：《社会现代化进程中人的心理健康问题分析》，《心理月刊》2019年第2期，第20-22页。
[3] 齐芳、崔兴毅：《成年人群自评心理健康状况总体良好》，《光明日报》2023年2月27日第8版。

无疑,心理问题让个体难以形成独立和完备的人格,无法充分发展个人的兴趣、潜能,难以顺利开展社会交往,无法建立融洽的社会关系,这些都严重影响着人的个性发展。

(四)工业社会环境束缚着人的个性发展

新中国成立以来,中国持续推动以工业化为核心内容的现代化。时至今日,中国已经基本完成工业化、基本形成一个十四亿多人口的工业社会。工业化内在地包含在现代化中,它既是社会发展的重要标志,又反过来推动了社会发展。以工业化催生的工业文明是近现代人类文明的主要样态,以工业化为核心形成的工业社会环境也是当前人类社会环境的主要表征。中国式现代化生成的工业社会环境,对人的个性发展和自由个性目标的实现也会造成障碍。

1.人的工具化

工业社会环境是建立在现代工厂的大机器生产和雇佣制、工业化的基础设施和人居环境的基础之上的。工业社会中,社会环境的方方面面都依托于工业生产、服务于工业制造。社会环境"被"工业化,形成一整套适应工业化的社会体系。人的生活也是紧密围绕工业设施、工业技术和工业生产来展开。这种社会环境培养了模式化的个体的矛盾个性:一方面人要服从工业社会分工体系的要求、适应工业社会的生活方式与节奏,甚至要为工业社会建立婚姻家庭、进行人口的再生产,如马克思所说"工人要服从机器的连续的、划一的运动,早已造成了最严格的纪律"[1],从这个意义上说,劳动者处在被压制和非自主的状态,被迫成为工业社会的"工具人",人被工具化、被定义为特定的模式,人的个性发展无从说起;另一方面,工业社会带来的物质繁荣减少了劳动者的劳动时间,增加了生活选择的空间和物质自由,让人能够有更多时间和条件来实现个性自由发展。这就是工业社会的吊诡之处:物质繁荣建立在分工、流水线作业、人的工具化的基础之上,人的"自由"的代价是模式化的、单向度的"不自由"的人。

人被工具化严重限制了个性发展。在资本主义社会,这种矛盾无法解决。社会主义社会具备消解人的工具化和个性发展的矛盾的可能。但现阶段,中国处于基本实现工业化、初步进入工业社会的时期,发展水平还不足以彻底解决这个问题。这会给中国式现代化进程中人的个性发展造成障碍。

---

[1]《马克思恩格斯文集》第五卷,北京:人民出版社,2009年版,第473页。

2.技术过度依赖

工业社会给人类的交往活动带来一场革命。从蒸汽轮船到火车再到高速铁路、从飞艇到飞机、从电报到电话再到互联网甚至量子通信……工业技术给人的交往带来了巨大的便利,促进了人的社会关系、交往关系扩张和交往实践的开展,拓展了人的知识、视野、思维、心理素质、实践能力等。

在当代,以信息技术、人工智能、数字技术、新能源技术等为代表的新技术革命是中国式现代化和工业化的重要驱动力量,信息化、数字化、智能化也是产业升级的主要目标和方向。新的技术进步如同历史上的技术革命一样,深刻改变了社会生产关系和交往关系。新技术催生了新的数字产业,数据成为一种新的生产要素;依靠新技术的支持,劳动者不再局限于固定的办公场所,远程办公成为常见现象;数字生产可以分散化进行,从而创造出大量独立就业的自由职业者;借助于新技术带来的信息便利,人的交往活动可以在更大维度上更加自由地开展……这些现象造成的一个显著后果是:现代工业社会中人的交往活动日益依赖技术条件。

对技术条件的过分依赖产生了一些令人担忧的后果。网络化数字化时代,人与人的现实的交往关系被网络上数字与数字的虚拟关系所替代,主体性被遮蔽,交往关系被虚拟化,现实的人被自身创造出虚幻的空间所俘获,甚至很多人沉迷在虚拟世界中而不自觉,沦为"数字人"。大数据技术迎合了工业社会的要求,让自由自主的人在工业文明中消解了自身的社会性和主体性,无论是人自觉不自觉地生产出的大量数据,还是企业根据大数据定向提供的"个性化"信息,都无一例外地表明了这一点。这种技术依赖,限制了人的交往能力的发展。数字技术和人工智能看起来让人获得更大的交往可能,但这不是人本身交往能力的扩展,也不是人的个性发展,反而因为技术依赖,让人的交往活动产生惰性,交往的积极性、主动性、创造性、心理体验都弱化了。而交往能力的弱化和交往方式的虚拟化,导致人的个性被新技术限制乃至定义。这无疑是不利于人的个性发展和自由个性的实现的。

3.思维创新困难

社会存在决定社会意识,工业社会的技术条件也会直接反映到人们的思维方式上。叶澜指出"工业社会的思维模式"有三个特征:"首先,有清晰的目标,有预设,在制造产品的时候要先想好这个产品是什么样子;其次,在过程中强调程序和规范操作;第三,结果一致,产品批量化,评价以效率和效益为重。"[1]工业社会导致的思维固化甚至会延伸到培养人的教育模式的固化上。这无疑是不利于思维创新和个性发展的。

此外,中国式现代化进程中,与工业化相伴而生的城市化,也会在一定程度上压制人的思维自由发展。据统计,到2023年末,我国城镇常住人口达到93267万人,比上年末增加1196万人;乡村常住人口47700万人,比上年减少1404万人;城镇人口占全国人口的比重(城镇化率)为66.16%,比上年末提高0.94个百分点。[2]城市化带来规模经济效应,促进了经济繁荣,创造了更多就业机会,也让居民可以享受城市公共产品和公共服务,居民生活水平因而大幅提高。但城市化以及随之而来的高密度居住环境、快节奏城市生活等,又引起一系列社会问题,比如城市居住空间和公共空间日趋紧张,妨碍了居民自由生活、自由交往、自由思考,生活被空间局限也导致思维和个性被空间局限;城市的快节奏生活还从时间维度上形成障碍,城市居民整日奔波劳碌,既缺乏思维创新和个性发展的时间和精力,又缺乏充足的机会。这些都妨碍了人的思维创新和个性发展。

三、中国式现代化视域下实现人的自由个性的路径

中国式现代化破解了西方现代化陷阱,克服了西方现代化造成的人的异化等诸多问题,使人的个性发展有了突破性跃升,日趋接近个性发展的理想状态即自由个性。虽然在一定意义上可以说中国式现代化给出了通往自由个性社会、实现人的自由全面发展的最优路径,但囿于当前社会所存在的一系列现实难题,现阶段仍然只能被称为个性自由发展的初级阶段、准备阶段。这个阶段"呈现出个性异化和个性自由之间的基本矛盾,这表现个性自由发展和客观现实性之间以及目的性和社会历史性之间存在冲突和矛盾"[3]。所以,当前还必须立足现实,从中国具体国情、中国式现代化的具体进展状况出发,针对现存问

---

[1] 刘古平:《教育要走出工业社会思维模式》,《辽宁教育》2015年第20期,第54-55页。
[2] 国家统计局:《中华人民共和国2023年国民经济和社会发展统计公报》,国家统计局官网,https://www.stats.gov.cn/sj/zxfb/202402/t20240228_1947915.html。
[3] 郭鹏、郑华萍:《个性现代化是个性自由发展的现实路径》,《贵州社会科学》2013年第9期,第10-13页。

题,找到解决方案,为实现人的自由个性铺就道路。

（一）中国式现代化助力实现人的自由个性的理论逻辑

根据马克思的观点,要实现人的自由个性,就必须通过人类社会由"物的依赖关系"阶段进行跃升,必须大力发展社会生产力,消除资本逻辑导致的异化劳动现象,要消灭私有制从消除强制分工,要实现人的全面发展和生产资料公共与财富共有。通往理想目标的道路既阻且长,但路虽远,行则将至。中国式现代化正是立足当下、着眼未来、指向中华民族伟大复兴、实现人的自由个性的宏伟蓝图。从理论层面厘清中国式现代化助力实现人的自由个性远大目标的逻辑,有助于发挥马克思主义理论指导实践的巨大作用,有利于早日达到自由个性的社会阶段。

1.中国式现代化巩固个性发展的制度基础

社会主义制度是实现人的个性发展的根本保证。历史早已证明,只有社会主义才能救中国,只有社会主义才能发展中国。相应地,也只有社会主义才能保证人的个性自由发展。新中国成立后,通过建立人民代表大会制度为核心的社会主义政治制度,确立了人民民主专政的社会主义国家性质;通过三大社会主义改造建立了社会主义的经济基础,从根本上消灭了剥削制度。社会主义制度克服了资本主义的伪善性,真正实现了人的自由、平等、民主权利。社会主义制度的建立,从生产方式到社会关系、从经济基础到上层建筑,都为人的个性发展奠定了最坚实也是最可靠的制度基础。正如恩格斯所说:"这种制度将给所有的人提供健康而有益的工作,给所有的人提供充裕的物质生活和闲暇时间,给所有的人提供真正的充分的自由。"[1]此外,社会主义作为共产主义的初级阶段,本身就是通往共产主义高级阶段的必要准备和必由之路。马克思在《哥达纲领批判》中指出:"在资本主义社会和共产主义社会之间,有一个从前者变为后者的革命转变时期。"[2]这个"转变时期"即共产主义"第一阶段"或"社会主义阶段"。只有在这个阶段实现了生产力的极大进步并完全消灭私有制、建立无产阶级专政,才能最终实现共产主义、实现人的自由个性。

中国式现代化是党领导的社会主义现代化。中国式现代化能有效巩固社

---

[1]《马克思恩格斯全集》第二十八卷,北京:人民出版社,2018年版,第652页。
[2]《马克思恩格斯选集》第三卷,北京:人民出版社,2012年版,第373页。

会主义基本制度。社会主义的本质要求是解放和发展生产力,巩固社会主义制度的根本也在于生产力的发展。中国式现代化立足中国现实的具体的国情,以工业化、城市化、国家治理、民主法治等方面的现代化构成全面现代化体系来落实新发展理念,实现经济社会高质量、全方位发展,从而最大限度地推动了社会生产力的发展和社会主义制度的巩固,为人的个性发展、实现自由个性奠定基础。

2.中国式现代化促进全体人民个性发展

中国式现代化是全体人民共同富裕的现代化。全体人民共同富裕内在地包含了"每个个体达到富裕"的规定,保障了每一个个体个性自由发展的物质精神条件。所以,"促进共同富裕与促进人的全面发展是高度统一的"[①]。共同富裕不是同步富裕、同等富裕,而是社会发展前提下公平与效率的有机统一,是全体人民物质生活水平和精神生活水平共同提高、达到能满足每个人个性自由发展所需要的程度。习近平总书记强调:"全面建成小康社会,一个也不能少;共同富裕路上,一个也不能掉队。"[②]当所有个体都有了更加丰裕的物质和精神生活条件,每个个体的个性发展就有了足够广阔的空间和足够充分的选择,也就是每个人都可以实现个性的自由发展,社会也自然可以达到自由个性的阶段。恰如《共产党宣言》中所说:"每个人的自由发展是一切人的自由发展的条件。"[③]

实现全体人民共同富裕是中国式现代化的重要特征和本质要求。习近平总书记指出:"我国现代化是全体人民共同富裕的现代化。共同富裕是中国特色社会主义的本质要求,我国现代化坚持以人民为中心的发展思想,自觉主动解决地区差距、城乡差距、收入分配差距,促进社会公平正义,逐步实现全体人民共同富裕,坚决防止两极分化。"[④]所以,中国式现代化不仅要推动社会全面发展,还要保证社会发展的成果能够被广大人民群众共享。只有这样,中国式现代化才能得到广大人民群众的积极响应和热烈支持,也才能最终实现全体人民的自由个性。

[①]《习近平谈治国理政》第四卷,北京:外文出版社,2022年版,第146页。
[②]《习近平谈治国理政》第三卷,北京:外文出版社,2020年版,第66页。
[③]《马克思恩格斯选集》第一卷,北京:人民出版社,2012年版,第422页。
[④]《习近平谈治国理政》第四卷,北京:外文出版社,2022年版,第123页。

3.中国式现代化保障个性发展的自然环境

自然环境对人的个性发展意义重大,人与自然和谐共生的中国式现代化保障了人的个性发展的自然环境。人总是生活在一定自然环境中,人类的实践活动也总是要借助于一定的自然资源和自然条件。良好的自然环境为人参与社会活动提供更加有利的条件、更充足的资源,这有利于个性发展。自然环境影响到人的生理活动和健康状况。地理环境、气候条件甚至食物获取方式等,都对人的生理健康产生至关重要的影响。自然环境是人类感知世界和认识形成的最初场所,直接影响人的世界观形成和认知模式的建立。自然环境会影响到人的心理发展和性格形成,不同自然环境中人对世界的感受、参与实践的方式、所形成的社会关系都存在差异。自然环境会影响到人的价值观、生态观的形成。人通过实践活动发现自然、利用自然并形成相应的实践成果,人与自然的交互关系会促使人类对自然形成科学认识和正确评价,这有利于人类形成正确的世界观、价值观、生态观。自然环境也会影响到人的审美心理。自然环境是人类获得美的感受的重要来源,对自然美的感知和评价会在相当程度上影响人的审美情趣与偏好,进而塑造人的审美观念。正是因为自然环境对人的个性发展具有如此多的影响,所以,建立科学的生态观、促进人与自然和谐共生就成为实现人的自由个性的必然要求。

中国式现代化是人与自然和谐共生的现代化。新中国成立后,迫于经济建设的压力,在很长一段时间内我国对生态环境的保护不足。生态环境恶化造成环境污染、资源枯竭、灾害频发等一系列后果。这为中国的现代化建设敲响了警钟。习近平总书记深刻指出:"改革开放以来,我国经济发展取得历史性成就,这是值得我们自豪和骄傲的,也是世界上很多国家羡慕我们的地方。同时必须看到,我们也积累了大量生态环境问题,成为明显的短板,成为人民群众反映强烈的突出问题。"[①]近些年来,党和国家为保护环境、修复生态投入大量资源。特别是十八大以来,生态文明建设作为"五位一体"总体布局的重要内容,得到全社会前所未有的重视。党和国家出台了大量政策文件和法律法规来保护生态环境、促进人与自然的和谐共生。这极大改善了人的个性自由发展的环境条件。

---

① 《习近平谈治国理政》第二卷,北京:外文出版社,2017年版,第209页。

4.中国式现代化满足个性发展的物质精神需求

"两个文明建设"是人的个性自由发展的基本途径。自由个性要求人类社会的物质产品和精神产品都丰富到一定程度,能够充分满足人身体素质、个性心理、精神气质、兴趣爱好等各方面发展的要求。这首先意味着社会生产发达,物质文明建设和精神文明建设都必须达到较高程度。其次,"两个文明"是相互影响、相互促进的关系,必须协调发展,才能保证人与社会协同发展、人的个性全面发展。"物质生活的生产方式制约着整个社会生活、政治生活和精神生活的过程"①,物质文明是精神文明的基础和物质保障;精神文明为物质文明的发展提供精神动力、智力支持与方向保证。所以,"两个文明"缺一不可,必须协调发展、互相支持、互相促进,才能更好地创造个性发展的环境与条件。

中国式现代化包含着物质文明与精神文明协调发展的内在要求。1979年10月,邓小平在中国文学艺术工作者第四次代表大会上的贺词中提出:"我们要在建设高度物质文明的同时,提高全民族的科学文化水平,发展高尚的丰富多彩的文化生活,建设高度的社会主义精神文明。"②党的二十大报告指出:"中国式现代化是物质文明和精神文明相协调的现代化。物质富足、精神富有是社会主义现代化的根本要求。物质贫困不是社会主义,精神贫乏也不是社会主义。"③从改革开放到新时代,物质文明与精神文明协调发展是贯穿中国式现代化进程的一条主线。中国式现代化要继续坚持全面发展的辩证思维,协调好"两个文明"的发展关系。

5.中国式现代化开创个性发展的文明新形态

和平发展营造实现个性自由发展的友好开放社会环境,也开拓了个性发展、人的发展的新的文明形态和路径。在西方现代化过程中,"资本具有独立性和个性,而活动着的个人却没有独立性和个性"④,西方现代化无法实现人的个性充分发展,特别是无产阶级的个性充分发展。甚至,西方现代化在压制、破坏人的个性发展。这样看来,个性发展、自由个性的实现,就不能走西方现代化道路,就不能以剥削、掠夺、压迫为前提,一部分人的发展也不能以

---

① 《马克思恩格斯选集》第二卷,北京:人民出版社,2012年版,第2页。
② 《邓小平文选》第二卷,北京:人民出版社,1994年版,第208页。
③ 习近平:《高举中国特色社会主义伟大旗帜 为全面建设社会主义现代化国家而团结奋斗——在中国共产党第二十次全国代表大会上的报告》,北京:人民出版社,2022年版,第22-23页。
④ 《马克思恩格斯选集》第一卷,北京:人民出版社,2012年版,第415页。

牺牲另一部分人的发展为代价。

中国式现代化是走和平发展道路的现代化。和平发展道路充分反映了世界普遍联系和永恒发展的辩证法思维,真正将全人类、全世界看成休戚与共、命运交织的命运共同体。从人类命运共同体的科学论断出发,不同国家、地区、民族具有共同的发展诉求和共同的未来。因此,世界应倡导共同体思维,以和平发展应对共同挑战,用对话协商解决矛盾纷争。世界的发展不是少部分国家的发展,人类未来也不是一部分人的未来。人类社会的发展应该是所有国家、民族联合的共同发展——"联合的行动,至少是各文明国家的联合的行动,是无产阶级获得解放的首要条件之一"[①]。和平发展是中国对外关系的基本准则。近代以来,中国饱受帝国主义、霸权主义欺凌,深切感受到战争、霸权给民族发展和人民生活带来的巨大创伤。新中国自成立以来,在国际交往中一直奉行和平共处五项原则,坚持不结盟政策。习近平总书记在十九大报告中提出:"中国无论发展到什么程度,永远不称霸,永远不搞扩张。"[②]和平发展道路符合马克思主义人类解放学说的要求,是中国特色社会主义的本质体现,也是中国式现代化区别于西方现代化的关键之处。

总之,和平发展道路能够为所有人的个性发展创造开放友好、和谐安定的宏观大环境,能够促进世界交往的发展。而世界交往的发展又能促进人的社会实践和社会关系的发展,在这个过程中,人的个性也获得了自由成长的广阔空间和充足机会。所以,走和平发展道路才能创造出共同发展的环境,所有个体的自由发展、自由个性才可能实现。

(二)中国式现代化推动实现人的自由个性的实践路径

中国式现代化推动社会主义全面进步,最终目标是实现人的自由全面发展、实现人的自由个性。为早日达成此目标,现阶段推进中国式现代化的重点,是坚持和完善社会主义基本制度、全面贯彻新发展理念、发展社会事业改善民生福祉、加强社会主义精神文明建设等。

1.坚持和完善社会主义基本制度

中国式现代化是党领导的社会主义现代化,社会主义规定了中国式现代化

---

① 《马克思恩格斯选集》第一卷,北京:人民出版社,2012年版,第419页。
② 习近平:《决胜全面建成小康社会夺取新时代中国特色社会主义伟大胜利——在中国共产党第十九次全国代表大会上的报告》,北京:人民出版社,2017年版,第59页。

的道路性质、保证了中国式现代化的成果被全体人民共享。中国式现代化与社会主义之间的辩证统一关系,要求我们在推进中国式现代化过程中,必须坚持和完善社会主义制度。

要巩固和完善社会主义基本经济制度。党的十九届四中全会确定了我国社会主义基本经济制度包括公有制为主体、多种所有制经济共同发展的生产资料所有制,按劳分配为主体、多种分配方式并存的社会分配制度,以及社会主义市场经济制度。为巩固和完善社会主义基本经济制度,首先要大力发展公有制经济,推动国有企业管理体制、运行机制、监管机制改革,发挥好国有经济在国民经济中的支柱作用,同时还要努力优化非公有制经济发展环境,充分发挥非公经济在就业、创新等方面的作用。其次要推动收入分配制度改革,以共同富裕为导向,完善税收制度,加强税收征稽和监管,发挥税收在再分配中的作用。此外还应该大力发展慈善事业,优化慈善监管,探索慈善事业对分配公平的积极作用。最后,完善社会主义市场经济制度,充分发挥市场在资源配置中的基础性作用,优化政府对市场的引导、调控和补充功能,协调好政府和市场的关系。

要发展全过程人民民主,完善社会主义民主政治制度。社会主义民主是真正的民主,能够最大限度地保障、发展人民民主权利。习近平总书记在纪念毛泽东同志诞辰130周年座谈会上的讲话指出:"我们要坚持人民是创造历史根本动力的历史唯物主义基本观点……要健全人民当家作主的制度体系,发展全过程人民民主,保证人民始终是国家的主人、社会的主人、自己命运的主人,享有更广泛、更真实、更便捷的民主权利和自由。"[1]具体来说,首先要坚持中国特色社会主义道路,加强和改善党的全面领导;其次要完善人民代表大会制度,发展多党合作和政治协商制度,充分发挥社会主义政治制度的优越性;再次要完善基层民主制度,发挥好群众自治的作用,保障好人民当家作主的基本权利;最后,要继续坚持民族区域自治制度,维护民族团结,促进少数民族地区的发展。

除了要巩固和完善社会主义基本经济制度和基本政治制度之外,还应推动中国特色社会主义法治建设。依法治国是党领导人民治理国家的基本方略,也

---

[1] 习近平:《在纪念毛泽东同志诞辰130周年座谈会上的讲话》,北京:人民出版社,2023年版,第15-16页。

是"四个全面"总体战略布局的重要内容。"全面依法治国"的总体目标是建设中国特色社会主义法治体系、建设社会主义法治国家。为此,必须加强党对社会主义法治建设的领导,保证社会主义法治的性质和方向;要完善法律制度,构建公平正义的法治体系;要加快法治政府建设,将"权力关进制度的笼子里";要坚持不懈地进行普法教育,完善公益法律服务,鼓励人民群众依法维权、依法参与社会公共事务;还要严格执法,保障个人权利的同时也要保证法律面前人人平等。

2.贯彻新发展理念推动经济社会高质量发展

习近平总书记在党的二十大报告中指出:"高质量发展是全面建设社会主义现代化国家的首要任务。发展是党执政兴国的第一要务。"[①]现阶段中国处在百年未有之"历史大变局"中,面临着国际形势波诡云谲、国际关系错综复杂、经济增长速度放缓、新生人口下降和社会老龄化等一系列困难,发展压力巨大。

习近平总书记在党的十八届五中全会上指出:"理念是行动的先导,一定的发展实践都是由一定的发展理念来引领的。"[②]为破解发展难题、夯实发展基础,就必须坚决贯彻落实"创新、协调、绿色、开放、共享"的新发展理念,实现经济社会高质量发展。首先,要加强对新发展理念的宣传教育,让全社会在思想认识层面深入理解新发展理念的重大意义,自觉贯彻到生产生活的方方面面。其次,要构建基于新发展理念的体制机制,比如通过产业补贴、税收优惠、打造产业集群等方式培育高科技产业;通过扩大人才培养、加大科研投入、优化科研奖励机制等方式促进科技研发;加强环保督察,推广绿色科技的应用场景……再次,要做好经济发展的顶层设计,立足长远制订发展规划,统筹产业布局,协调经济发展。又次,要继续坚持对外开放政策。在保证经济安全的前提下,加大对外开放的力度,积极开拓国际市场,加强对外经贸交流合作特别是与发展中国家的合作,支持发展中国家的建设和发展。最后,构建基于新发展理念的社会评价机制。既要让全社会参与到新发展理念的实践中,还要让全社会对新发展理念的实践情况进行全面评价,群策群力来发现问题、解决短板,提高发展质量。此外,2023年9月习近平总书记在黑龙江考察调研期间要求"积极培育

[①] 习近平:《高举中国特色社会主义伟大旗帜 为全面建设社会主义现代化国家而团结奋斗——在中国共产党第二十次全国代表大会上的报告》,北京:人民出版社,2022年版,第28页。

[②]《十八大以来重要文献选编》中,北京:中央文献出版社,2016年版,第824页。

新能源、新材料、先进制造、电子信息等战略性新兴产业,积极培育未来产业,加快形成新质生产力,增强发展新动能"[①]。新质生产力"代表着一种生产力的跃迁,是科技创新在其中发挥主导作用的生产力,尤其是关键性颠覆性技术实现突破的生产力,具备高效能,体现高质量"[②],也是当前阶段新发展理念贯彻到生产力要素的具体表现,体现着新发展理念对知识经济时代、数字时代、人工智能时代生产力发展的新要求。所以,新质生产力将是今后一段时间贯彻新发展理念、实现高质量发展的关键着力点。

3. 发展社会事业增进民生福祉

现阶段,中国还属于发展中国家,社会事业还不发达,人民生活水平距离发达国家还存在明显差距,而且居民收入差距也比较大。近几年来,经济环境恶化和经济增速下滑给人民群众带来比较大的压力,特别是收入水平偏低、就业机会较少、生活条件较差的群众以及社会弱势群体受经济下滑的影响就更大。由此产生一系列围绕基本生活保障、就业、教育、医疗、养老的社会问题。这些问题既影响到社会安定和谐,又危及经济发展的可持续性乃至中国式现代化的推进和人的个性发展。所以当前必须大力发展社会事业,改善民生福祉。

要完善社会保障制度,更好发挥社保制度的"兜底"作用。首先要健全社会保障体系,提高社会保障覆盖面,将全社会都纳入社会保障体系中;其次要稳步提高社会保障制度的公平性,消除社会保障的地区差异、城乡差异、行业差异等;再次是要提高社会保障水平,让低收入者和弱势群体能够过上有尊严的生活;最后是加强对社会保障体系运行的监管,控制资金运营风险,提高资金利用效率,保证社保资金真正做到"取之于民,用之于民"。此外,针对生育率下降的现象,还应该出台更多生育福利和保险政策来有效降低生、养的成本与风险,为人口可持续发展保驾护航。

要深化教育、医疗、养老等公共服务领域改革。公共服务改革一直是人民群众关心的重点领域,也是出现社会争议较多的领域。现阶段推动公共服务改革的重点,一是要提高公共服务的公平性,缩小公共服务的区域差距,对发展较落后的中西部地区、农村地区、少数民族地区等,政府应加大转移支付的力度,

---

[①] 《习近平主持召开新时代推动东北全面振兴座谈会强调牢牢把握东北的重要使命奋力谱写东北全面振兴新篇章》,《人民日报》2023年9月10日第1版。

[②] 周文、许凌云:《论新质生产力:内涵特征与重要着力点》,《改革》2023年第10期,第1—13页。

从供给侧提高公共服务供给数量和质量;二是要提高公共服务的覆盖面和支持力度,保证所有社会弱势群体和个人能够获得保证其生存、发展权利实现的资源与条件;三是要探索由社会组织提供公共服务、发展社会事业的新模式,将社会资源和社会力量引进来,弥补政府提供公共服务的不足;四是要加大培养公共服务人才的力度,弥补公共事业发展的人才缺口。

要改善就业环境,提高就业质量。就业是经济发展的晴雨表,就业状况直接影响劳动者的收入和生活。习近平总书记在二十大报告中提出"就业是最基本的民生",必须"促进高质量充分就业"。[①]就业政策首先要注重扩大就业机会,通过货币政策、财政政策、产业政策、就业培训、完善劳动市场等措施来改善就业环境、降低就业成本、增加就业机会,特别是要发挥社会各界的力量,群策群力解决重点人群的就业问题;其次要注重就业质量,将就业政策与新发展理念、新质生产力等有效融合,充分发挥我国人力资源优势,在劳动力转型中推动产业转型升级。

要推进住房制度改革,改善低收入人群居住条件。住房问题是现阶段困扰低收入人群和城市青年群体的主要问题。住房改革应该坚定"房子是用来住的不是用来炒的"的定位,将商品化住房与保障性住房相结合,既要因"城"施策,又要因"人"施策,提高房地产政策的精准度,完善保障房分配政策,全力做好低收入群体和弱势群体的住房安置工作,逐步实现"居者有其屋"。

4.加强社会主义精神文明建设

中国式现代化要求物质文明与精神文明协调发展。习近平总书记指出:"只有物质文明建设和精神文明建设都搞好,国家物质力量和精神力量都增强,全国各族人民物质生活和精神生活都改善,中国特色社会主义事业才能顺利向前推进。"[②]现阶段我国精神文明发展相对滞后,因此必须加强社会主义精神文明建设。

要加强思想政治工作。思想政治工作是加强党的领导的重要途径,也是保证中国式现代化政治方向的重要依靠。首先,要加强社会主义核心价值观教育,将社会主义核心价值观融入教育的各个方面,加强爱国主义教育和理想信

[①] 习近平:《高举中国特色社会主义伟大旗帜 为全面建设社会主义现代化国家而团结奋斗——在中国共产党第二十次全国代表大会上的报告》,北京:人民出版社,2022年版,第47页。

[②]《习近平著作选读》第一卷,北京:人民出版社,2023年版,第147页。

念教育,在全社会倡导社会公德、职业道德、家庭美德和个人品德,引导全社会形成正确的价值观、人生观,促进社会思想道德、价值观念和理想信念的提升。其次,完善"家庭+学校+社会+政府"的全方位思想政治教育体系,通过各方协作共同提高思想政治教育协作互动。再次,要加强党员干部党史党性教育,提高党员干部的思想水平、服务意识、廉政意识、法治意识,让党员干部发挥好精神文明建设的标杆模范作用,引领全社会精神文明发展。最后,重视思想政治教育的创新工作,要结合互联网、人工智能等新技术的发展创新思想政治教育的方式,要及时关注思想政治教育有关的新现象、新趋势,不断丰富思想政治教育的内容。

弘扬优秀传统文化。优秀传统文化是文化之根、民族之魂。习近平总书记指出:"优秀传统文化是一个国家、一个民族传承和发展的根本,如果丢掉了,就割断了精神命脉。"[1]因此,弘扬优秀传统文化就是社会主义精神文明建设的首要任务。首先,要加强优秀传统文化教育。学校应系统开设优秀传统文化的必修、选修课程,满足学生不同层次的需要;要严格甄选传统文化知识,融入教育的不同阶段和层次;要增加优秀传统文化的评价要求,提高师生重视程度。其次,要在社会范围内加强优秀传统文化的宣传,通过文化普及、公益宣讲、文化节、电视节目、短视频等多种形式多个渠道来传播优秀传统文化。最后,营造利于优秀传统文化传播的社会环境,鼓励文艺团体和个人创作优秀作品来宣传推广优秀传统文化。

大力推进教育科学文化建设。人民群众日益增长的对美好生活的需要就包含对高质量文化教育产品和服务的需要,而科学的发展既体现精神文明建设水平,又作为"第一生产力"直接关系到物质文明建设乃至中国式现代化的全局成败。现阶段来看,要优化公共文化教育资源的配置,提高教育公平性,满足文化教育落后地区的需求;要繁荣社会主义文化市场,建立有利于创新、有利于文化市场健康发展的体制机制,整顿市场秩序,打击市场乱象,保护知识产权,鼓励文艺创作;要发展科学事业,既要完善科研机制,发挥社会主义制度优越性推动科学进步,又要重视科学普及工作,增加对科普场馆、科普教育和宣传、科普人才和成果的投入,培养全社会了解科学、相信科学、重视科学、热爱科学的科学意识。

---

[1]《习近平著作选读》第一卷,北京:人民出版社,2023年版,第281页。

加强网络文明建设。网络为精神文明建设提供了新场景、新空间。习近平总书记指出:"新时代新征程,网信事业的重要地位作用日益凸显。"[①]互联网发展日新月异,也为精神文明建设带来一系列新课题。为此,要加强宣传互联网不是"法外之地",严格监管,依法"治"网,保证网民合法上网、科学用网;要推广网络安全教育,培养信息安全意识;要严厉打击盗取个人信息、网络诈骗、网络数据滥用等犯罪行为;同时也要鼓励互联网创新活动,开发网络新产品新服务,满足人民群众的互联网需求。

人的自由全面发展以及自由个性的实现,是人和社会发展的最高目标。实现这一伟大目标的过程是长期的、艰巨的。为此,中国式现代化就要久久为功,不断创造、改善利于人的发展的内外部环境,扎实推进人的个性自由发展。

---

① 《习近平对网络安全和信息化工作作出重要指示强调深入贯彻党中央关于网络强国的重要思想大力推动网信事业高质量发展》,《人民日报》2023年7月16日第1版。

第五章

世界现代化进程中人的发展回顾与反思

"1500年以后,西方和世界各国走向现代化的历史、道路、模式和时序各个不同,然而这些国家的现代化进程都从属于一个主旋律,即1500年以后世界现代化的总进程。"[1]世界现代化进程是一个复杂而漫长的历史演变过程,涉及政治、经济、文化、社会和生态等各个领域的深刻变革。这一进程中,各个国家与地区根据自身的历史条件与特殊情况,选择了不同的现代化道路与发展模式,共同推动着世界现代化的发展。随着科学技术的迅猛发展和全球化的深入推进,世界现代化进程不断加速,人类社会发展的面貌也在发生深刻变化。而人无疑是现代化发展中最基本、最活跃、最具创造性的因素。人的发展问题始终是世界现代化的核心问题。从历史的长河中回顾与反思人的发展,我们可以更好地认识人类社会发展的规律与未来发展的方向。

一、世界现代化进程的历史考察

国际上有关于"现代化"的著作汗牛充栋,硕果累累。关于世界现代化进程的研究,不同国家和地区的学者对此具有不同的观点。有学者统计,在20世纪后50年,世界现代化理论研究经历了三个阶段:首先是50—60年代的现代化研究,诞生了经典现代化理论;其次是70—80年代的后现代化研究,批判并发展了经典理论,同时兴起后现代主义和后现代理论;再次是80—90年代的新现代化研究,涌现出生态现代化、再现代化和第二次现代化等新理论。[2]这些理论研究从不同角度揭示了世界现代化的发展转变。其中,S.N.艾森斯塔提出了两阶段说,将现代化变迁分为两个阶段:17—19世纪的西欧、美国及英国自治领的持续现代化模式和20世纪的现代化模式,包括拉美、苏联东欧、中国共产主义和其他殖民地现代化模式。另一种观点是三阶段说,如帕森斯在《社会系统》中将现代化分为三个阶段:欧洲西三角(英、法、荷)的产业和民主革命,欧洲东三角(德国)的急速工业化与纳粹大动乱,以及二战后美国的主导地位。但这种划分方法几乎将日本和东方新兴国家排除在外。[3]我国学术界主要是从改革开放后

---

[1] 周穗明等:《现代化:历史、理论与反思:兼论西方左翼的现代化批判》,北京:中国广播电视出版社,2001年版,第165页。
[2] 何传启:《世界现代化研究的三次浪潮》,《中国科学院院刊》2003年第3期,第185-190页。
[3] 萧洪恩、王娟:《乡村振兴和农村就地现代化研究》,北京:中国国际广播出版社,2022年版,第36-37页。

开始介入现代化这一研究领域,相关研究成果对发展中的社会主义现代化事业给予了极大的理论支持。总体来说,世界现代化的进程可以视为人类文明范式的变革,可分为两大阶段。第一个阶段,即第一次现代化,是从农业时代迈向工业时代,农业经济转向工业经济,农业社会进化为工业社会,农业文明转变为工业文明。第二个阶段,即第二次现代化,是从工业时代走向知识时代,工业经济转变为知识经济,工业社会进化为知识社会,工业文明进化为知识文明。第二次现代化并非历史的终结,新的现代化进程仍将继续出现。①除这一划分外,国内普遍认同罗荣渠先生的观点,即世界现代化进程主要经历了三次大浪潮。第一次工业革命推动英国进入工业化进程,开创了资本主义方式的现代化;第二次大浪潮使工业化扩散到西欧、北美和东亚,资本主义发展呈现多种模式;第三次大浪潮在20世纪下半叶,由新的工业革命推动,将亚、非、拉大片地区推上新型工业化道路,现代化工业社会的类型与模式也多样化。然而,仍有部分落后地区未进入现代化变革过程。②

(一)世界现代化的三次大浪潮

第一次现代化大浪潮的发端可追溯至第一次工业革命,英国是其起源地,随后向西欧各国蔓延。第一次工业革命以运用非生物能源(蒸汽)、粗放型机器生产以及相对较低的技术水平为特点,其物质基础建立在煤和铁的基础上。工业化主要在煤铁丰富的地区发展,从英国扩展至比利时、瑞士、法国和德国部分地区,推动了全球生产方式的转型和国际分工的深化。蒸汽火车的出现标志着新经济时代的开始,资本主义世界经济体逐步成型并扩展。在初期阶段,变革的推动力相对薄弱,工业化首先带动了英国经济的发展,并将部分第一产业转向其他地区,把拉丁美洲变为自己的热带作物和矿石开采基地,把从非洲到东南亚的边远地区变成了贸易殖民地,甚至变成了自己的海外领地,并摧垮当地的手工业。③工业革命加剧了各大文明区的发展差距,导致了工业国与农业国的分化。到19世纪中叶,工业化在西欧一些地域较小、资源丰富、农业生产率较高的国家得以扩展。尽管欧洲各国都认识到新工业的重要性,但仅有英国实

---

① 何传启:《如何成为一个现代化国家——中国现代化报告概要(2001~2016)》,北京:北京大学出版社,2017年版,第7页。
② 罗荣渠:《新历史发展观与东亚的现代化进程》,《历史研究》1996年第5期,第105-113页。
③ 罗荣渠:《论现代化的世界进程》,《中国社会科学》1990年第5期,第107-126页。

现了显著的结构性变革,成为首个初步实现工业化的国家。然而,就整个西欧地区而言,现代工业的增长在19世纪中叶仍相对有限。①

19世纪下半叶至20世纪初,欧洲核心地区实现工业化和现代化,并扩展至周边及异质文化地区,形成第二次现代化浪潮,推动"西化"和"欧化"成为历史发展潮流。此次大浪潮的物质技术基础是电与钢铁,电工技术革命带来的经济增长远超第一次工业革命,也带来了19世纪后期世界经济爆炸性增长。西欧北美完成初步现代化,农业劳动人口占比一般都降至40%以下,形成世界发达工业区。20世纪初,美国在经济实力上超越英国,多中心资本主义世界经济体系取代了英国单一中心地位。全球范围内,工业化使世界工业品生产增长30-40倍,而人口增长略超一倍。世界经济的人均增长率从18世纪的每年不到0.1%提升至19世纪的每年2.6%,标志着人类社会步入新的发展阶段。第二次大浪潮后,世界经济步入了长达30年的停滞阶段,这是一次全球发展性危机。自工业革命初期至20世纪初,欧美国家以资本主义的发展模式为主导,全球变革逐渐沿循资本主义私有制企业和市场经济的轨迹展开。然而,在此期间,发达国家间的市场竞争日趋激烈,军国主义势力亦有所抬头,最终导致了两次世界大战的爆发。另一方面,全球范围内生产过剩所引发的经济危机持续加剧,进而促使法西斯主义作为自由资本主义的反动势力一时盛行。这些新因素共同破坏了现代生产力,减缓了现代化的推进步伐。经济危机对现代资本主义的冲击,推动了"古典"资本主义发展模式向有调节的、社会民主的经济发展方式的转型,也促使这一发展模式被突破,催生了社会主义发展模式的创新。社会主义现代化的公式是"苏维埃政权加全国电气化",强调了制度创新对电工技术革命的推动作用。苏联通过新的资本积累和资源配置方式,开拓了一条不同于早期工业化的优先发展重工业的道路。②

20世纪下半叶,世界现代化的第三次浪潮与第二次工业革命同步兴起,其物质技术动力源自石油、原子能及微电子技术。此次大规模的浪潮见证了新兴工业化国家对非工业化国家展开的全球性冲击。在新的工业革命推动下,一方面,初级工业化迈向高级工业化,引发发达工业国家产业更新换代;另一方面,

---

① 罗荣渠:《现代化新论——世界与中国的现代化进程》,北京:北京大学出版社,1993年版,第132-133页。

② 罗荣渠:《论现代化的世界进程》,《中国社会科学》1990年第5期,第107-126页。

全球工业化与现代化进程加速,为众多发展中国家带来融入现代经济增长的契机,然而同时也引发了诸多经济、政治及环境问题。现代化的发展路径因此变得更加丰富多元且复杂。世界现代化历史进程中,各国的发展参差不齐。由于世界发展的不平衡性,当第三世界广大地区才开始迈步走上现代化发展道路之时,走在最前列的那些发达工业国已大体完成自己的发展使命,准备转向一个新的历程了。这就表现出了一些新的发展特征。一是,现代化的进程不是直线式而是波浪式地跳跃前进的。这些发展的浪潮并非散乱无序,而是与世界资本主义经济的周期性运动相关联。二是,现代化的根本动力是经济力,即现代化工业生产力。三是,现代化的进程呈梯级升进秩序。四是,伴随现代化向世界各地区的扩展,原先地区性相对孤立的发展被纳入新的国际分工的世界经济体,由此而引起世界整体结构的转换。五是,现代经济增长作为竞争性的发展过程,导致了工业化国家与非工业化国家之间发展差距日益增大。六是,现代化过程在经历启动阶段之后,随着经济持续增长,在政治、社会、文化、教育、福利、居民健康与素质等各个方面都会发生适应性变化。[①]

当前,新一轮的科技革命与产业变革正在加速演进,其核心在于信息技术的深度应用和新能源的广泛采用,两者相互交织,共同推动着人类社会的进步与发展。借助于信息通信技术、大数据等前沿科技手段,社会生产从机械化、电气化、自动化迈向智能化,现代工业已经能够实现高度自动化与智能化,为社会经济的全面发展注入强大动力。[②]从历史的进程中可以看到,科学技术创新是现代化进程的发动机。谁站在了科技创新的制高点,谁就走在现代化发展的前列。但不管怎样,世界现代化都是一个不以任何人的意志为转移的客观历史进程,遵循着自身的内在逻辑,呈现出多方面的而非单一的进程状态,是人类社会发展到一定阶段的产物。现代化因不同主体、不同国家、不同阶段而具有不同的价值选择,导致了现代化模式的丰富性和复杂性。随着全球现代化进程的加速,第三世界国家或地区日益关注自身的发展路径和现代化战略。它们不再完全依赖西方国家的理论模式,而是在总结国内发展经验的基础上,努力探索具有自身特色的现代化道路。这种探索使得全球范围内现代

---

① 罗荣渠:《现代化新论——世界与中国的现代化进程》,北京:北京大学出版社,1993年版,第142-148页。
② 王怀超:《中国式现代化道路与世界现代化进程》,《当代世界与社会主义》2023年第2期,第4-11页。

化理论与实践呈现出多元化的趋势。①

（二）当前西方现代化面临的发展困境

正如前文所言，现代化的发生并非一蹴而就，而是经历了漫长的准备阶段，是人类文明演化的必然产物。英国是现代化条件成熟最早的国家，只是当时的人们还没有意识到他们正步入一种新的文明。英国的现代化是在内部动力的驱动下发动的，对其他国家而言，现代化的动力则主要来自外部压力。当工业文明向西欧北美推进时，所遇到的阻力相对较小。这是因为西欧与英国有相近的历史经历，在文化背景等方面较为相似。因此，在英国发生工业革命时，西欧其他国家也或多或少具备了工业革命的启动条件，所以当工业革命爆发时，西欧国家并未受到强烈冲击。但是，当工业文明向世界其他地区推进的时候，所面临的阻力则较大。这主要是因为世界其他地区的文化传统与欧美存在显著差异，其文明发展方向可能与所谓的"西方文明"产生冲突。这使得这些地区对"现代化"产生了矛盾心理：一方面，这些地区承认工业文明的优越性，努力实现工业化；另一方面，这些地区对"西方文明"抱有敌意，担心"全盘西化"将导致更多民族特性流失。这种矛盾心理的根源在于将现代化与"西化"等同起来。实际上，现代化意味着新文明的建立，它既颠覆了其他地区的传统文明，也对"西方"的传统文明产生了冲击。"现代化"并不是西方的专利，而是全球性的进程。②追溯"现代化=西方化"话语陷阱产生的背后，是由于西方国家在现代化过程中占据发展主导优势、心理指导优势、标准制定优势和理论传播优势，从而使得"现代化=西方化"在资本主义现代化的历史进程中不断发酵，并在世界范围内得到广泛追捧。③尽管如此，我们也不得不承认，从人类现代化的发展时序看，现代化确实起源于西方。西方现代化以其独特的发展路径和历史成绩，在世界范围内产生了广泛而深刻的影响。当前，考察世界现代化的历史进程，就必须对西方现代化进行剖析，在肯定其历史贡献的同时，也要看到其局限性和不足，认清其内在逻辑问题，为未来世界现代化的发展提供更多思考。

西方现代化不仅改变了西方国家自身的社会结构和生活方式，也在一定程

---

① 邱亿通：《现代化的历史趋势与价值选择》，北京：人民出版社，2004年版，第29页。
② 钱乘旦、杨豫、陈晓律：《世界现代化进程》，南京：南京大学出版社，1997年版，第3-9页。
③ 吴艳东、廖小丹：《何以形成与何以打破："现代化=西方化"迷思的多维审视》，《思想教育研究》2023年第5期，第50-55页。

度上给整个人类带来很大进步。在经济层面,西方社会利用市场经济体制进行资源配置,极大提高生产力,促进了经济的繁荣与发展;在政治层面,西方社会在政治制度方面进行了多次变革,为社会的稳定和持续发展提供了政治保障,一定程度上推动了人的权利和自由的发展,其福利制度等也对人的基本生活提供了有力保障与支持;在文化层面,文艺复兴和启蒙运动等变革推动了人类思想的解放,促进了文化的多元化和包容性,推动了人们思想观念的解放和更新,推动了社会的进步。然而,西方现代化也存在诸多弊端。随着现代化在全球范围的扩散,西方现代化内在逻辑与经验事实之间的矛盾日益突出,显露出许多自身无法克服的问题。

一是西方经济停滞常态化。西方国家曾经历过经济的高速增长和繁荣,但现在,这种增长似乎已经停滞不前了。过去,经济停滞主要与资本主义经济周期性危机相伴而存在,"但是从上世纪70年代起,西方资本主义经济停滞的周期性逐渐淡化,进入21世纪,特别是2008年国际金融危机之后,经济持续停滞成为常态"[1]。西方国家面临经济增长乏力、创新活力减退、产业结构严重失衡、债务规模持续攀升等突出问题,许多西方国家的经济发展矛盾重重,前景不容乐观。受经济大幅衰退影响,西方国家的物价也持续上涨,引发了剧烈的通货膨胀。数据显示,"2021年以来,美国CPI快速上涨,并在2022年3月以来连刷1982年2月以来新高"[2]。同时,西方国家的经济体系越来越依赖金融市场与虚拟经济,这导致了实体经济被挤压,金融风险不断增加。以美国为例,"自20世纪90年代开始,美国经济逐步呈现金融化趋势,不仅恶化了劳动力再生产的社会条件,也侵蚀着技术创新的产业根基,导致美国国内产业资本积累面临无法克服的困境,资本主义生产关系再生产面临巨大的断裂风险,这成为引发美国国家经济治理失灵的直接原因"[3]。西方国家一直走经济金融化的快车道,金融越来越脱离实体经济的功能,造成制造业的成本增加、工薪阶层贫困化等结构性危机,导致金融从实体经济吸血的发展逻辑,不利于实体经济的发展,造成经

---

[1] 何自力:《西方经济停滞常态化是当代资本主义经济的典型特征》,《红旗文稿》2018年第4期,第34-36页。

[2] 张青松、张鸣枝、李妍锦:《当前中美CPI走势差异的分析与研判》,《调研世界》2023年第3期,第52-61页。

[3] 王生升、刘慧慧、方敏:《美国经济治理失灵的根源、机制及启示》,《政治经济学评论》2023年第6期,第177-192页。

济在膨胀与停滞之间的循环。

二是政治分歧和冲突日益加剧。近年来,西方社会频频出现大规模游行示威、暴力冲突、战争动荡等乱象,政治碎片化、极端民粹主义在西方社会特别是欧美地区呈现出显著上升趋势,增添了政治的不稳定性和不确定性。民粹主义通过修正传统的发展路径,与民族主义深度结合,对传统政治力量形成两面夹击态势,成为所谓的"反对旧政治的新生力量"。借助于现代信息传播和动员手段,民粹主义在西方政治选举中屡次引发"黑天鹅"和"灰犀牛"事件。[1] 2016年以后,以特朗普当选美国总统和英国脱欧事件为标志,民粹主义话语和政治运动开始进入主流政治舞台,一些学者甚至用"民粹主义大爆炸"来描述民粹主义在全球蔓延的趋势。[2] 民粹主义从边缘地带逐渐渗透到多国政坛的核心圈,成为西方国家政治生态演变中的重要变量,反映了西方国家社会内部的深刻矛盾,折射出西方民主制度的弊病。"从马克思主义视角看,被一些人概括为民粹主义的种种西方乱象,本质上是资本主义经济危机的政治效应和社会效应。"[3] 同时,随着全球化和数字化的加剧,政治极化现象突出,不仅政党政治、国会选举极化,而且群体极化、文化极化以及财富极化现象日益凸显。"在美国,一项议案最终落地成为法律需要顺利闯过许多'否决门',如国会委员会、参众两院、参议院议事阻挠以及在被总统否决后国会两院三分之二的多数票,因此妥协是必要的。"[4] 这势必导致政治决策效率低下,政治执行困难,削弱了政府的效能。而选举政治可能导致短期主义与政策的不连续性,多元民主导致的社会分裂与政策僵局,代议制民主出现的无法充分反映民意的问题,等等,都是对西方传统政治体系和治理方式的挑战。

三是社会撕裂与不平等加剧。由于西方现代化是以资本为中心的现代化,在资本的野蛮增殖、无序扩张和榨取剩余价值的运行逻辑下,西方现代化不可避免地导致了社会的不平等,贫富差距不断扩大,文明冲突不断加剧,城市贫民数量不断增加,不同收入群体之间的隔阂和矛盾日益加深。一方面,富裕阶层

---

[1] 钱颖超:《当前西方民粹主义主要表现、诱因及趋势》,《当代世界》2023年第7期,第63-68页。
[2] 赵丁琪:《民粹主义的话语本质与社会基础》,《马克思主义研究》2023年第7期,第139-148页。
[3] 邢彩丽:《"西方之乱":民粹主义还是资本主义危机》,《毛泽东邓小平理论研究》2021年第1期,第87-95,108页。
[4] 倪春纳:《西方国家的民主何以衰退:基于对美国政治极化的分析》,《江苏社会科学》2022第5期,第80-88页。

通过资本、技术和知识等资源的积累,逐步占据了社会的主导地位;另一方面,底层民众在就业、教育、医疗等方面的困境日趋凸显。以美国为例,"据美国人口普查局2022年公布的报告显示,2021年美国基尼系数达0.494创历史新高,贫富差距更加悬殊"[1]。收入与财富的不均衡,导致富者越富、穷者越穷。经济不平等不仅加剧了社会各阶层的固化趋势,而且还在教育、文化、生活等各领域催生出一系列社会不公问题,加之政治、宗教等多种因素的影响,社会分裂与冲突日益严重。这些问题反过来又进一步加剧经济收入与财富分配的失衡,继而陷入无法自拔的恶性循环。"对于愈演愈烈的不平等趋势和不断上扬的民众的不满,欧美各国试图借助财税政策、福利制度以及救济机制进行缓解,然而受富人政治、财阀统治、不对等参与等现实因素的影响,这些努力往往收效甚微。"[2]西方国家的福利制度已经濒于崩溃,社会保障功能衰竭,失业率高居不下。[3]当各阶层之间的隔阂如鸿沟般难以逾越时,社会的凝聚力和稳定性就岌岌可危。

四是文化冲突与认同危机。在西方社会的现代文化图景中,跨文化交流日益频繁,西方社会不仅面临自我认同、种族歧视的内部冲突,还面临着与其他国家及文明的外部冲突。[4]尤其在全球移民潮的推动下,西欧传统上单一民族国家的高度同质化特征逐渐减弱,转变为多民族的国家,形成了多元文化的社会结构。可以说,"二战后,尤其是20世纪70年代以来,西方在移民问题上多奉行多元文化主义政策,但它在文化融合方面的无力,宣告了多元文化主义在实践层面的重大危机"[5]。究其根源,西方主流社会对于少数移民群体的包容与理解程度较低,与此同时,这些移民群体也表现出一定程度的不信任与不合作态度。随着外来少数移民群体人口的增多,这些分歧和冲突进一步加剧。[6]在各国经济普遍低迷的背景下,西方多国本土居民与外来移民之间的关系日趋紧张,已

---

[1] 田鹏颖:《中国式现代化世界观对"世界现代化之问"的创造性回答》,《理论探讨》2023年第5期,第29-37页。
[2] 庞金友:《当前欧美各国现代化面临的共同挑战》,《人民论坛》2023年第6期,第23-27页。
[3] 本刊记者:《西方资本主义经济陷入停滞常态化的困境——访南开大学经济学院何自力教授》,《马克思主义研究》2017年第1期,第11-17页。
[4] 崔中良:《西方身份建构的情感基础研究》,《东北大学学报》(社会科学版)2023年第2期,第17-23、52页。
[5] 马红邑:《多元文化主义抑或民族主义——西方移民危机的道路选择》,《当代世界社会主义问题》2018年第2期,第134-141页。
[6] 陈孟:《多元文化视阈下西方文化认同危机与对策》,《学术交流》2016年第5期,第40-45页。

演变至近似于生存竞争的敌对状态。在思想观念层面,相当一部分本地居民主张国家和政府的首要职责是捍卫他们的利益不受外来移民的侵害,并坚持普遍人权应凌驾于国家主权之上。与此同时,部分外来移民或难民因身处困境,滋生出极端主义的反社会情绪,进而引发一系列社会犯罪和暴力冲突,对社会稳定构成严重威胁。[1]这种文化冲突与认同危机直接消解了西方民众对国家的认同,消解了西方国家强制性的力量。

五是资本主义生态危机。在过去的几个世纪里,西方国家经历了快速的工业化和城市化,城市的扩张占用了大量的土地,破坏了自然生态系统,导致环境污染和生态破坏,比如烟雾污染、垃圾处理问题、水体污染等。在环境污染发生的初期,西方国家实施了一些应对性措施并颁布了环境保护法规,如英国的《碱业法》和《河流防污法》,日本的《工厂管理条例》等。但由于当时对污染和公害机理认识不清,这些措施和法规并未能有效阻止环境污染的加剧。此后,西方国家还制定和颁布了一些环境保护的标准与法规,但这些措施被认为是被动的"尾部治理",效果并不明显。西方国家频繁发生的污染公害事件对经济、居住环境和人类健康造成了严重影响。[2]事实上,西方国家的生态危机形式上来自大量废弃,实质上是源于资本主义剩余价值规律与工业化的特色结合严重破坏了生态环境。资本以经济利润为目标,掠夺性地开发自然资源,无节制地大量生产、消费和排放,导致了自然资源的快速耗竭和生态环境的重大污染。在资本逻辑下,资本家无视废弃物,既不关心人的生存,也不关心环境的治理和生态的改善。[3]当前,西方发达国家为了突破资源限制和空间障碍,在世界范围内重新配置资源,大肆掠夺他国自然资源,达到转移污染后果和规避环境治理责任的目的,虽然一定程度上缓解了本国的环境污染和生态破坏,却在更大范围加剧了生态危机。除了对自然资源的过度消耗和环境污染,气候变化与全球变暖也成为一个世界性的难题。近年来,创纪录的高温、干旱、洪涝灾害等全球极端天气灾难频发,不仅带来粮食与水危机等连锁效应,还破坏了地球上的生物多样性和生态平衡。全球气候变暖,也引发了海平面上升、海洋酸化等一系列环

---

[1] 江宁康:《逆向全球化:西方国家的认同危机》,《浙江工商大学学报》2017年第5期,第32-40页。
[2] 梅雪芹:《工业革命以来西方主要国家环境污染与治理的历史考察》,《世界历史》2000年第6期,第20-28、128页。
[3] 赵林:《从马克思的资本学说看近代西方的环境问题》,《云南社会科学》2002年第6期,第34-36页。

境问题,使得极端天气事件也更加频繁和严重。"在联合国安理会举行的海平面上升与国际和平与安全问题公开辩论会上,联合国秘书长古特雷斯警告称,全球海平面持续上升使孟加拉国、荷兰等小岛屿发展中国家和低洼海岸线国家面临'消失'风险,全球约近9亿人会受到严重影响。"[1]显然,气候变化问题是一个全球性问题,事关世界各国人民的切身利益,但是某些西方发达国家逃避应尽的国际责任,如美国固执退出《巴黎协定》,加剧了全球气候治理的赤字状态。

综上所述,作为人类社会现代化的早发形态,西方现代化存在诸多难以克服的固有缺陷。现代化是人类社会发展普遍性规律的表现,不是西方国家的专利品。世界上不存在定于一尊的现代化模式,也不存在放之四海而皆准的现代化标准。西方现代化只是人类历史长河中现代化发展的某种特殊形态,绝非现代化的普遍形态和一般经验。在西方遭遇百年未有之大变局和文明危机的当下,中国共产党领导下的社会主义现代化为人类社会摆脱西方现代化危机提供了新的启发。中国式现代化打破了西方现代化的局限,摒弃了以资本为中心、对外扩张掠夺的老路,实现了对西方现代化的超越,不再单纯追求生产力的发展,而是更加注重人民福祉和可持续发展。这种现代化的道路,打破了"现代化=西方化"的幻象,展现了现代化的另一幅图景,昭示了人类文明发展的现代方向。

(三)破解人类社会现代化进程历史之问的中国回答

近年来,世界经济增长动能不足,不稳定因素增多,人类现代化进程面临诸多坎坷,充满各种艰辛。2017年1月18日,国家主席习近平在联合国日内瓦总部演讲时谈道:"我刚刚出席了世界经济论坛年会。在达沃斯,各方在发言中普遍谈到,当今世界充满不确定性,人们对未来既寄予期待又感到困惑。世界怎么了、我们怎么办?这是整个世界都在思考的问题,也是我一直在思考的问题。""我认为,回答这个问题,首先要弄清楚一个最基本的问题,就是我们从哪里来、现在在哪里、将到哪里去?"[2]习近平主席在回首人类近一百多年的历史的基础上指出:"这一百多年全人类的共同愿望,就是和平与发展。然而,这项任务至今远远没有完成。我们要顺应人民呼声,接过历史接力棒,继续在和平与

---

[1] 沈钦韩:《联合国:气候变暖导致海平面持续上升》,《文汇报》2023年2月16日第4版。
[2]《习近平外交演讲集》第二卷,北京:中央文献出版社,2022年版,第15页。

发展的马拉松跑道上奋勇向前。"①面对"人类社会应该向何处去"这一重大命题,中国从人类共同利益出发,以负责任的态度为人类社会的发展提出了自己的解决之策。在第三届"一带一路"国际合作高峰论坛开幕式上,习近平主席首次提出,各国应当携起手来,实现和平发展、互利合作、共同繁荣的世界现代化。②这一中国方案拓展了人类社会走向现代化的路径,为破解当前世界现代化难题作出了贡献。

一是推动实现和平发展的世界现代化。党的二十大报告指出:"和平、发展、合作、共赢的历史潮流不可阻挡,人心所向、大势所趋决定了人类前途终归光明。"③和平发展是促进人类文明进步的基础,没有和平就没有真正的发展。任何国家实现现代化,都需要和平稳定的内外部环境。从历史上看,现代化进程发端于西方国家,但与之相伴的是战争、杀戮、掠夺和胁迫等,给广大发展中国家带来了深重的苦难。"历史上,一些西方国家的现代化建立在对他国剥削、压迫和殖民的基础上。中国的发展不是通过剥削他国,中国通过发展自己实现现代化,同时帮助他国发展。"④历史昭示我们,霸道欺凌不是人类共存之道。实现和平发展的世界现代化,不应该只是实现一个国家或一个地区的安全与发展,也不应该是为了一个国家或一个地区的安全与发展去破坏其他国家的安全与发展,而应该是全世界各国各地区的共同安全与共同发展。今天,人类的现代化之路不能再回到罪恶的老路上去。然而,当今世界面临诸多安全挑战,部分西方国家沉迷于战争和挑衅,在全球范围内推行霸权主义和强权政治,给世界和平发展带来了极大的威胁。比如:"进入现代,两次世界大战对人类的生命和生存条件造成了毁灭性摧残。美国是世界大国中历史最短的国家,然而在战争问题上,与英、法、德等老牌帝国主义国家相比有过之而无不及,在其建国240多年的历史中,只有16年的时间没有打仗。"⑤全球安全形势日益严峻,一些国家刻意制造矛盾冲突,全球动荡源和风险点明显增多。"各国、各地区间的矛盾对立和利益冲突长期存在且难以消除,世界大战通过努力可以避免,但战争存

---

① 《习近平外交演讲集》第二卷,北京:中央文献出版社,2022年版,第16页。
② 和音:《实现和平发展、互利合作、共同繁荣的世界现代化》,《人民日报》2023年10月23日第3版。
③ 习近平:《高举中国特色社会主义伟大旗帜 为全面建设社会主义现代化国家而团结奋斗——在中国共产党第二十次全国代表大会上的报告》,北京:人民出版社,2022年版,第60页。
④ 杜鹃、许凤:《中国式现代化与西方现代化有"本质区别"》,《新华每日电讯》2022年11月7日第8版。
⑤ 何怀远:《战争与和平的世界之问与中国答案》,《思想理论战线》2023年第1期,第26—34、140页。

在的危险并没有根除。"①面对全球和平事业何去何从这一时代之问、世界之困,习近平主席心系全人类前途命运和安危福祉,提出推动构建新型国际关系,推动构建人类命运共同体,倡导弘扬和平、发展、公平、正义、民主、自由的全人类共同价值,为维护世界和平安宁作出重要贡献。当前,推进和平发展的世界现代化,需要加强国际合作,以对话弥合分歧、以合作化解争端;尊重各国的选择和发展道路,尊重现代化道路的多样性选择;坚持和平解决争端,反对使用武力或以武力相威胁,为和平发展创造条件;加强国际组织、多边协议等方面的合作,共同制定和完善全球治理规则和标准,提高全球治理的效率和效果,共创一个更加美好、繁荣和谐的世界。

二是推动实现互利合作的世界现代化。现代化从来都不是少数国家的"专利品"。实现现代化是世界各国人民共同的愿望,任何国家都不应被排除在现代化体系之外。但是,"当前,个别国家构筑'小院高墙'、强推'脱钩断链'、鼓噪供应链'去风险',大搞单边主义、保护主义,给世界现代化带来极大挑战。人为给合作设置障碍,挡住的不是风险,而是机遇"②。一些西方国家固守冷战对抗的旧思维,将西方现代化当作一种"理念"工具,用作来划分敌友的重要参照。在"以资本为中心"的运行逻辑下,西方现代化利用自身的军事优势、技术优势,不断与其他国家恶性竞争、抢夺资源与市场,破坏国际公平交易,无视他国的主权、安全与发展权益,是"彻头彻尾的恶性竞争的现代化"③。中国始终坚持"互利共赢"的理念,在实现自身高质量发展的同时,推动世界各国共同发展,建立以全人类共同利益为旨归的现代化发展路径,以实际行动推动实现互利合作的世界现代化。比如:"构建'一带一路'立体互联互通网络、支持建设开放型世界经济、开展务实合作、促进绿色发展、推动科技创新、支持民间交往、建设廉洁之路、完善'一带一路'国际合作机制,习近平主席宣布的中国支持高质量共建'一带一路'八项行动,是推动实现世界各国现代化的务实举措"④。今天,任何国家追求现代化,都不可能在封闭条件下实现,开放融通、互利合作才是必然的选

---

① 陈培永、李颖:《世界百年未有之大变局下和平与发展时代主题的再思考》,《世界社会主义研究》2023年第11期,第79—86、111—112页。
② 曹平:《合力推进世界现代化进程》,《人民日报》2023年12月8日第9版。
③ 丁志刚、熊凯:《中国式现代化与人类文明新形态:对西方的批判和超越》,《新疆社会科学》2023年第5期,第11—19页。
④ 本报评论部:《为实现世界各国的现代化作出不懈努力》,《人民日报》2023年11月2日第5版。

择。中国始终同世界共享发展机遇,努力形成合作共赢、互利互惠的国际关系格局。"长期关注中国发展的英国国际关系专家基思·贝内特认为,中国在推进自身现代化建设的同时,邀请全球南方国家搭乘中国快速发展和日益繁荣的列车,为更多国家开辟现代化道路起到了推动和促进作用。"①中国作为负责任的大国,始终将自身的发展与世界的命运紧密相连,坚持同世界各国互利合作,提供了促进互利合作的世界现代化的中国方案。

三是推动实现共同繁荣的世界现代化。"世界已经成为你中有我、我中有你的地球村,各国经济社会发展日益相互联系、相互影响,推进互联互通、加快融合发展成为促进共同繁荣发展的必然选择。"②共同繁荣的现代化是对狭隘的利益共同体和虚幻共同体的超越。当前,经济全球化、区域一体化快速发展,不同国家、不同地区结成了你中有我、我中有你、一荣俱荣、一损俱损的命运共同体关系,"人类面临的所有全球性问题,任何一国想单打独斗都无法解决,必须开展全球行动、全球应对、全球合作"③。然而,一些西方国家信奉弱肉强食的丛林法则和"零和博弈"的利益观念,不择手段打压后发国家的发展进步,对广大发展中国家巧取豪夺、恃强凌弱,以维护其在世界系统中的垄断和霸权地位。这种见利忘义、损人利己的霸权行为,"我可以,你不可以"的强盗逻辑是逆时代潮流的做法,破坏了全球规则与现代文明。中国坚决反对冷战思维,反对"零和博弈"等霸凌行径,反对以意识形态划线,始终秉持正确义利观,主张友好合作理念,尊重人类现代化模式的多样性,加强与发展中国家的团结合作,主张各国和各国人民共同享受现代化发展成果,以"和合共生"超越"异质冲突",在切实可行的人类发展道路上推动构建人类命运共同体,以实现共同繁荣的世界现代化。

实践证明,世界现代化并非只有西方现代化这一种模式、这一条道路,中国式现代化是比西方现代化更加美好、更加可行的现代化道路。"历史地看,西方的现代化模式大多是与扩张主义、霸权主义联系在一起的。对于每个民族来说,虽然现代化是其普遍的历史性命运,但是现代化道路的开辟、现代化任务的展开,都只有在各民族相当不同的社会条件和历史环境中才能实现。也就是

---

① 郑汉根、谢彬彬、许苏培:《中国式现代化的世界期待》,《新华每日电讯》2024年3月11日第7版。
② 《习近平外交演讲集》第二卷,北京:中央文献出版社,2022年版,第98—99页。
③ 《习近平外交演讲集》第二卷,北京:中央文献出版社,2022年版,第323页。

说,现代化这样一种普遍性必须经过特定的社会条件和历史环境的具体化,才可能成为现实的和有成效的。"①不同于西方现代化的发展模式,中国式现代化是中国共产党领导的社会主义现代化,创造了各国现代化的普遍性与中国特殊国情有机结合的典范。习近平总书记指出:"独特的文化传统,独特的历史命运,独特的基本国情,注定了我们必然要走适合自己特点的发展道路。"②新征程上,中国共产党始终以世界眼光关注人类前途命运,从人类发展的大潮流、世界变化的大格局、中国发展的大历史的视角来认识和处理中国与外部世界的关系,坚定地站在历史正确的一边,站在人类文明进步的一边,共同推动历史的车轮向着光明的前途前进。中国式现代化为全球的发展和繁荣注入了新的活力,创造了一系列令人瞩目的"中国奇迹",为世界的进步贡献了中国的智慧和力量。从2013年到2021年,中国对世界经济增长的平均贡献率达到了38.6%,位居世界首位,超过了七国集团国家贡献率的总和。改革开放以来,中国减贫人口占同期全球减贫人口的比重超过70%,全面消除绝对贫困,提前完成了联合国2030年可持续发展议程确定的减贫目标。同时,中国还对世界森林碳汇能力的提升作出了巨大贡献,1990年至2016年间,中国对世界森林碳汇能力的实际贡献率达到了247.1%,21世纪以来全球新增绿化面积约四分之一来自中国。玻利维亚前总统莫拉莱斯高度评价了中国式现代化的成果,认为这些成果为世界所共享,为世界和平以及更加均衡、公正的发展作出了重要贡献。这充分证明了中国式现代化不仅是中国的现代化,也是世界的现代化,它不仅推动了中国的繁荣和发展,也为全球的进步和繁荣作出了重要贡献。③

二、世界现代化进程中人的发展回顾

不可否认,世界现代化既有它积极的历史意义,也有它的历史局限性。在过去的几个世纪里,世界经历了从农业社会到工业社会,再到知识社会的巨大转变;人的发展也经历了从基本生存需要的满足,到追求更高层次的精神生活需要的满足,以及人的自我实现的转变。这是一场复杂性、持续性、世界性的社

---

① 李放、阮益嫘:《东方的复兴:中国式现代化映照世界历史进程》,《中国社会科学报》2023年4月25日第2版。
② 《习近平著作选读》第一卷,北京:人民出版社,2023年版,第150页。
③ 龚鸣、黄炜鑫:《为推进世界现代化进程贡献中国智慧》,《人民日报》2023年5月25日第3版。

会变革和社会进步,是人类自身不断求索社会发展、人类解放、人的本质实现的历史进程。[①]人的发展与社会的发展是同步进行的,是一个不断演进、不断完善的过程。现代化推动了社会的进步,为人的发展创造了条件,但同时也带来了诸多挑战与问题。比如,在提高人民生活水平的同时,如何促进社会的公平正义? 在追求物质发展的同时,如何保障人的精神需求? 在推动社会进步的同时,如何保护好自然环境? 等等。为了促进人的自由全面发展,我们需要审视世界现代化进程中人的发展状况。

(一)世界现代化进程中人的发展成就

一部世界史是一部人类不断追求进步与发展的历史。世界现代化的过程就是人类文明转型的过程,表征着人类对自身发展需要的不断探索与追求,本身就内蕴政治、经济、文化、社会、生态等各个领域的深刻变化与发展进步,是人类对于更加美好、进步和文明的社会的渴望和追求。现代化是人类社会历史发展的必然,是人类有理性、有规划、有目的的行为结果,体现了人类自我发展能力的增强,在国际层面则表现为一种国际竞争,是不同国家追赶、达到和保持世界先进水平的国际竞争。目前,世界上绝大多数的国家都在自觉不自觉地经历着某种现代化过程,或直接或间接地将实现现代化作为一种发展目标。现代化是人类社会发展的必然趋势,而人的自由全面发展是人类生存和发展的必然追求。现代化的发展离不开人的实践活动,依赖于人类社会生产关系更新和生产方式的变革。人作为现代化的行为主体,是现代化发展的前提,也是现代化发展的目的。

1.现代化推动着人的个性的发展

现代化促进了生产力的提高,推动着社会变革,也推动着人类精神世界的历史性发展。马克思肯定了资本主义现代化对于人的发展的积极作用,"它本身已经创造出了新的经济制度的要素,它同时给社会劳动生产力和一切生产者个人的全面发展以极大的推动"[②]。技术的进步,生产力的提升,必要劳动时间的缩减,现代化带来的生产方式的一切革新,都影响了人类的生存方式和发展方式。

---

① 戴木才:《论世界现代化发展的普遍性特征》,《厦门大学学报》(哲学社会科学版)2023年第3期,第1–20页。
② 《马克思恩格斯选集》第三卷,北京:人民出版社,2012年版,第729页。

一是现代化为人的个性发展奠定了物质基础。马克思指出:"人们自己创造自己的历史,但是他们并不是随心所欲地创造,并不是在他们自己选定的条件下创造,而是在直接碰到的、既定的、从过去承继下来的条件下创造。"①任何社会的发展都受到社会历史条件的制约,与所处的时代生产力的性质与水平息息相关。现代化推动社会生产力规模空前增大,劳动生产率极大提高,人们的生活资料日益充裕,生活条件也日益改善,使得作为"类"或"种群"的人的规模日益扩大。同时,随着产业结构、劳动力结构的变化,以及福利政策等因素的影响,人们的收入水平、社会地位都随之发生了变化,为人的发展提供有利的现实条件。

二是现代化为人的个性发展提供了更多时间。马克思曾谈道:"一旦直接形式的劳动不再是财富的巨大源泉,劳动时间就不再是,而且必然不再是财富的尺度,因而交换价值也不再是使用价值的尺度。群众的剩余劳动不再是一般财富发展的条件,同样,少数人的非劳动不再是人类头脑的一般能力发展的条件。于是,以交换价值为基础的生产便会崩溃,直接的物质生产过程本身也就摆脱了贫困和对立的形式。个性得到自由发展,因此,并不是为了获得剩余劳动而缩减必要劳动时间,而是直接把社会必要劳动缩减到最低限度,那时,与此相适应,由于给所有的人腾出了时间和创造了手段,个人会在艺术、科学等等方面得到发展。"②自由时间的创造是主体不断发展自身的保障。自由时间以现实社会发展为基点,现代化的发展也在时间中得以体现。现代化不仅使得普通人有更多时间从事休闲娱乐、文艺创作、科学研究、学习等活动,还会培养造就大量专门从事各种休闲娱乐和精神生产活动的职业劳动者,而这又反过来加速推动了科技创新、生产力进步、现代化进程和人类的发展。马克思就指出:"整个人类的发展,就其超出人的自然存在所直接需要的发展来说,无非是对这种自由时间的运用,并且整个人类发展的前提就是把这种自由时间作为必要的基础。"③人可以在必要的物质生产劳动方面花费更少的时间,从而也就有了更多的自由时间从事自主性活动,这为人的个性发展提供了可能。

---

① 《马克思恩格斯选集》第一卷,北京:人民出版社,2012年版,第669页。
② 《马克思恩格斯选集》第二卷,北京:人民出版社,2012年版,第783-784页。
③ 《马克思恩格斯全集》第三十二卷,北京:人民出版社,1998年版,第215页。

2.现代化推动着人的社会关系的丰富

现代化实际上就是人类社会从多中心的民族国家社会向统一的国际社会转变的过程,是由各民族的历史向世界历史转变的过程。马克思、恩格斯指出:"每一个单个人的解放的程度是与历史完全转变为世界历史的程度一致的。"[①]在现代化出现之前,人类社会的历史表现出局限的地域性和民族性。由于生产力水平较低,以及交通和通信工具的不发达,人们改造自然和征服自然的能力尚不足以跨越民族间普遍交往的自然障碍,从而使得各地区、各民族之间的交流主要局限于有限的地理空间。[②]马克思曾经指出:"在发展的早期阶段,单个人显得比较全面,那正是因为他还没有造成自己丰富的关系,并且还没有使这种关系作为独立于他自身之外的社会权力和社会关系同他自己相对立。"[③]现代化的发展促使世界交往从民族性、地方性的交往转向普遍性、世界性的交往,给人的发展提供了新的平台。

一是现代化拓展了人的发展空间。交往的普遍性是个人全面发展的前提。世界现代化带来了世界普遍交往,孕育了世界意识,使国际关系发生了深刻变革,各国之间的政治经济关系更加紧密,资本、技术、劳动、管理等生产要素在全球范围内流动,国与国之间、人与人之间的交往更加深入,世界成为统一的整体。恩格斯在1847年的演讲中曾谈道:"三百五十年前克里斯托弗尔·哥伦布发现美洲时,他大概没有想到:他的发现不仅会推翻那时的整个欧洲社会及其制度,而且也会为各国人民的完全解放奠定基础。"[④]过去,受生产和交往空间的局限,人与人之间的关系只能是片面的或者简单的。随着现代化的推进,特别是市场经济的发展,人与人的交往日趋扩大与全面,突破了地域和狭隘意识的束缚,获得了广泛的社会关系。尽管在资本主义商品经济条件下,这种交往是有限制的,但是相较于传统社会而言,仍然具有进步意义。

二是科学技术的发展为人的交往提供了有利条件。现代化的一个重要标志就是科学技术的进步。马克思在《资本论》中指出:"现代工业的技术基础是革命的,而所有以往的生产方式的技术基础本质上是保守的。"[⑤]科学技术是人

[①]《马克思恩格斯选集》第一卷,北京:人民出版社,2012年版,第169页。
[②] 陈海燕、李伟:《全球化视域下社会主义的理论与实践》,济南:山东大学出版社,2007年版,第64页。
[③]《马克思恩格斯文集》第八卷,北京:人民出版社,2009年版,第56页。
[④]《马克思恩格斯全集》第四十二卷,北京:人民出版社,1979年版,第471页。
[⑤]《马克思恩格斯全集》第四十三卷,北京:人民出版社,2016年版,第514页。

类摆脱盲目的必然性的结果,是人的本质力量的对象化。科技的发展与人本质力量的显现是同一个过程。在现代化早期,机器的广泛运用和现代工厂的迅速发展,引发了社会生产生活方式的深刻变革;进入现代,伴随着工业化基础上的信息化、数字化、智能化等的快速发展,现代化对人们生活的影响进一步加深,深刻地改变着人们的物质生活和精神生活。现代化的邮电通信、广播电视、交通运输等,极大促进了人类的国际交往与文化交流,不仅扩大了社会交往的范围,还增大了社会交往的强度,加快了社会交往的频率。

3.现代化推动着人的能力的提升

现代化彻底改变了人类知识传播的方式,推动人类知识以前所未有的方式进行更新和变革,促使人的心理状态、价值观发生变化,推动人的素质的提高。

一是现代化拓宽了人的视野。人的发展受到诸多因素的影响,比如生产力、宗教、王权、文化、社会等因素。在文艺复兴以前,封建统治和教会神学禁锢了人们的思想,文艺复兴主张个性解放,使人们极大摆脱封建思想的枷锁;继文艺复兴之后,宗教改革进一步冲击了神学对科学和自由思想的禁锢;17—18世纪欧洲出现的启蒙运动,展开了对封建专制统治和教会思想束缚的斗争,进一步解放了人们的思想。思想的解放为科学的发展和生产力的进步提供了条件,最终引发了第一次工业革命,正式拉开了世界现代化的序幕。"西方国家的现代化进程,就是以启蒙取代蒙昧、以人权取代神权,以及民主、法治、自由、平等等理念逐渐成为现代社会的支撑性思想观念的过程。"[①]现代化在一定程度上解放了人们的思想,启发人的自我觉醒,促进人有意识地向人的本质自我生成和发展,促进了人的认知能力的提升。

二是现代化推动了人的素质的提升。马克思曾谈道:"自然界没有制造出任何机器,没有制造出机车、铁路、电报、走锭精纺机等等。它们是人类劳动的产物,是变成了人类意志驾驭自然的器官或人类在自然界活动的器官的自然物质。它们是人类的手创造出来的人类头脑的器官;是物化的知识力量。"[②]现代化以其巨大的创造力改变了人与自然、人与社会的关系,以大工业和科学技术的迅猛发展改变人类征服自然的能力,使得人类更有可能认识自身在历史中的

---

① 李潘、林伯海:《中国式现代化与人的思想观念现代化探赜》,《思想理论教育》2024年第3期,第52-59页。

② 《马克思恩格斯全集》第四十六卷下册,北京:人民出版社,1980年版,第219页。

主体地位,使人不再单方面屈从于自然界。"历史不过是追求着自己目的的人的活动而已。"①历史是由人创造的,是人的本质力量发展的历史。人通过对象性活动能动地创造对象世界和创造自身,人的自觉性、自主性、能动性和创造性都在一定程度上获得了提升。

4.现代化推动着人的需要的发展

人是自然、社会和精神的统一体,需求多样且多层次。物质需求是基础且有限的,而精神文化需求则更为高级且无限。物质需求的满足会促使精神文化需求从非主导转为主导。人的自由全面发展需要满足生存性资料即物质需求,同时也需要发展性和享受性资料即精神文化需求的满足。②在《德意志意识形态》中,马克思、恩格斯指出:"我们首先应当确定一切人类生存的第一个前提,也就是一切历史的第一个前提,这个前提是:人们为了能够'创造历史',必须能够生活。但是为了生活,首先就需要吃喝住穿以及其他一些东西。因此第一个历史活动就是生产满足这些需要的资料,即生产物质生活本身,而且,这是人们从几千年前直到今天单是为了维持生活就必须每日每时从事的历史活动,是一切历史的基本条件。"③在此前提下,马克思、恩格斯进一步指明:"第二个事实是,已经得到满足的第一个需要本身、满足需要的活动和已经获得的为满足需要而用的工具又引起新的需要,而这种新的需要的产生是第一个历史活动。"④倘若人的基本生活无法得到保障,那么谈论人的自由全面发展便成为空谈。需求的产生与发展印证了人的本质力量,体现了人的内在属性,同时亦是人发展的内在要素与动力。现代化的发展推动着人的需要不断从低级到高级、由生存性需要向发展性需要和享受性需要发展。在生产力低下、社会分工不发达的时期,人的活动更多是为了满足自身生存的需要。随着大工业的发展,现代化催生了新的行业,农业社会时期的粗糙分工被现代化大生产下的精细分工和专业生产所替代,劳动也从简单的协作到分工中的结合,分工的发展进一步推动了劳动生产率的提高,个人在一定意义上有了独立地位。各国人民的收入水平和劳动环境有所提高,人的需要也随着社会的进步而不断发展。党的十八大以

---

① 《马克思恩格斯文集》第一卷,北京:人民出版社,2009年版,第295页。
② 王岩、秦志龙:《满足人民美好精神文化生活新期待》,《红旗文稿》2018年第18期,第25-27页。
③ 《马克思恩格斯选集》第一卷,北京:人民出版社,2012年版,第158页。
④ 《马克思恩格斯选集》第一卷,北京:人民出版社,2012年版,第159页。

来,我国社会生产力水平取得了显著提升。在此基础上,广大人民群众的需求已不再仅仅局限于基本物质生活的满足,而是拓展至民主、法治、公平、正义、生态环境等各个方面的美好生活追求。这些需求呈现出多样化、多层次的特点,彰显出人类发展进步的鲜明趋势。

(二)世界现代化进程中人的发展问题

现代社会的兴起,给人类生存状况带来了最广泛而深刻的影响。现代化的发展给人类带来了前所未有的进步,也带来了前所未有的苦难。世界现代化进程中先后发生了多次危机,整个人类面临着人口爆炸、恶性竞争、恐怖主义袭击等威胁,包括对自然资源的争夺与掠夺性开发等前所未有的危机。纵观整个世界现代化的历史进程,"现代化进程中始终存在着各种矛盾和冲突,如现代化的世界性与民族性的矛盾,经济全球化趋势与民族主义意识增强的冲突,'中心—边缘'型结构中发达国家与众多发展中国家利益的冲突,全球性资源、环境、人口问题,拜金主义、纵欲主义、极端个人主义、反理性主义、恐怖主义等全球性精神危机,等等。在当今和平与发展的时代主题下,这些工业化过程中的各种负效应并没有随着现代化的全球扩散而减弱,有些方面反而在日益增长"[1]。这些现代化的矛盾与冲突,折射在人的发展过程中就表现为人的发展的片面化、不平衡与不充分。

1.人的发展的片面化

一定程度上,世界现代化的进程是资本逻辑主导下的西方现代化扩张史。马克思主义经典作家基于对资本主义社会中物对人的统治和人对物的依赖性为基础的人的片面发展进行了批判。马克思在考察资本主义社会现实后,揭露了"创造了资本文明的现代西方社会在创造巨大物质财富的同时,却走上了一条使人抽象化、片面化的发展道路"[2]。资本主义在其发展初期,打破了传统社会中的人身依附关系,推动了生产力的发展,展现出资本所具有的文明特征。但是,资本主义制度的建立并没有消灭人对人的剥削和压迫,只是改变了剥削和压迫的形式,是西方社会"自由""平等"虚伪口号下工人受到的日渐深重的剥削。资本主义制度通过政治上的平等原则来合理化经济上的不平等,通过提供

---

[1] 贾建芳:《世界现代化进程的基本经验》,《江汉论坛》2003年第10期,第5-9页。
[2] 董键铭:《从人的全面发展看社会主义对资本主义的超越》,《哲学研究》2023年第2期,第16-27页。

福利措施来缓解不平等带来的负面影响,并通过强调机会平等或运气平等来分散人们对制度性不平等的关注和责任。这就造成一种假象,工人与资本家是自愿自由的买卖活动,以致资本家对工人的强迫从暴力的胁迫变为了政治的规范。①而实质上,资本主义现代化道路是不可能实现人的自由全面发展的。

资本主义现代化生产是建立在分工协作基础上的社会化生产,随着生产的社会化与生产资料资本主义私人占有之间的矛盾的加剧,资本主义国家爆发了周期性的经济危机。这些危机如同黑暗的阴影,席卷整个社会,导致银行倒闭、工厂关门、工人失业、贫困蔓延,社会治安急剧恶化,给资本主义现代化国家造成巨大灾难,生活在资本主义国家的人则也越痛苦。在资本主义私有制主导下的物质生产活动,劳动变成了"异化劳动",成为维持个人生存的手段。"对对象的占有竟如此表现为异化,以致工人生产的对象越多,他能够占有的对象就越少,而且越受自己的产品即资本的统治。"②资本的本性是追求利润的最大化,工人生产越多,劳动消耗越大,异己的力量也就越大。"分工越发达,积累越增加,这种分裂也就发展得越尖锐。"③马克思尖锐批判了西方国家的这一现象,深刻指出:"劳动为富人生产了奇迹般的东西,但是为工人生产了赤贫。"④西方现代化的发展是以工人悲惨的命运为代价的,富裕了资本家而不是工人。"在自由竞争情况下,自由的并不是个人,而是资本。"⑤尽管西方国家纷纷采取国家干预、社会福利等手段来缓解社会的贫富分化,但都是治标不治本,无法从本质上消除矛盾,不得不承认难以调和社会矛盾的事实。为此,马克思指出,私有制是产生劳动异化的根源,只有消灭私有制和消灭异化劳动,才能实现人的真正发展。要怎么消灭呢?共产主义对私有制和异化劳动的否定,是一种积极的扬弃,它保存了以往发展的全部丰富成果,"共产主义是对私有财产即人的自我异化的积极的扬弃,因而是通过人并且为了人而对人的本质的真正占有"⑥。

---

① 涂良川、钱燕茹:《马克思批判资本主义"平等分配"的政治哲学启示》,《南京社会科学》2021年第4期,第64—72页。
② 《马克思恩格斯选集》第一卷,北京:人民出版社,2012年版,第51页。
③ 《马克思恩格斯选集》第一卷,北京:人民出版社,2012年版,第208页。
④ 《马克思恩格斯选集》第一卷,北京:人民出版社,2012年版,第53页。
⑤ 《马克思恩格斯全集》第四十六卷下册,北京:人民出版社,1980年版,第159页。
⑥ 《马克思恩格斯文集》第一卷,北京:人民出版社,2009年版,第185页。

2.人的发展的不平衡

人类的交往由于世界市场的出现而被广泛地联系在一起了。由于现代化发展过程中的激烈竞争,世界范围内各种利益主体的矛盾不断被激发,生产力的状况和发展水平制约着人的交往性质、范围和水平,发展的不平衡和不公正不断显现出来。

一是不同国家、不同地区的人的发展的不平衡。世界现代化进程中,各民族国家的文明发展具有不同步性和不均衡性。据《中国现代化报告》显示,在大约50年里,发达国家降级为发展中国家的比例约为10%,发展中国家升级为发达国家的比例约为5%。约10%的发达国家降级为发展中国家,约5%的发展中国家升级为发达国家。[①]"第二次世界大战后崛起的东亚,通过后进的赶超型现代化,创造了自工业革命以来的最高经济增长速度,正在形成东亚的新兴工业化地带。这对西方的现代化理论与发展理论都提出了挑战。但对多数发展中国家来说,与发达国家的发展差距确是在不断扩大。"[②]现代化既是总体性的历史巨变,又是各个国家和民族不平衡发展的历史过程。在世界现代化的进程中,发达国家常常处于有利的地位。为了稳固其全球领导地位,西方发达国家持续致力于经济增长,通过与发展中国家之间的不平等经济交往以及对这些国家自然资源的过度开采,实现了快速的经济崛起,为其全球领导力和霸权地位提供了坚实的物质保障。资本在全球范围内的扩张主要通过两种途径实现:一是利用发达国家与发展中国家之间的发展差距,以提供援助为幌子,实则进行掠夺性开发,并转移污染性产业;二是通过操纵国际政治经济秩序,建立以发达国家为核心的全球产业分工体系,最大化对发展中国家的剥削,以满足资本内在的增长和扩张需求。[③]资本的全球扩张进一步扩大了各民族各地区间的不平等,引起了世界性贫富分化的加剧。一方面,西方发达国家占有、消耗了世界上的大部分资源,过着奢侈、浪费的生活;另一方面,则是一些国家和地区的人民缺少必要的生活资源,在生存的边缘挣扎。这种在资源占有和消耗方面的不平

[①] 何传启:《中国现代化进程的阶段划分与模式演进》,《人民论坛》2021年第24期,第16-19页。
[②] 罗荣渠:《现代化新论——世界与中国的现代化进程》,北京:北京大学出版社,1993年版,第5页。
[③] 于天宇:《马克思交往理论视域下全球生态危机实质及破解路径论析》,《东岳论丛》2022年第6期,第82-88页。

等发展模式若是得不到改善,那么世界性的平等也就不可能实现。[1]而不同国家、不同地区的人的发展不平衡的问题也就无法得到解决。

二是同一国家、同一地区的人的发展的不平衡。即使是在同一社会形态条件下,处于不同生活环境的人,其个人发展状况也会有所不同。建立在工业化、城市化的资本主义现代化道路,在其原始积累阶段就充满着剥削与暴力。马克思认为:"这种原始积累在政治经济学中所起的作用,同原罪在神学中所起的作用几乎是一样的。"[2]许多农民因此失去了他们的土地和家园,生活陷入困顿与绝望。这种情况加剧了社会阶层之间的矛盾和裂痕,造成了社会结构的不平等和紧张。正如马克思所言,资本来到世间,每个毛孔都滴着血和肮脏的东西。当完成原始积累之后,为了攫取越来越多的剩余价值,资本开始不断扩大在空间规模上的积累。这样就导致"资本家积累得越多,他就越能更多地积累"[3]。因此,资本在空间领域的非均衡发展愈发显著。随着现代化的推进,"资本主义将一国的经济发展的不平衡扩展到世界范围,把一国资本主义发展中的两极分化扩展到世界范围,使一些国家和一部分人走向贫穷化"[4]。资本制造出现代社会中的不平衡,而这种不平衡恰恰构成了资本主义生产方式维持自身生存的基本条件。[5]从这个意义上来说,只要在资本主义制度条件下,人也就无可避免地存在发展不平衡的问题。要实现人的自由全面发展,出路就在于摆脱资本主义现代化道路。由于历史的原因,现实的社会主义并不是建立在资本主义生产力充分发展的基础上的,没有经过高度发达的资本主义现代化发展阶段。社会主义现代化所追求的人的发展进步,也是需要以社会生产力的巨大发展为前提的。当前,我国社会的主要矛盾是人民日益增长的美好生活需要和不平衡不充分的发展之间的矛盾。发展的不平衡不充分,也是人的自由全面发展最主要的

---

[1] 程新英:《发展的意蕴:发展观的历史嬗变与科学发展观的当代价值》,北京:中国社会科学出版社,2006年版,第218页。
[2]《马克思恩格斯全集》第四十三卷,北京:人民出版社,2016年版,第767页。
[3]《马克思恩格斯选集》第二卷,北京:人民出版社,2012年版,第263-264页。
[4] 陈海燕等:《全球化视阈下的社会主义与资本主义:两种制度关系发展规律研究》,北京:学习出版社,2013年版,第61页。
[5] 陈良斌:《思想史视域下资本主义的不平衡地理发展探微》,《华中科技大学学报》(社会科学版)2013年第4期,第14-21页。

制约因素,究其根源,在于经济发展与其他方面发展的不平衡。①新时代比以往任何时代都更加接近人的自由全面发展的现实要求,虽然我们现在还达不到马克思、恩格斯所预想的人的自由全面发展的理想状态,但是从过程上来讲,推动人的自由全面发展的实践已经在开展。②

3.人的发展的不充分

"近代以来,一方面是科学、技术、工业巨大发展带来的社会财富骤增和人类生活水平的真正提高;另一方面是生活和意识分裂,带来矛盾的加剧,人身处各种冲突之中,动荡不宁""人们只有解决劳动与享受、手段与目的、努力与报酬之间的各种矛盾,才能建立起一种保证自己本质和谐的生活方式"。③现代化的发展虽然对人的发展起到了很大的推动作用,但受制于不发达的生产力、不公平的教育资源等各种因素影响,人的发展仍然面临着不充分的问题。"在理论上,人的全面发展是人的本质力量的全面发展和充分发挥。要实现这一点需要人作为总体对其本质力量的全面占有以及对社会关系的全面支配,即人不仅要充分占有自己的自然本质,而且要全面支配自己的社会本质。在趋向人的全面发展的过程中,类与个人发展的矛盾是人的发展基本矛盾,在阶级社会中这一矛盾主要表现为'人的发展利益'之间的矛盾,统治阶级的个人发展是以限制或牺牲被统治阶级的个人发展为代价的,因而人的发展利益的失衡是常态。"④在资本主导的社会中,人陷入"对物的依赖"陷阱中,"表现为为了某种纯粹外在的目的而牺牲自己的目的本身"⑤。这种"着了魔的、颠倒的、倒立着的世界"⑥割裂了个人与社会之间的关系,造成了人的精神价值的缺失。资本的现代化创造出一个资本的"新世界",人们的物欲如同宗教信仰般虔诚地屈从于商品、货币和

---

① 关雷:《新时代社会主要矛盾与人的发展——中国人学学会第二十届年会综述》,《山东社会科学》2018年第12期,第2页。
② 陈新夏:《人的发展视域中的美好生活需要》,《华中科技大学学报》(社会科学版)2018年第4期,第19-20页。
③ 成海鹰:《生态危机与新时代生活理念重塑》,《思想战线》2022年第4期,第20-28页。
④ 尹庆双、肖磊、杨锦英:《人的全面发展:时代特质、内涵延展与理论意义》,《政治经济学评论》2023年第6期,第102-126页。
⑤《马克思恩格斯选集》第二卷,北京:人民出版社,2012年版,第740页。
⑥《马克思恩格斯选集》第二卷,北京:人民出版社,2012年版,第646页。

资本面前,对生命的认知大幅度倒退,陷入虚无主义的精神陷阱。[1]受攀比之风、拜金主义等对物的过分依赖的负面因素影响,人的主体性和创造性在范围和程度上都未得到全面深度的发挥,直接影响了人的自由全面发展。[2]同时,由于发展中的资源分配不均和社会贫富差距,造成了一部分人无法获得充分发展的机会;社会资源如医疗、教育、养老等不足,导致个体面临各种困难,难以充分发挥自身潜能;对自我认知不足等,导致个体无法充分认识和发挥自己的主观能动性、创造性和自主性。这些问题又反过来进一步影响人的发展。首先,人们为了在竞争日益激烈的社会中获得更多的机会,特别是获得更好的职业发展,有时候不得不限制自身的选择和发展空间,也就无法充分发挥自己的潜能;其次,由于经济、宗教、政治、战争等社会环境因素,人与人可能无法建立健康、和谐的人际关系,从而无法在社会中发挥更多积极的作用;最后,为了得到更好的物质保障和生活条件,部分人忽视精神文化的培育,失去对精神生活的追求,继而在精神层面相对更可能陷入焦虑迷茫等消极情绪,不利于人的发展。当然,人的发展是现代化发展过程中诸多因素共同作用的复合过程,在此无法一一列举和论证每一个因素对人的发展的影响,但总的来说,随着社会现代化水平的不断提升,人的自由全面发展也在持续推进。

三、世界现代化进程中人的发展反思

现代化既有共性的发展,也有个性的发展。它促使世界规模的社会化大生产和大交往格局的形成,建立了统一的世界经济体系,在全球范围内进行资源配置,促进了世界经济的繁荣与发展,推动了人类文明的发展。世界现代化的历程,是不同文明竞争与共存的过程,也是不同文化冲撞与交融的过程,是不同民族、不同国家在保有自身特质的同时对其他民族、其他国家文明吸收扬弃的过程。从人类社会历史长河中可以看到,人的发展过程与现代化的进程是一致的,与社会生产力的发展、政治文明的进步、文化的发展以及自然环境的发展等息息相关,是一个相互促进、相互影响的历史过程。世界现代化是一个漫长的

---

[1] 相雅芳、丁晓强:《中国式现代化何以可能:马克思对资本主义现代化的批判及启示》,《求是学刊》2023年第5期,第14—23页。
[2] 孙建华、崔媛媛:《新时代马克思主义人学中国化的特点及发展趋势》,《理论视野》2018年第10期,第80—83页。

历史过程,也是一个动态开放的现实过程,还处于未完成的状态。人的发展与实践活动、交往关系相互作用,与历史发展的阶段相关联,也表现出一定的阶段性和相对性,仍需要在漫长的历史过程中逐步实现。回顾数百年来世界现代化跌宕起伏的历史进程,特别是对世界现代化进程中人的发展教训进行深刻反思,同时对当代世界各国现代化的科学实践与先进理论进行总结,特别是对中国式现代化促进人的自由全面发展的宝贵经验进行总结,以期更好思考现代化与人的关系,更好地推动人的自由全面发展。

(一)充分解放和发展生产力促进人的发展

习近平总书记在主持中共十八届中央政治局第四十三次集体学习时指出:"时代在变化,社会在发展,但马克思主义基本原理依然是科学真理。尽管我们所处的时代同马克思所处的时代相比发生了巨大而深刻的变化,但从世界社会主义500年的大视野来看,我们依然处在马克思主义所指名的历史时代。这是我们对马克思主义保持坚定信心、对社会主义保持必胜信念的科学根据。"[1]这一论断阐明了当前仍然需要从马克思主义的理论视域重新审视资本主义现代化的困境,并站在新的历史方位来思考人类真正光明的未来。马克思根据社会主体的人的发展状况,将人类历史划分为人的依赖性社会、物的依赖性社会和个人全面发展的社会三种依次更替的社会形态。只有摆脱人的依赖关系和物的依赖关系,才能真正实现每个人自由全面的发展。而要实现这一点,就必须消灭阶级压迫和剥削,解放和发展生产力。生产力是人类在征服自然和改造自然过程中所体现出的物质力量,它贯穿于人类生产活动的全过程,既是人与自然相互作用的结果,同时也离不开人与人之间的互动。在影响人类发展变化的诸多因素中,生产力具有最为基础和活跃的地位。生产力的发展程度标志着人类从自然界的束缚中解脱出来的程度,使人类成为自然界真正的主人并确立起自身的主体地位。若没有生产力的充分发展,便无法摆脱人的狭隘性和依赖性。人的自由全面发展必须建立在生产力高度发展的基础之上,"生产力的这种发展(随着这种发展,人们的世界历史性的而不是地域性的存在同时已经是经验的存在了)之所以是绝对必需的实际前提,还因为如果没有这种发展,那就只会有贫穷、极端贫困的普遍化;而在极端贫困的情况下,必须重新开始争取必

---

[1]《习近平谈治国理政》第二卷,北京:外文出版社,2017年版,第66页。

需品的斗争,全部陈腐污浊的东西又要死灰复燃"①。同时,"只有随着生产力的这种普遍发展,人们的普遍交往才能建立起来"②。生产力的发展决定着生产关系和其他一切社会关系的变更,直接影响着人的发展状况。当然,马克思也否认将生产力尺度作为社会发展的唯一尺度,避免"庸俗经济论"的沼泽。

马克思从唯物史观的角度出发,明确指出生产力和社会关系,作为社会个人发展的两个不同方面,在资本主义体系下仅被视为实现生产目的的手段。然而,实际上,这两者构成了推翻资本主义基础所必需的物质条件。③资本主义生产方式,作为完成这一历史使命的自然历史形式,其基础并非在于为了维持或扩大某种特定状态而发展生产力,"相反,在这里生产力的自由的、无阻碍的、不断进步的和全面的发展本身就是社会的前提,因而是社会再生产的前提;在这里唯一的前提是超越出发点"④。生产力的进步是推动社会变革和更替的核心动力。正是在资本主义社会大生产的背景下,共产主义这种新的社会形态才有可能成为现实。资本主义社会的物质积累为新的社会形态——共产主义社会的诞生提供了土壤。⑤在马克思的政治经济学批判论域中,资本主义存在自身无法克服的内在矛盾。"社会需要"增长速度难以跟上资本扩张的步伐,当这种差距扩大到一定程度,加之全球市场利润空间被阶段性攫取殆尽,便会爆发全球范围的经济危机。⑥现代化条件下资本主义基本矛盾在全球范围内扩展,经济危机发生的频率越来越快、波及的范围越来越广、影响的程度也越来越深。马克思、恩格斯早就阐明,"工人革命的第一步就是使无产阶级上升为统治阶级,争得民主"⑦。"无产阶级将利用自己的政治统治,一步一步地夺取资产阶级的全部资本,把一切生产工具集中在国家即组织成为统治阶级的无产阶级手里,并且尽可能快地增加生产力的总量。"⑧无产阶级政党的领导既是一定经济基础之上的必然要求,也反过来对经济基础产生重要反作用;使得资本服务于

---

① 《马克思恩格斯选集》第一卷,北京:人民出版社,2012年版,第166页。
② 《马克思恩格斯选集》第一卷,北京:人民出版社,2012年版,第166页。
③ 《马克思恩格斯选集》第二卷,北京:人民出版社,2012年版,第784页。
④ 《马克思恩格斯文集》第八卷,北京:人民出版社,2009年版,第169页。
⑤ 何玲玲:《马克思人的发展与社会发展关系理论研究》,北京:人民出版社,2014年版,第139页。
⑥ 黄相怀:《论资本的逻辑、资本主义的困境与中国特色社会主义的自觉——兼论"我们依然处在马克思主义所指明的历史时代"》,《社会主义研究》2020年第3期,第52-59页。
⑦ 《马克思恩格斯选集》第一卷,北京:人民出版社,2012年版,第421页。
⑧ 《马克思恩格斯选集》第一卷,北京:人民出版社,2012年版,第421页。

社会,而不是社会受制于资本,这也是无产阶级政党领导的最重要政治功能。中国之所以能发挥资本的作用而没有产生资本逻辑之困境,关键就在于社会主义这一关键"定性"因素。①而要达到"现代社会主义力图实现的变革,简言之就是无产阶级战胜资产阶级,以及通过消灭一切阶级差别来建立新的社会组织。为此不但需要有能实现这个变革的无产阶级,而且还需要有使社会生产力发展到能够彻底消灭阶级差别的资产阶级"②。"只有在社会生产力发展到一定程度,发展到甚至对我们现代条件来说也是很高的程度,才有可能把生产提高到这样的水平,以致使得阶级差别的消除成为真正的进步,使得这种消除可以持续下去,并且不致在社会的生产方式中引起停滞甚至倒退。但是生产力只有在资产阶级手中才达到了这样的发展程度。可见,就是从这一方面说来,资产阶级正如无产阶级本身一样,也是社会主义革命的一个必要的先决条件。"③从这里看出,革命就是解放生产力。资本主义社会内部孕育和形成了社会主义因素。在世界现代化的历史长河中,资本主义现代化为了适应生产社会化的发展需求,在资本主义许可的范围内,其生产关系的各个环节、经济社会运行机制以及政治上层建筑等方面作了一些调整与改良。这些调整包括借鉴社会主义的某些实践,以更好地容纳社会生产力的继续发展,并寻求缓和阶级矛盾的途径。然而,正如马克思所指出,当资本主义社会的生产力还以整个资产阶级生产关系范围内所能达到的速度蓬勃发展的时候,真正的革命尚未到来。要实现社会主义对资本主义的历史性替代,仍需经历一段复杂而漫长的过程。④为此,习近平总书记强调:"我们要深刻认识资本主义社会的自我调节能力,充分估计到西方发达国家在经济科技军事方面长期占据优势的客观现实,认真做好两种社会制度长期合作和斗争的各方面准备。在相当长时期内,初级阶段的社会主义还必须同生产力更发达的资本主义长期合作和斗争,还必须认真学习和借鉴资本主义创造的有益文明成果,甚至必须面对被人们用西方发达国家的长处来

---

① 黄相怀:《论资本的逻辑、资本主义的困境与中国特色社会主义的自觉——兼论"我们依然处在马克思主义所指明的历史时代"》,《社会主义研究》2020年第3期,第52-59页。
② 《马克思恩格斯选集》第三卷,北京:人民出版社,2012年版,第323页。
③ 《马克思恩格斯选集》第三卷,北京:人民出版社,2012年版,第323页。
④ 本刊记者:《从科学社会主义视角看当代资本主义新变化——访徐崇温研究员》,《科学社会主义》2005年第3期,第3-7页。

比较我国社会主义发展中的不足并加以指责的现实。"[1]

"破解难题,关键要加快发展。"[2]只有发展,才能给人民带来高质量的生活和尊严。世界现代化在历史上的共性,是通过各民族、各国家现代化的个性表现出来的。各国根据自己的国情塑造出不同的现代化发展速度、发展轨迹以及发展形态,但都始终强调一条,发展是现代化建设的第一要义。发展作为核心、目标,是人类社会存在和发展的根本要求,也是历史唯物主义的根本观点。[3]现代化寄托着人们对美好生活的向往,每个国家的人民都有追求现代化的权利。世界现代化进程不应使富者愈富、贫者愈贫。然而,当前南北差距、复苏分化、发展断层、技术鸿沟问题愈发严峻,人类发展指数30年来首次下降,国际发展事业面临巨大挑战。弥补发展赤字成为摆在世界各国面前的艰巨任务,走共建共享共赢的现代化之路正是破解问题之道。要增强现代化成果的普惠性,坚持共享机遇、共创未来,特别要关注发展中国家的特殊需求,保障发展中国家正当发展权益,提高其国际话语权,着力解决国家间和各国内部发展不平衡不充分问题,提高发展的平衡性、协调性、包容性,使每个国家都成为全球发展的参与者、贡献者、受益者,使各具特色的现代化事业汇聚成推动世界繁荣发展、人类文明进步的时代洪流。[4]

现代化可以说是生产力发展进程的一个重要形态,代表了工业革命之后人类社会所发生的深刻变化。这样的现代化以经济现代化为基础,进一步推动政治、社会、文化等方面的现代化。[5]生产力不仅是一种人类历史传承的既有力量,更是一种改造外在世界和变革社会关系的创新力量;既是人类对自身实践能力传统的有效继承,更是人类自身智慧和创造能力不断发展的充分体现。[6]生产力从来都不是从虚空中产生,而是扎根于社会历史的物质现实。[7]回看世界现代化的历史进程,"自第二次世界大战以来,世界上只有13个经济体实现

---

[1]《习近平著作选读》第一卷,北京:人民出版社,2023年版,第84页。
[2]《习近平外交演讲集》第一卷,北京:中央文献出版社,2022年版,第372页。
[3] 孙运福:《发展是硬道理》,《中央财经大学学报》1998年第9期,第7-10页。
[4] 曹平:《合力推进世界现代化进程》,《人民日报》2023年12月8日第9版。
[5] 乔榛、徐宏鑫:《生产力历史演进中的新质生产力地位与功能》,《福建师范大学学报》(哲学社会科学版)2024年第1期,第34-43、168页。
[6] 罗建文:《新质生产力是马克思主义生产力理论的新发展》,《学术交流》2024年第4期,第5-20页。
[7] 刘冰菁:《生产力为什么是人与自然的历史关系?》,《广西大学学报》(哲学社会科学版)2022年第1期,第49-54页。

增长突破最终成为高收入经济体,而其他经济体普遍停滞在低收入或中等收入水平。"[1]总结取得成功的国家和地区,大都是在经济高速增长阶段之后实现了经济发展从量的扩张转向质的提高;而那些徘徊不前甚至倒退的国家,就是没有实现这种根本性转变。经济发展是一个螺旋式上升的过程,上升不是线性的,而是必须实现从量的积累到质的提升,这是经济发展规律的必然要求。这可以从美国、英国和日本等国家的经验中得以证明,经济高质量发展的核心是创新驱动,构建有利于科学发现、技术发明和产业创新的制度至关重要,加强创新人才培养和高端人才引进、注重发挥政府在重大科技研发中的引导作用以及构建良好的创新生态环境是推动经济高质量发展的关键。[2]推动高质量发展是遵循经济发展规律、保持经济持续健康发展的必然要求。而新质生产力是高质量发展的重要标志,发展新质生产力就意味着对生产力各要素有更高更新的质量要求,必然表现为革命性的科技创新、生产要素配置更优化、产业结构转型更先进,并大幅度改写其中劳动者、生产资料、劳动对象的内容,大幅度提高全要素生产率,这就对促进技术突破,要素结构、技术结构、企业结构、产业结构等供给侧结构性改革,以及各项改革措施的衔接配套和综合联动提出了更高要求。也就是在这个意义上,发展新质生产力既是经济社会发展的期待,也是深化改革、扩大开放的契机。[3]在社会主义条件下,发展新质生产力内含更加丰富的人本内蕴属性,本质是解放人、发展人、成就人的生产力[4],是推动劳动者解放和自身能力充分释放的生产力。生产力本身的发展和解放与劳动者个体发展和解放进程逐步统一,随着生产力的巨大发展,由这种发展所引起的工作时间的缩短,也就意味着个人发展的自由时间的增多,人的发展也必将达到新的水平。

(二)不断完善全球治理体系保障人的发展

国际环境和国际秩序对任何追求现代化的民族和地区都至关重要。它们像是一张无形的网,任何国家和民族在现代化进程中都难免受其影响。这是历

---

[1] 陈斌开、伏霖:《发展战略与经济停滞》,《世界经济》2018年第1期,第52-77页。
[2] 赵西君、宋金平、郭剑锋等:《全球视域下以经济高质量发展推进中国式现代化的经验借鉴和路径选择》,《经济地理》2024年第2期,第1-9页。
[3] 肖巍:《从马克思主义视野看发展新质生产力》,《思想理论教育》2024年第4期,第12-19页。
[4] 郭万超:《论新质生产力生成的文化动因——构建新质生产力文化理论的基本框架》,《山东大学学报》(哲学社会科学版)2024年第4期,第25-34页。

史规律，无法避免。西欧的现代化历程，实际上是一部通过海外扩张和殖民统治积累资源和市场的历史。它们通过这种方式实现了现代化，但这也意味着对广大其他地区的资源掠夺和市场占领。这种海外扩张不仅克服了西欧自身的局限，也塑造了有利于它们的国际环境。然而，对于那些后来追求现代化的国家来说，它们不仅要面对不利的国际环境，还要应对由西方国家构建的不公平的国际秩序，这导致这些后发展国家往往陷入依附和边缘的境地。[1]西方发达国家因其经济领先地位和强大的军事实力，主导着全球治理的核心国际组织，并制定了偏向性的国际协议。不论是政府间的国际组织，还是各类非政府组织，其主导权大多掌握在西方发达国家手中。特别是世界经济秩序影响较大的三大国际经济组织，即世界银行、世界贸易组织和国际货币基金组织，亦被发达国家所主导。这些组织所制定和执行的经济规则和制度常常忽视发展中国家的利益，而更多地迎合发达资本主义国家资产阶级的需求。[2]不平等的世界秩序加大了原有的贫富差距，穷国越来越穷，富国越来越富。第三世界国家不得不承受国际经济制度与规则的不平等，甚至有部分国家的主权受到分割的困扰。这种状况既不利于世界现代化进程的推进，更不利于人的发展。

社会是人的活动的基础和前提，人在历史活动中创造了社会和社会关系，并在这些关系中塑造自身。社会制度环境是人的发展的制约因素，而制度的进步为人的发展提供了背景。现代化本身就是世界新秩序的重建过程，涉及政治、经济、文化等多个层面，是客观历史进程与主观努力的结合。"世界现代化日益呈现的市场化、民主化、城市化、绿色化、法制化、全球化共性趋势应该得到维护和延续，与之相应的世界现代化的治理重点是推动国际关系的民主化、全球市场的畅通，构建以国际法为基础的国际秩序，共建清洁美丽的世界。"[3]但是，在"谁来治理、治理什么、如何治理"等核心问题上，尽管诸多新兴的发展中国家在国际上的话语权逐年增加，但依然处在"西方中心论"的话语体系中。这与全球治理的历史发展演进是密不可分的。全球论理与西方资本的海外扩张密切相关，是为了开拓市场空间来实现资本增殖的衍生品。西方模式下的全球治

---

[1] 邱亿通：《现代化的历史趋势与价值选择》，北京：人民出版社，2004年版，第45页。
[2] 刘娜：《全球化进程中的意识形态问题研究》，北京：知识产权出版社，2013年版，第84页。
[3] 陈伟光：《治理视角下的中国式现代化与世界现代化》，《中国人民大学学报》2024年第2期，第44-55页。

理,虽然采用市场手段拓宽了治理空间,通过淡化主权构建了治理体系,并以"普世价值"传播治理理念,但这些做法并未对全球性问题的解决产生实质性帮助,反而对发展中国家的合法权益造成了严重侵害。[1]

当前,世界正处于新的动荡变革期,全球范围内新旧问题交织,复杂矛盾叠加,面临着前所未有的挑战和困境。国际金融犯罪、跨境恐怖主义、疾病传播、环境污染等大量全球性的问题超越了国家界限,全球治理体制变革处于历史的转折点。一方面,全球治理赤字更加严峻,能源危机、粮食危机、债务危机等不断加剧,全球气候治理紧迫性凸显,数字鸿沟日益扩大,人工智能治理缺位;另一方面,发达国家没有足够的能力和意愿提供全球公共产品,又不愿意向发展中国家让渡更多权力,造成了全球治理的供需失衡。面对不断加剧的全球治理赤字,越来越多的国家意识到,世界上的事情需要各国共同商量着办,需要各个国家联合起来共同面对,仅仅依靠某个国家的力量是不能解决问题的,建立国际机制、遵守国际规则、追求国际正义成为多数国家的共识。[2]世界形势虽复杂多变,充满挑战,但多极化趋势下的全球治理体系改革和建设仍"危中有机"。建立公正合理的全球治理体系,是多数国家的共同愿望,也是推动全球治理体系公正合理的必然要求。全球治理体系是现代世界秩序与国际体系的核心构成要素,决不能采取苦等资本历史极限降临而借资本的总体扬弃来实现全球治理体系变革的"自然过渡",也不能寄希望于资产阶级的良心发现与道德自觉,而应发挥历史主动、积极作为,运用更强大的现实物质力量推动全球治理体系变革。[3]

世界秩序关乎所有国家的发展命运,人需要在一个公平竞争的世界秩序中发展。为破解全球治理这一极具挑战性的世界难题,建构主义、新自由主义等各种学说都曾进行过探索,但都没有跳出世界之乱的历史逻辑和实践逻辑。[4]习近平总书记指出,"什么样的国际秩序和全球治理体系对世界好、对世界各国人民好,要由各国人民商量,不能由一家说了算,不能由少数人说了算。中国将积极参与全球治理体系建设,努力为完善全球治理贡献中国智慧,同世界各国

---

[1] 孙志伟:《西方式全球治理的逻辑陷阱与中国应对》,《教学与研究》2024年第1期,第114-123页。
[2] 和音:《坚持共商共建共享的全球治理观》,《人民日报》2024年1月9日第3版。
[3] 徐艳玲、李文勇:《人类命运共同体理念对资本主义全球治理体系的超越——基于资本逻辑的反思与批判》,《云南社会科学》2023年第5期,第30-38页。
[4] 周小毛:《人类命运共同体的全球治理价值意涵》,《求索》2023年第5期,第35-41页。

人民一道,推动国际秩序和全球治理体系朝着更加公正合理方向发展"[1]。中国作为一个负责任大国,近年来先后提出"全球发展倡议""全球安全倡议"和"全球文明倡议"(下文简称"三大全球倡议"),旨在推动全球治理体系改革朝着更加公正合理的方向发展。"三大全球倡议"致力于提升全球人民的共同福祉,秉持人民至上的原则,兼顾发展与安全,强调以发展促安全、以安全保发展,突出发展重要性,推动构建持久安全、共同繁荣的世界。[2]中国不仅是"三大全球倡议"的提出者,更是积极践行者。比如,2024年4月15日,中共中央政治局委员、中华人民共和国外交部部长王毅同来华正式访问的中非共和国外长拜波在北京举行会谈,就双边关系及共同关心的国际问题进行了富有成效的交流,特别是就"三大全球倡议"深入交换意见,达成共识。[3]再如,针对中东乱局,习近平总书记认为,"化解分歧,关键要加强对话。武力不是解决问题之道,零和思维无法带来持久安全。对话过程虽然漫长,甚至可能出现反复,但后遗症最小,结果也最可持续。冲突各方应该开启对话,把最大公约数找出来,在推进政治解决上形成聚焦。国际社会应该尊重当事方、周边国家、地区组织意愿和作用,而非从外部强加解决方案,要为对话保持最大耐心,留出最大空间"[4]。这一方案坚持以发展促和平,倡导在追求对话和发展的道路上寻找希望,是促进地区稳定和发展的公共产品,在世界各国各地区引起了强烈共鸣。新时代中国已从全球治理的参与者、建设者向引领者转变。[5]"三大全球倡议"是在中国现代化发展的背景下提出的全球治理新思维,打破了"现代化=西方化"的迷思,从根本上摒弃了西方现代化以武力掠夺和殖民统治落后国家和民族的发展路径。这一新思维为克服西方现代化的历史局限性提出了切实有效的解决策略,为当前处于变革与动荡之中的国际社会提供了全球治理的实践方案。[6]世界各国应该携手共建国际格局新秩序,推动国际秩序朝着更加公正合理、稳定有效的方

---

[1]《十八大以来重要文献选编》下,北京:中央文献出版社,2018年版,第353页。
[2] 韦红、郝雪:《"三大全球倡议":全球治理新思维及推进路径》,《社会主义研究》2023年第6期,第164-172页。
[3]《中华人民共和国外交部和中非和国外交部关于共同推动落实三大全球倡议的联合声明》,《人民日报》2024年4月16日第3版。
[4]《习近平外交演讲集》第一卷,北京:中央文献出版社,2022年版,第372页。
[5] 马超:《论新时代中国在全球治理中的贡献》,《学习与探索》2022年第4期,第44-51页。
[6] 杨鲁慧:《三大全球倡议:中国式现代化视域下的全球治理观》,《亚太安全与海洋研究》2023年第5期,第18-33页。

向发展,为人的发展提供更坚实的保障,推动人的自由全面发展。

(三)开展不同文明交流互鉴推动人的发展

在《詹姆斯·穆勒〈政治经济学原理〉一书摘要》中,马克思指出:"人的本质是人的真正的社会联系,所以人在积极实现自己本质的过程中创造、生产人的社会联系、社会本质,而社会本质不是一种同单个人相对立的抽象的一般的力量,而是每一个单个人的本质,是他自己的活动,他自己的生活,他自己的享受,他自己的财富。"[1]人与人的关系是个人在积极实现其存在时的直接产物。人是社会性存在,"人对自身的关系只有通过他对他人的关系,才成为对他来说是对象性的、现实的关系"[2]。伴随着生产力特别是资本主义工业大生产的普遍发展导致分工的扩大,促进了交换的发展与世界市场的形成,交往扩大为各民族之间的普遍交往。[3]民族交往是人与人的交往在民族间的延伸。不同民族的共性特征为它们的文化交往提供了共同的精神基础,而各民族文化的异质性也促使各民族形成自身独特的文化禀赋。[4]世界市场的出现,使得生产力进一步发展,社会分工更为广泛,大工业更加无情地打破了地区和民族之间的屏障,"各民族的原始闭关自守状态则由于日益完善的生产方式、交往以及因此自发地发展起来的各民族之间的分工而消灭得愈来愈彻底,历史就在愈来愈大的程度上成为全世界的历史"[5],所有国家和个人都被纳入了世界体系。"大工业创造了交通工具和现代的世界市场,控制了商业,把所有的资本都变为工业资本,从而使流通加速(货币制度得到发展)、资本集中。大工业通过普遍的竞争迫使所有个人的全部精力处于高度紧张状态。它尽可能地消灭意识形态、宗教、道德等等,而在它无法做到这一点的地方,它就把它们变成赤裸裸的谎言。它首次开创了世界历史,因为它使每个文明国家以及这些国家中的每一个人的需要的满足都依赖于整个世界,因为它消灭了各国以往自然形成的闭关自守的状态。"[6]任何民族、

---

[1]《马克思恩格斯全集》第四十二卷,北京:人民出版社,1979年版,第24页。
[2]《马克思恩格斯选集》第一卷,北京:人民出版社,2012年版,第59页。
[3] 惠春琳:《文明交流互鉴的理论逻辑与实践启示》,《山东大学学报》(哲学社会科学版)2022年第2期,第97-107页。
[4] 赵波、张春和:《论"一带一路"战略的文化意蕴——基于世界文化交往思想的视角》,《学术论坛》2016年第1期,第135-139页。
[5]《马克思恩格斯全集》第三卷,北京:人民出版社,1960年版,第51页。
[6]《马克思恩格斯选集》第一卷,北京:人民出版社,2012年版,第194页。

任何国家都摆脱不了世界市场的运行机制,更不能拒斥普遍交往。传统的区域性交往及区域间的间隔无一不被打破。世界交往的产生与发展取决于生产力的充分发展,是一种适应生产力发展新阶段的交往形式。同时,世界历史的形成和发展为共产主义的实现提供了条件与路径。马克思、恩格斯指出,共产主义"是以生产力的普遍发展和与此相联系的世界交往为前提的"[1]。而也只有共产主义才能实现各民族之间的真正平等,才能使民族和国家的交往更为密切与普遍,并最终使得历史真正成为"世界历史"。[2]

交往是现实的人的交往。文化不仅揭示现实,成为现实的真实写照,更对现实产生深远影响。马克思关于交往概念的论述,广泛涵盖了政治、经济、军事、文化等诸多领域,不仅包括物质交往,也包括精神交往。在当今国际政治舞台上,文化作为精神载体的角色日益凸显,受到了广泛关注。[3]人类文明在交往中形成,因交往而发展。在资本主义现代化背景下,因资本控制下的物质交往上升到世界文明交往层面时,"异化劳动"的影响也会随之扩大。"列强力图奴役其他民族,掠夺殖民地,以获得原料产地和资本输出场所。"[4]在这一过程中,"异化"还升级为残酷的战争和奴役,资本也抛开它"伪善的和平"。比如,美国为了维护其金融霸权和石油主导权,不仅在全球范围内煽动战火,以攫取资源,更针对中国发动了贸易战。这一严峻现实无疑提醒我们,受资本驱动的物质文明交流,非但无法推动世界历史与人类文明的进步,反而可能构成阻碍。同样,资本逻辑规制下的精神文明在打破文化隔阂、创造"世界文学"的同时,也走向"西方中心主义"。精神文明交往就沦为了"异化"的交往,人与人的矛盾也会加剧。尽管西方思想家们始终在寻找这些问题的答案,但他们忽视了"人们的想象、思维、精神交往在这里还是人们物质行动的直接产物"[5],陷入了抽象的精神文明交往。[6]在唯物主义历史观视角下,并不是不同文明民族或国家之间的冲突导

---

[1]《马克思恩格斯文集》第一卷,北京:人民出版社,2009年版,第539页。
[2] 彭萍萍:《马克思恩格斯的世界交往理论及其当代价值》,《当代世界与社会主义》2007年第2期,第41-45页。
[3] 彭萍萍:《马克思恩格斯的世界交往理论及其当代价值》,《当代世界与社会主义》2007年第2期,第41-45页。
[4]《列宁全集》第二十一卷,北京:人民出版社,1959年版,第324页。
[5]《马克思恩格斯选集》第一卷,北京:人民出版社,2012年版,第151页。
[6] 李包庚、郭石北川:《世界文明交往的时代逻辑》,《浙江学刊》2024年第1期,第14-22页。

致了当今世界的格局与秩序,而是不同文明民族或国家之间的交往与融合的广度与深度形成了当今世界的格局与秩序。从根本上讲,就是不同文明民族或国家在生产力发展水平与经济发展程度上的差异,最终决定了当前世界的格局与秩序。①西方文明在近代以来的先发优势,的确为人类社会的进步与繁荣注入了活力。然而,它并没有带来和平与安全。如果没有其他文明或重要理念对西方文明进行修正,那么全球化的世界就可能让一战与二战那样反文明的历史重演。②在当前世界正经历百年未有之大变局的背景下,资本主义主导的文明交往陷入"失效"困境,无法解决世界文明所面临的挑战。从历史与发展的角度审视,唯有重塑文明交往模式,构建"以文明交流超越文明隔阂,以文明互鉴超越文明冲突,以文明共存超越文明优越"③的人类文明新形态,并通过传播、推广、落实人类命运共同体理念,才能最终实现"美美与共,天下大同"的人类文明交往新篇章。④

在人类文明发展的各个历史阶段,文明呈现出不同的表现形式。即使在同一发展阶段,文明类型也呈现出多样性。文明的多样性表现在各个国家与地区人民在经济、社会、文化等方面的独特优势和特色。正是这种多样性激发人们相互借鉴、学习、互补长短,从而跨越地域,实现共同进步。人是一种文化性存在。"人的发展不能脱离人类文明的大道。全面发展的人,应自觉接受人类文明成果的滋养,立足于人类文明的制高点,具备世界意识和眼光,具有全面的社会关系和普遍的交往。"⑤人类文明多样性是世界的基本特征,也是人类进步的源泉。文明存在差异是客观现实,但差异不应该成为世界冲突的根源。然而,直到今天,一些文明总是试图凌驾于其他文明之上,"仍有一些人认为西方文化优于其他文化,他们经常称莎士比亚、弥尔顿、贝多芬、莫扎特、伦勃朗、塞万提斯、莫里哀等人的作品是唯一的、无可比拟的人类文明的巅峰"⑥。事实上,文明从来不应该有高低、优劣之分,只有特色、地域之别。"在各国前途命运紧密相连的今天,不同文明包容共存、交流互鉴,在推动人类社会现代化进程、繁荣世界文

---

① 戴圣鹏:《文明交往与融合中的文明冲突》,《人文杂志》2017年第7期,第22-27页。
② 张志洲:《文明交流互鉴与全球秩序的重塑》,《当代世界》2023年第4期,第29-35页。
③ 《习近平外交演讲集》第二卷,北京:中央文献出版社,2022年版,第108页。
④ 李包庚、郭石北川:《世界文明交往的时代逻辑》,《浙江学刊》2024年第1期,第14-22页。
⑤ 陈新夏:《人的发展的世界视野和中国特色》,《马克思主义研究》2007年第9期,第41-46页。
⑥ 努西尔万:《推动文明交流互鉴共建人类命运共同体》,《当代世界》2023年第4期,第68-70页。

明百花园中具有不可替代的作用。"①文明因交流而多彩,文明因互鉴而丰富。文明交流互鉴是文明发展的本质要求,不同文明交流交融才能共同进步。"文明交流互鉴,是推动人类文明进步和世界和平发展的重要动力。"②文明互鉴是对"文明冲突论""文明等级论"等错误论调的有力回应,是世界现代化进程中维持人类文明共生共存状态的必然要求。每一种文明都有其世界关怀,并且在现实传播与发展中延续着这一价值追求。正如习近平总书记所说:"人类创造的各种文明都是劳动和智慧的结晶。每一种文明都是独特的。在文明问题上,生搬硬套、削足适履不仅是不可能的,而且是十分有害的。一切文明成果都值得尊重,一切文明成果都要珍惜。"③各国应该"以海纳百川的宽阔胸襟借鉴吸收人类一切优秀文明成果,推动建设更加美好的世界"④,共同打破阻碍人类交往的精神隔阂,"努力开创世界各国人文交流、文化交融、民心相通新局面"⑤,推动人类文明的进步和人的自由全面发展。

(四)弘扬全人类共同价值推进人的发展

现代化产生以来,引起了全世界各界人士的热议,因为它事关所有人的切身利益。根植于不同社会阶层和价值取向的人们对于现代化的判断带上了无法抹杀的意识形态属性,由此发生跌宕起伏的思想碰撞。而价值取向不同所引起的对世界现代化判断和争论也突出了现代化进程中的意识形态问题。由于利益与权力斗争交织的缘故,存在着资本主义和社会主义现代化视域的分野。一般来说,现代化从产生发展至今,基本上都是在资本主义主导下的现代化。西方社会依据自身利益与理念,为人类构建现代化图景,致力于向世界人民传播资本主义全球认知架构与价值观念,表面上主张"全球思维",宣扬新自由主义、消费主义、议会民主等,实质上在兜售虚假的观念体系,对整个世界的人民进行意识形态的轰炸,维护自己的霸权主义和意识形态,从而更好地控制和主宰整个世界,让世界人民认为现代化之路就等同于西方现代化之路。这在实践

---

① 习近平:《携手同行现代化之路——在中国共产党与世界政党高层对话会上的主旨讲话》,北京:人民出版社,2023年版,第7页。
②《习近平著作选读》第一卷,北京:人民出版社,2023年版,第228页。
③《习近平著作选读》第一卷,北京:人民出版社,2023年版,第229页。
④《习近平著作选读》第一卷,北京:人民出版社,2023年版,第18页。
⑤ 习近平:《携手同行现代化之路——在中国共产党与世界政党高层对话会上的主旨讲话》,北京:人民出版社,2023年版,第8页。

层面就是"资产阶级自由化"、和平演变的"西化"等路径。这也导致了"我们在很长一段时间里认为'现代化'这个概念姓'资',不可以姓'社',事实证明这是不正确的"[1]。马克思、恩格斯在《共产党宣言》中就指出:"资产阶级,由于一切生产工具的迅速改进,由于交通的极其便利,把一切民族甚至最野蛮的民族都卷到文明中来了。它的商品的低廉价格,是它用来摧毁一切万里长城、征服野蛮人最顽强的仇外心理的重炮。它迫使一切民族——如果它们不想灭亡的话——采用资产阶级的生产方式;它迫使它们在自己那里推行所谓的文明,即变成资产者。一句话,它按照自己的面貌为自己创造出一个世界。"[2]资产阶级利用现代化产生的条件和形式来主观塑造自己的形式,在全世界兜售其经济理论、文化思想、政治理念和价值观念。欧美国家不仅掌握着美联社、路透社、法新社及《纽约时报》《泰晤士报》《经济学人》等传统媒体力量,还掌握着"推特""脸书""优兔"等新媒体平台。这些媒体主要传播西方价值观,并试图将这些价值观作为衡量和评价其他国家的标准,进而影响和塑造他国的国际形象。[3]"在传统的西方新闻传播理论中,所谓新闻自由、传播权利似乎是神圣不可侵犯的,但在当下国际政治传播中,为了政治目的、基于政治立场和大国竞争的需要,欧美国家可以理直气壮地压制乃至禁止不同声音,给竞争对象国贴上污名化标签,禁止有利于竞争对象的内容传播,甚至基于身份取消其发声资格。"[4]由于资本主义无法克服自己追求利润的贪婪本性,资产阶级是很难完全站在人类整体利益的角度来达成对现代化的客观认识。马克思、恩格斯曾深刻分析了现代资本主义不可克服的内在矛盾,阐释了现代资本主义必然被"自由人的联合体"替代。

当今世界,没有哪个国家能够脱离与世界的联系而实现现代化。随着经济全球化的深入推进,各国之间的相互联系和相互依存达到了前所未有的程度,人类社会是一荣俱荣、一损俱损的命运共同体。"构建人类命运共同体是世界各

---

[1] 钱乘旦:《现代化与中国的世界近现代史研究》,《历史研究》2008年第2期,第2-4、34-36、189页。
[2]《马克思恩格斯选集》第一卷,北京:人民出版社,2012年版,第404页。
[3] 左凤荣:《以文明交流与对话提升中国国际话语权》,《中共中央党校(国家行政学院)学报》2023年第3期,第40-48页。
[4] 左凤荣:《增进文明交流对话:优化国际舆论环境的必然要求》,《当代世界社会主义问题》2023年第3期,第142-153页。

国人民前途所在。"①但应该基于什么样的价值立场、秉持什么样的价值准则来推动共同体的建构,成为当前世界人民的热切关注点。这是因为现代化的实际进程受到人的主观意识的影响。虽然人类意识不能决定现代化的进程,但是人类主观意识的作用发挥可以影响现代化进程。历史上基于剥削阶级立场的共同体只唤醒了统治阶级的主体自觉。西方普世价值观基于西方资产阶级和发达国家立场,只能形成这些阶级和国家构建资产阶级共同体的主体自觉。②在科学把握人类命运与共时代特征的前提下,习近平总书记向世界人民公开阐发了全人类共同价值的理论蕴含,即"和平、发展、公平、正义、民主、自由"③。全人类共同价值从价值批判维度对"普世价值"进行了理论祛魅,指明了人类命运共同体的正确演进趋向。④西方现代意识形态以自由主义为代表,与马克思所强调的真正实现人的解放与人的自由全面发展的目标理想相悖。在现代化持续推进的当下,西方现代意识形态必然面临其固有局限性。全人类共同价值是对西方现代意识形态危机的科学应对,旨在颠覆西方全球治理格局,构建全球治理新秩序,实现了对西方现代意识形态的实质超越。⑤全人类共同价值坚持从"现实的人"出发,立足于尊重各国人民秉持自身价值观和追求价值的权利,兼顾不同国家、地区、民族、个人之间的认知差异,根据现代化生产方式下人应有的群体性存在方式,来探索实现人类共同发展所需要确立的人类主体的多维需要,力图实现异中求同、化异为同的基础聚同。"这种共同价值,并不否定不同的民族和国家、不同时代的人们在价值认识上的差异,更不是用全人类的共同价值取代各个民族、各个国家乃至每个人的价值观和分歧。它涵盖的是世界各国人民对一些基本理念、基本价值的认同,体现的是不同信仰、不同文化、不同文明之间的共识,凝聚的是人类的智慧、前途和力

---

① 《习近平著作选读》第一卷,北京:人民出版社,2023年版,第51页。
② 杨伟宾:《全人类共同价值推动构建人类命运共同体的逻辑理路》,《思想教育研究》2023年第2期,第113-119页。
③ 《习近平谈治国理政》第二卷,北京:外文出版社,2017年版,第522页。
④ 桑建泉、陈锡喜:《论全人类共同价值及其对构建人类命运共同体的价值引领》,《湖北社会科学》2021年第9期,第5-11页。
⑤ 李尚宸、张志丹:《全人类共同价值对西方现代意识形态的超越》,《云南大学学报》(社会科学版)2024年第1期,第5-14页。

量,是时代发展、文明进步的重要标志。"①

人的全面性不仅体现在人创造物质财富的本质力量上,也体现在人的精神世界的不断丰富和发展上。人的自由全面发展不是特定社会阶层、民族、国家独立完成的事情,而是一项全球性的伟大事业。"全人类共同价值作为合乎世界历史发展规律的普遍性的共同价值体系,其核心和根本就是人类的全面发展和个人的全面发展的内在统一。"②全人类共同价值的主体不但具有"现实人性",而且是一种"类存在",是马克思主义"类哲学"思想的集中体现。从人本主义视角看,由于资本原则的抽象性对人的"类意识"造成前所未有的遮蔽,导致人类陷入自我认同的现代性生存危机。而全人类共同价值以"类存在"作为自己的价值主体,内蕴道德正义性,能够促进人的"类本质"完善,推动人的"类存在"向自由样态发展。③但在现实进路上,虽然不同国家因着不同的历史传统和现实情况而对各种价值选择、现代化发展的优先顺位和实现方式等有着不同的理解,但这并不影响世界各国参与到全人类共同价值的实现中来。全人类共同价值是世界范围内人类的共同价值诉求,是人类美好愿望的价值表达,不以任何主观意志为转移。它的形塑是一个长期而复杂的过程,需要由感性实践互动联合在一起的各国人民共同创造。这正如习近平总书记所指出的:"和平、发展、公平、正义、民主、自由,是全人类的共同价值,也是联合国的崇高目标。目标远未完成,我们仍须努力。当今世界,各国相互依存、休戚与共。我们要继承和弘扬联合国宪章的宗旨和原则,构建以合作共赢为核心的新型国际关系,打造人类命运共同体。"④习近平总书记站在人类生存的高度,指出了人类是休戚与共的命运共同体。"放眼世界,唯有以在交往实践中形成的关系理性全面替代主客对立的工具理性,才能将全人类共同价值具体地、现实地融入各国人民利益的实现中,进而为人类的自由解放事业夯实价值根基。"⑤

纵观人类社会发展史,走向现代化是全人类共同的理想,也是一个世界性

---

① 汪亭友、孔维:《深刻认识全人类共同价值及其时代意蕴》,《思想理论教育导刊》2023年第8期,第24-34页。
② 尹庆双、肖磊、杨锦英:《人的全面发展:时代特质、内涵延展与理论意义》,《政治经济学评论》2023年第6期,第102-126页。
③ 李威威:《全人类共同价值的哲学基础》,《哲学动态》2022年第12期,第13-20页。
④《习近平谈治国理政》第二卷,北京:外文出版社,2017年版,第522页。
⑤ 李威威:《全人类共同价值的哲学基础》,《哲学动态》2022年第12期,第13-20页。

的历史过程。从"历史上看,尽管现代化是资本主义开启并长期主导,但资本主义周期性发展愈发导致一种历史现象:每当资本主义陷入危机,现代化的社会主义趋向就更为明显。现代化可视为人类不断摆脱外部依赖性、实现自由全面发展的过程,与社会主义高度契合。在一波波浪潮中,现代化发展愈发指向社会主义,社会主义也在与现代化的嵌合中不断生成现实性"[1]。资本主义现代化虽然在历史中发挥过积极作用,但是因其无法克服的内在矛盾必将导致其进步性的消解,也终将被历史的洪流所抛弃。人类现代化,必将伴随着资产阶级统治造成的资产阶级的"掘墓人"的出现、工人革命的联合、资产阶级生产和占有产品基础的"被挖空"而发生更迭走向社会主义道路,走向绝大多数人参加的、代表绝大多数人利益的、坚持以社会主义生产方式为根基的现代化道路。也就是说,社会主义现代化是历史的必然。[2]这正如马克思、恩格斯在《共产党宣言》中所指出的那样,"资产阶级的灭亡和无产阶级的胜利是同样不可避免的"[3]。新时代新征程,中国式现代化创造了一种全新的人类文明形态,克服了西方现代化与资本主义生产方式相联系的先天弊端,使现代化进程真正成为实现全体人民共同富裕、不断创造美好生活的进程,成为实现人的自由解放的进程,丰富和发展了人类社会现代化理论,开辟了人类通向现代化的新路径。

---

[1] 来庆立:《中国式现代化的源流与世界历史意义》,《思想理论教育导刊》2023年第7期,第37-44页。
[2] 贺敬垒:《〈共产党宣言〉现代化思想的形成背景、基本内容与理论价值》,《兰州学刊》2022年第10期,第5-16页。
[3]《马克思恩格斯选集》第一卷,北京:人民出版社,2012年版,第413页。

第六章

中国式现代化视域下人的发展的远景展望

实践证明,中国式现代化是由中国人民在历史的一般规律和发展趋势所提供的可能性空间里,基于自身的政治经济、文化历史传统和解决社会主要矛盾等现实情况作出的适合于自身发展的正确现代化道路选择。中国式现代化的实质是人的现代化,根本指向于实现人的自由全面发展。中国式现代化充分体现了科学社会主义的先进本质,深深植根于中华优秀传统文化,契合了全体人民的根本利益需要,开辟了一条特色鲜明的人的发展之路。随着中国式现代化进程的接续推进,人的现代化发展水平和质量将不断提升,人的需要、能力、社会关系和自由个性等也必将得以全面展现与发展。与此同时,中国式现代化在实践中始终坚持"人民至上"彰显和巩固人在现代化建构中的主体地位,在现代文明的整体进步中进一步塑造人的发展的社会空间,并通过平等合作的交往互动促进作为"类"存在的人的共同解放,将不断推动人的发展发生新的历史性变革,开辟一条通往人的自由全面发展的新道路。中国式现代化条件下,人的发展所展现出来的前所未有的光明前景,不仅彰显了科学社会主义具有的强大生机活力,也给世界上其他国家和民族发展现代化提供了全新选择,为推动人类文明进步发展作出了重大贡献。

一、中国式现代化与人的现代化是同一历史进程

社会发展与人的发展内在互动、紧密联系,人的发展是社会发展的价值归宿,是衡量社会发展水准的根本标尺,而社会发展在其本质上也是人在依据其实践的基础上,以社会生产力和交往的普遍发展为条件,并不断占有自己本质、实现自由而全面发展的过程。基于历史唯物主义的观点,社会主义是实现社会发展与人的发展之间关系最和谐的社会形态。在社会主义条件下,社会现代化不断演进本质上就是在解放和发展生产力的基础上,满足人民的美好生活需要,进而实现人的现代化和自由全面发展。"人的现代化,就是在现代化建设进程中,人的全面、协调发展的状况与过程"[①],其根本上也指向人的自由全面发展。因此,从推动人的发展角度来说,社会主义现代化与人的现代化是内在统一的,二者表现为同一历史进程。在中国特色社会主义的实践场域中,中国式现代化的性质深刻蕴含着人的现代化的必然性,其发展道路、战略安排和实践

---

① 郑永廷等:《人的现代化理论与实践》,北京:人民出版社,2006年版,第7—8页。

举措彰显着人的现代化的现实性与长期性,二者有机统一于逐步实现人的自由全面发展的历史进程之中。

(一)中国式现代化的本质蕴含了人的现代化的必然性

中国式现代化的本质是人的现代化,其内蕴着实现人的现代化的必然性。习近平总书记明确指出,"现代化的本质是人的现代化"[①]。这不仅揭示了现代化发展的一般规律,更揭示了人的现代化是中国式现代化的本质意蕴和目标追求。

从历史唯物主义的基本观点出发,在推进人类社会现代化的进程中,人是最为活跃、最重要的要素。人的现代化是现代化的核心,人的现代化发展程度和水平直接决定着社会其他方面的现代化。现代化作为社会发展的现实表现,同一定社会阶段的水平和性质具有一致性。在马克思看来,资本主义现代化进程中,社会发展与人的发展发生了严重对抗,造成了人的畸形发展、片面化发展等危机。马克思指认,资本主义现代化发展以资本为驱动,其"直接目的和真正产物是剩余价值"[②],这样带来的必然后果是,人的发展被置于社会发展的对立面,沦为社会发展的工具与手段,最终引发贫富分化、阶级对立、区域发展失衡等严重困境,导致了人与自然、人与社会、人与人之间发生严重对抗。对此,他明确主张,要在社会发展现存基础上消灭私有制、推翻资产阶级的政权统治,进而建立起人的自由全面发展的未来新社会。因此,实现人的自由全面发展是针对和批判资本主义现代化进程中所导致人的畸形发展、片面化发展等危机提出的。可以预见的是,资本主义现代化造成了人的生存发展的深重危机,与世界人民的利益根本背离,必将随着全球现代化发展的历史潮流而逐渐退出历史舞台。正如马克思、恩格斯所指认的那样,共产主义社会条件下,"代替那存在着阶级和阶级对立的资产阶级旧社会的,将是这样一个联合体,在那里,每个人的自由发展是一切人的自由发展的条件"[③]。作为"自由人联合体"的共产主义社会的到来,意味着人的发展史上发生了一次全新的"质变",是一次人的发展的革命,构成了人追求和实现自由全面发展的新起点。从历史唯物主义的视角出发,在未来社会条件下,人的解放和全面发展不仅是现代化的显著特征和价值

---

① 《习近平关于社会主义经济建设论述摘编》,北京:中央文献出版社,2017年版,第164页。
② 《马克思恩格斯全集》第三十八卷,北京:人民出版社,2019年版,第123页。
③ 《马克思恩格斯文集》第二卷,北京:人民出版社,2009年版,第53页。

目标,而且也成了现代化发展的重要条件。但是,共产主义的到来,并不意味着人类进入了社会发展的最后阶段,而是恰恰相反,属于人类的"真正的历史"得以开启,人的发展与社会发展的关系在这样的社会条件下实现了前所未有的和谐与统一。根据马克思的观点来看,共产主义也有一个发展过程、经历多个阶段:具有"长久的阵痛",即从资本主义社会到共产主义社会的过渡时期;"共产主义社会第一阶段";"共产主义社会高级阶段"。[1]在此基础上,列宁还明确将"共产主义社会第一阶段"指认为"社会主义"阶段[2],并且提出社会主义也需要经历一个较长的历史时期、表现为不同的发展阶段。马克思通过对世界历史发展进程的研究,不仅揭示了人类社会现代化发展的一般规律,也为在社会主义现代化条件下促进人的解放和发展指明了前进方向。实现人的解放和人的自由全面发展作为社会主义的根本价值追求,在现代化建设的实践中持续向前推进。中国式现代化是马克思主义与中国具体实际结合的产物,本质上是以人成为现代化建构的主体力量,并以人的解放和全面发展为核心价值追求的现代化,其始终从以人民为中心的根本价值立场出发,推动人的需要、社会关系、能力和自由个性等全面丰富和发展,实现了对资本主义现代化发展模式的批判与超越。

在中国式现代化的进程中,人的解放和全面发展不仅是最高的价值目标,同时也成为一种迫切要求,指引中国式现代化持续向前推进。在中国的革命、建设和改革的进程中,中国共产党始终坚持以马克思主义为指导,致力于解决西方现代化进程中人的异化的难题,将实现人的解放和全面发展贯穿于社会主义现代化实践中,探索出了一条具有中国特色的人的现代化发展道路。在新民主主义革命时期,中国共产党领导人民以革命的方式推翻帝国主义、封建主义和官僚资本主义的剥削统治,实现了民族独立和人民解放,为实现独立自主探索社会主义现代化和促进人的自由全面发展创造了根本社会条件。新民主主义革命胜利后,面对经济文化比较落后的事实,中国共产党人积极探索无产阶级在"过渡时期"应该承担的历史任务,确立了社会主义基本制度,推动中国进入社会主义社会。正如恩格斯所说:"我们的目的是要建立社会主义制度,这种制度将给所有的人提供健康而有益的工作,给所有的人提供充裕的物质生活和

---

[1]《马克思恩格斯全集》第十九卷,北京:人民出版社,1963年版,第22页。
[2]《列宁选集》第三卷,北京:人民出版社,1960年版,第251页。

闲暇时间,给所有的人提供真正的充分的自由。"①社会制度的确立和健全对于人的现代化和人的发展具有重大裨益,它不仅通过影响和规范经济发展释放对人的积极影响,同时又作为具有一定强制性的上层建筑,对社会有机体的每一个人的发展产生直接的决定作用。②在社会主义制度条件下,中国式现代化始终坚持以人民为中心,统筹推进社会发展与人的发展、社会现代化与人的现代化,不断促进人的自由全面发展。改革开放和社会主义现代化建设新时期,党带领人民明确提出推进中国式现代化,通过实行改革开放、建立并逐步完善社会主义市场经济体制以及相适应的社会保障和公共服务体系,实施大规模、有计划、有组织的扶贫开发等多种举措,不断解放和发展社会生产力,推动中华民族朝着社会主义现代化道路稳步前进,全体人民生活总体上达到小康水平、人民的面貌为之一新,极大满足了人的生存发展需要。进入新时代以来,以习近平同志为核心的党中央深刻把握世界百年未有之大变局和实现中华民族伟大复兴的宏伟目标,坚持统筹推进"五位一体"总体布局和协调推进"四个全面"战略布局,推动中国特色社会主义现代化布局更加全面,高质量决战决胜脱贫攻坚,取得了全面建成小康社会的伟大胜利,使人民生活全方位改善,"人民群众获得感、幸福感、安全感更加充实、更有保障、更可持续,共同富裕取得新成效"③,极大激发了人民推进社会主义现代化的积极性、创造性,为促进人的自由全面发展提供了坚实基础。中国共产党领导人民进行的现代化认识和实践艰辛历程,充分彰显了中国式现代化与人的现代化的内在统一,蕴含了实现人的自由全面发展的必然性。着眼于人的发展,中国式现代化道路的本质就是逐步解决人的现实问题、逐步实现人的自由全面发展的道路。新时代新征程,"中国共产党的中心任务就是团结带领全国各族人民全面建成社会主义现代化强国、实现第二个百年奋斗目标,以中国式现代化全面推进中华民族伟大复兴"④,为人类文明发展作出新贡献。

---

① 《马克思恩格斯全集》第二十八卷,北京:人民出版社,2018年版,第652页。
② 韩昌跃:《社会发展与人的发展关系的考察——以历史唯物主义基本原理为视角》,《马克思主义理论学科研究》2024年第2期,第42-51页。
③ 《习近平著作选读》第一卷,北京:人民出版社,2023年版,第9页。
④ 习近平:《高举中国特色社会主义伟大旗帜 为全面建设社会主义现代化国家而团结奋斗——在中国共产党第二十次全国代表大会上的报告》,北京:人民出版社,2022年版,第21页。

(二)中国式现代化的发展道路赋予了人的现代化的现实性

中国式现代化是以人的解放和全面发展为核心的现代化,其将马克思主义与中国实际相结合,将人的现代化切实融入社会主义现代化的各领域和全过程,从经济、政治、文化、社会、生态等各领域出发对人的发展进行更加具体而规范的制度设计,全面协调推进物质文明、政治文明、精神文明、社会文明和生态文明,为进一步满足人的发展需要提供了物质基础、制度保障、精神动力、社会条件和生态环境,极大提升了人的生存质量,从而不断趋向于实现人的自由全面发展的理想目标。

立足新征程,中国共产党扎实推进社会主义现代化建设,构筑起了促进人的发展取得更为明显的实质性进展的根基。中国式现代化的长期实践表明,推进社会主义现代化对促进人的现代化和人的自由全面发展发挥了重要支撑作用。随着中国特色社会主义进入新的发展阶段,中国式现代化的深刻内涵和实践要求与促进人的现代化与人的自由全面发展愈加紧密互动、高度契合融通。新时代背景下,我国社会主要矛盾已经转化为人民日益增长的美好生活的需要和不平衡不充分发展之间的矛盾。人民生存发展的需求日益广泛多样,不仅对高品质的物质文化生活提出了要求,而且在法治、民主、正义、安全等方面的要求也日益增加。人民日益增长的美好生活需要,实际上就是对人的发展方面提出了更高的要求,有着更高的向往。因此,深入推进中国式现代化实践使人民生活更加美好和促进人的自由全面发展,就成了新时代新阶段走好中国式现代化道路的内在要求,也是全体人民群众的共同期盼。党的十八大以来,中国共产党领导人民全面建成小康社会、实现党的第一个百年奋斗目标,在此基础上开启了全面建设社会主义现代化国家的新征程、向第二个百年奋斗目标进军。对此党的二十大报告进一步明确提出,在全面建设社会主义现代化国家新征程中,必须围绕人民生活更加幸福美好的目标更加积极有为地进行努力,推动"人的全面发展、全体人民共同富裕取得更为明显的实质性进展"[①]。这也从根本上指明了,在新的历史起点要进一步增强对现代化建设的规律性认识,深入研究不同阶段的目标要求、循序渐进扎实推动现代化实践,以此为抓手不断提高人民生活的水平和质量,促进人的发展取得新进步和新进展。

[①]《习近平著作选读》第一卷,北京:人民出版社,2023年版,第20页。

中国共产党强调社会现代化与人的现代化的辩证统一,高度重视在社会现代化建设中持续推动人的现代化,赋予了人的现代化的现实性。立足新的时空条件并结合新的时代要求,党的二十大报告明确提出,"中国式现代化的本质要求是:坚持中国共产党领导,坚持中国特色社会主义,实现高质量发展,发展全过程人民民主,丰富人民精神世界,实现全体人民共同富裕,促进人与自然和谐共生,推动构建人类命运共同体,创造人类文明新形态"[1],从而展现了在推进中国式现代化建设中逐步实现人的现代化的实践逻辑。

首先,"坚持中国共产党领导,坚持中国特色社会主义",调动一切积极因素,凝聚起实现中国式现代化的磅礴力量,为逐步实现人的现代化和自由全面发展创造了根本前提。中国共产党的领导确保社会主义现代化建设始终朝着社会主义的方向不断前进,直接关系到现代化建设的前途命运、最终成败。中国共产党是中国式现代化的谋划者、领导者与推动者,始终立足人民立场,保障和维护广大人民的根本利益,是党领导推进社会主义现代化建设的根本遵循。在中国共产党领导下,全体人民持续推进社会主义现代化建设,不断开辟中国特色社会主义新境界,走出了一条社会现代化与人的现代化辩证发展、逐步实现人的自由全面发展的中国特色社会主义道路。对此,习近平总书记也明确指出:"中国特色社会主义道路,是实现我国社会主义现代化的必由之路,是创造人民美好生活的必由之路。"[2]所以,在中国式现代化的实践中,坚持中国共产党的领导与坚持中国特色社会主义是内在统一的。历史实践也一再证明,正是由于在中国式现代化进程中"坚持中国共产党领导,坚持中国特色社会主义",赢得了人民群众的衷心拥护和全力支持,激发了人民群众社会实践中的强劲创造力,展现出了超越西方现代化的独一无二的优势。立足全面建设社会主义现代化国家的新征程,推进中国式现代化,要一以贯之坚持党的全面领导,不断拓展和完善中国特色社会主义道路,把增进人民利益福祉和促进人的自由全面发展作为促进社会主义现代化实践的根本价值指向,将全心全意为人民服务的宗旨贯彻到推进现代化的全过程和各环节,充分依靠人民、尊重人民的首创精神,激发人民的积极性、主动性和创造性,在全面深化推进现代化的实践中将发展成果更多更公平惠及全体人民,增强人民的幸福感、获得感和安全

---

[1]《习近平著作选读》第一卷,北京:人民出版社,2023年版,第20页。
[2]《十八大以来重要文献选编》上,北京:中央文献出版社,2014年版,第75页。

感,满足人民的美好生活需要。

其次,坚持"实现高质量发展,发展全过程人民民主,丰富人民精神世界,实现全体人民共同富裕,促进人与自然和谐共生",锚定满足人民对美好生活向往的奋斗目标,统筹推进经济、政治、文化、社会、生态等各领域协调发展,为人的生存发展创造了良好条件。其一,"实现高质量发展"夯实人的发展的物质基础。马克思指出,生产力高度发展和绝对增长是人的发展绝对必需的前提,如果没有这种发展,"那就只会有贫穷、极端贫困的普遍化;而在极端贫困的情况下,必须重新开始争取必需品的斗争,全部陈腐污浊的东西又要死灰复燃"[1]。因此,中国共产党在强调"分好蛋糕"的前提下持续不断"做大蛋糕"。习近平总书记也明确指出:"必须坚持在发展中保障和改善民生,鼓励共同奋斗创造美好生活,不断实现人民对美好生活的向往。"[2]在新时代背景下,中国共产党聚焦推动高质量发展,不断深化供给侧结构性改革,推动现代化产业体系建设取得重要进展,科技创新实现新的突破,实现经济量的合理增长和质的有效提升,逐步破解发展不平衡不充分的问题,为满足人民的美好生活需要、促进人的自由全面发展聚集物质基础。其二,"发展全过程人民民主"激发人的主体能动性和创造性。中国式现代化有效通过全过程人民民主的制度安排和实践,充分激扬人民的主体能动性和实践创造性,为发展中国式现代化提供深厚的社会基础和强大的向心力,进一步激发了人追求自身全面发展的主体意识和自觉性。其三,"丰富人民精神世界"塑造人的精神家园。习近平总书记指出:"物质富足、精神富有是社会主义现代化的根本要求。"[3]随着经济社会不断发展,人民比以往更加向往美好的精神生活,丰富人民精神世界已经成为新阶段推进中国式现代化和促进人的自由全面发展的重要内容和迫切要求。立足新的历史起点,中国共产党通过实施新时代文化建设工程,加强社会主义核心价值观引领,强化爱国主义、集体主义和共产主义教育,发掘中华优秀传统文化和革命文化资源、发展社会主义先进文化,健全高品质精神文化服务体系,不断提高文化产品供给质量,提升全体人民的文化素养,满足了人民群众日益增长的精神文化需求。其四,"实现全体人民共同富裕"推动社会关系和谐发展。

---

[1]《马克思恩格斯选集》第一卷,北京:人民出版社,2012年版,第166页。
[2]《习近平著作选读》第一卷,北京:人民出版社,2023年版,第38页。
[3]《习近平著作选读》第一卷,北京:人民出版社,2023年版,第19页。

在深化现代化实践中将发展成果更多更公平惠及全体人民,满足人民的美好生活需要,这是社会主义的本质要求,也是中国式现代化优越性的集中体现。在深入开展社会主义现代化的建设实践中,党带领人民正确处理好效率和公平的关系,构建合理的分配制度和格局,实施就业优先战略,健全社会保障体系和重点加强基础性、普惠性、兜底性民生保障建设,推进乡村振兴工程和城乡一体化发展,不断提高发展的平衡性、协调性、包容性,让全体人民过上体面而富有尊严的生活,共享社会财富和现代化发展成果,保障和促进每个人都能实现全面发展。其五,"促进人与自然和谐共生"为人的发展构建现代化生存环境。中国式现代化在充分反思西方现代化进程中所造成的人与自然严重对立的基础上,提出要实现人与自然和谐共生,推进美丽中国建设,为社会现代化和人的现代化发展提供了优质的生态环境和资源,也推动了人类社会的可持续发展。[①]

最后,坚持"推动构建人类命运共同体,创造人类文明新形态",拓宽人的社会交往,推动人的发展的世界性建构。早在现代社会发展初期,马克思、恩格斯着眼于全人类社会发展的角度,主张用"自由人的联合体"代替"存在着阶级和阶级对立的资产阶级旧社会",从而实现每个人的自由全面发展,这也为后人追求现代化和实现人的全面发展指明了方向。现代化作为不可阻挡的历史潮流,各个国家和民族在拥抱这股潮流、走向现代化的进程中不仅表现出了特殊性与个性,同时也有相互关联和共通之处。并且各国在推进现代化的过程中,面对新问题和新情况,都需要在世界范围内进行交流和解决,充分借鉴和吸收世界现代化发展的有益成果,才能不断缩短自身的发展时间。所以,各个国家和民族实现自身的现代化不能脱离世界现代化的总体进程,必须以开放的态度面对世界,主动把握世界现代化的一般规律。当今时代,随着全球化浪潮不断推进,各个国家、民族之间交往日益密切,利益高度融合,依存度不断增强,形成了"人类命运共同体"。人类命运共同体是中国共产党立足于全人类共同发展利益,对希冀人类前途命运向更好方向发展作出的重要倡议,是马克思、恩格斯关于"自由人联合体"的当代实践,也是中国式现代化对实现世界人民的现代化和追求自由全面发展作出的重要贡献。面对"两个大局"加速演进并深度互动的世界历史环境,中国共产党领导人民积极倡导人类命运共同体的理念,正确处理

---

① 余一凡、吕倩怡:《人的现代化何以可能——论中国式现代化中人的现代化的三个向度》,《河南社会科学》2024年第1期,第25-32页。

同外部世界的关系,以"文明交流超越文明隔阂、文明互鉴超越文明冲突、文明共存超越文明优越,共同应对各种全球性挑战"①,创造了人类文明新形态,积极推动人的现代化的世界性建构。

(三)中国式现代化的战略规划体现了人的现代化的长期性

中国式现代化与人的现代化是同一历史进程,还表现在中国式现代化的战略安排体现了人的现代化实现的长期性。着眼于马克思主义关于人的发展与社会发展的辩证关系原理,中国共产党领导人民持续推进中国式现代化进程,不断追求和实现人的现代化和人的自由全面发展。党的二十大报告明确指出:"在新中国成立特别是改革开放以来长期探索和实践基础上,经过十八大以来在理论和实践上的创新突破,我们党成功推进和拓展了中国式现代化。"②中国式现代化是在中国人民长期探索和实践的基础上形成的,并且随着实践的发展也不断向前推进,在这个过程中人的现代化和人的发展进程也将持续向前发展。

历史实践证明,只有在长期的历史进程中才能将促进人的解放和全面发展的各种要素汇聚起来。所以,实现人的现代化和自由全面发展并非一蹴而就,而是一个循序渐进、逐步实现的过程,并且在不同社会阶段都具有不同的时代内涵和表现形式。马克思认为,在人类社会发展进程中,在不同的社会阶段和历史时期,人的发展都会有新的表现形式、展现出新的特点,具体来说:在最初的社会形态下,人的生产活动只能在狭小的范围内和孤立的地点上发生着,形成"人的依赖关系";"以物的依赖性为基础的人的独立性"是第二阶段,形成了"普遍的社会物质交换、全面的关系、多方面的需求以及全面的能力体系",但由于受私有制和资本生产关系的根本限制与支配,都沦为了对人来说的异己性存在,对人的发展形成了严重制约和掣肘;自由个性的确立和发展是第三阶段,"第二个阶段为第三个阶段创造条件"。③马克思关于人的发展阶段的理论阐释不仅揭示了人的现代化也需要经历不同发展阶段,还进一步指明了人的现代化的发展目标和价值要求,为我国在推进社会主义现代化实践中逐步实现人的现

---

① 《习近平著作选读》第一卷,北京:人民出版社,2023年版,第51-52页。
② 习近平:《高举中国特色社会主义伟大旗帜 为全面建设社会主义现代化国家而团结奋斗——在中国共产党第二十次全国代表大会上的报告》,北京:人民出版社,2022年版,第22页。
③ 《马克思恩格斯全集》第三十卷,北京:人民出版社,1995年版,第107-108页。

代化与人的自由全面发展提供了方向指引。中国共产党成立以来,始终立足基本国情的实际将实现社会主义现代化与人的现代化发展联系起来,审视自身所肩负的重要责任和使命,在革命、建设和改革等时期思考社会主义现代化对于促进人的现代化发展的重要意义和实践要求,从而开启了在推进现代化实践中不断开辟人的现代化发展新境界的历史进程。中国式现代化就是在解放和发展生产力,实现全体人民共同富裕即实现人的物质生活富裕和精神生活富裕,从而满足人民的美好生活需要和逐步实现每个人自由而全面发展的长期过程。当前中国社会主义仍然处于并将长期处于社会主义初级阶段,生产力不十分发达、社会财富不十分充裕,同时面临的国际环境也较为复杂,这样的实际情况决定了在推进中国式现代化的进程中依旧面临着阻碍实现人的现代化发展的现实困境和严峻挑战,人的现代化发展必然表现出更多特殊性,须逐步经历一个由低级到高级、不均衡到逐步均衡的动态发展过程。

结合现代化的阶段性和长期性的特点,中国式现代化立足社会发展实际,提出了一系列重大战略安排和重要举措,从而使人的现代化发展的目标具体化和现实化。改革开放以来特别是进入新时代以来,中国共产党带领全体人民坚持以马克思主义为指导,采取了一系列战略性举措,有力应对来自各方面的风险挑战考验,全面深化推进中国式现代化取得历史性成就、发生历史性变革,开启了全面建设社会主义现代化强国的新征程。在此基础上,党的二十大报告明确提出,"全面建成社会主义现代化强国,总的战略安排是分两步走:从二〇二〇年到二〇三五年基本实现社会主义现代化;从二〇三五年到本世纪中叶把我国建成富强民主文明和谐美丽的社会主义现代化强国"[1],这也为进一步推进中国式现代化明确了方向指引。习近平总书记强调,"在全面建设社会主义现代化国家新征程中,我们必须把促进全体人民共同富裕摆在更加重要的位置,脚踏实地、久久为功,向着这个目标更加积极有为地进行努力,促进人的全面发展和社会全面进步"[2]。这也再次深刻指明了,实现人的现代化和自由全面发展作为中国式现代化的重要价值追求,需要汇聚全体人民的共同力量进行长期、持续的奋斗才能最终实现。为此,要在这个问题上反对两种错误观点:一是反对

---

[1] 习近平:《高举中国特色社会主义伟大旗帜 为全面建设社会主义现代化国家而团结奋斗——在中国共产党第二十次全国代表大会上的报告》,北京:人民出版社,2022年版,第24页。
[2]《习近平著作选读》第二卷,北京:人民出版社,2023年版,第444页。

"人的自由全面发展会立即实现"的观点,这是在对待人的发展问题上犯了"急性病"的表现,本质上是一种不顾现实国情和社会发展阶段的"乌托邦设想";二是反对"实现人的自由全面发展遥遥无期"的观点,这是在对人的发展问题上表现出来的悲观态度,本质上是否认推进人的发展是一个现实进程,缺乏对推进人的发展长期性、阶段性的正确认识。总的来说,这两种观点违背了社会发展与人的发展规律,在实践上很容易导致方向上的错误,必须坚决予以批判和摒弃。可以预见的是,在未来一段较长时期里,我国社会主义现代化建设依旧处于重要战略机遇期,这将为推进人的现代化、人的自由全面发展提供好的外部环境条件。立足新的历史起点,要深刻认识到实现中国式现代化对于促进人的自由全面发展的重要性及其内在耦合性,找准着力点、实现精准发力,"根据现有条件把能做的事情尽量做起来,积小胜为大胜,不断朝着全体人民共同富裕的目标前进"[①],以更好满足人民的美好生活需要,推进社会全面进步和人的自由全面发展。

二、中国式现代化是特色鲜明的人的发展之路

马克思明确反对人们将他"关于西欧资本主义起源的历史彻底变成概述彻底变成一般发展道路的历史哲学理论"[②],强调在历史的一般规律和发展趋势所提供的可能性空间里,不同国家的、民族的历史主体应基于各自的经济、文化历史传统和当时社会主要矛盾等情况作出适合于自身的现代化道路选择。晚年的他在回答当时俄国马克思主义者维拉·伊万诺夫娜·查苏利奇关于俄国革命的问题的回信中提出了跨越资本主义"卡夫丁峡谷"的重要思想,为像俄国、中国这样的落后国家指明了探索社会主义现代化的道路方向。百年来,中国共产党团结带领人民坚持从我国实际出发,"成功走出了中国式现代化道路,创造了人类文明新形态","拓展了发展中国家走向现代化的途径",[③]谱写了人类现代化发展新篇章。中国所走的现代化道路,既遵循了世界现代化的一般规律,又契合了本国国情和人民的根本利益,具有鲜明的"中国特色"。习近平总书记总结和归纳了中国式现代化的五个本质规定,"我国现代化是人

[①]《习近平著作选读》第一卷,北京:人民出版社,2023年版,第439页。
[②]《马克思恩格斯全集》第十九卷,北京:人民出版社,1963年版,第130页。
[③]《习近平著作选读》第二卷,北京:人民出版社,2023年版,第553页。

口规模巨大的现代化,是全体人民共同富裕的现代化,是物质文明和精神文明相协调的现代化,是人与自然和谐共生的现代化,是走和平发展道路的现代化"①,呈现中国式现代化在实践探索中形成鲜明的"中国特色"②。中国式现代化所表现出来的"中国特色"深刻促进了人的现代化发展,进一步满足了人的发展需要,彰显了极为丰富而深刻的人学意蕴。

(一)"人口规模巨大的现代化"充分彰显和锻造人的主体能动性

"人口规模巨大"是中国式现代化首要的特征,决定了其发展途径和推进方式也必然有着特殊性。正如习近平总书记指出:"中国式现代化是人口规模巨大的现代化。我国十四亿多人口整体迈进现代化社会,规模超过现有发达国家人口的总和,艰巨性和复杂性前所未有,发展途径和推进方式也必然具有自己的特点。"③世界现代化的历史实践证明,人口规模的大小对于一个国家和地区现代化的道路选择、战略规划和总体进程都具有十分关键的影响。从目前的情况来看,世界发达水平国家的人口全部加起来是10亿人左右,"我国14亿人口要整体迈入现代化社会,其规模超过现有发达国家的总和,将彻底改写现代化的世界版图,在人类历史上是一件有深远影响的大事"④。我国拥有14亿多人口,这就决定了中国式现代化的体量在世界现代化进程中是前所未有的,当然这也意味着实现现代化的任务和过程必然异常艰巨和复杂,不能简单地套用前人留下的现代化理论,也不能简单沿袭和依赖于西方走过的现代化老路,而需要中国人民结合所处的特殊社会环境和真切需要在实践探索中走出一条现代化发展的新道路。

人的现代化是社会主义现代化的核心要求,实现社会主义现代化也必须依赖于人的现代化发展水平的不断提高。"人口规模巨大"也预示着中国式现代化具有无可比拟的人力资源优势和精神力量,中国式现代化的实现将对人类文明发展进步将作出巨大贡献。人是一个国家的真正财富,人口发展是各个国家实现自身现代化的前提条件。从历史唯物主义的根本观点出发,拨开纷繁复杂的

---

① 《习近平著作选读》第二卷,北京:人民出版社,2023年版,第401页。
② 陆晓娇、杨学功:《中国式现代化:历史生成、本质规定、世界意义》,《江淮论坛》2023年第4期,第5-15页。
③ 《习近平著作选读》第一卷,北京:人民出版社,2023年版,第18页。
④ 《习近平谈治国理政》第四卷,北京:外文出版社,2022年版,第123页。

社会历史现象,在人类社会发展的历史进程中,"人始终是主体"①。列宁也提出,人民群众是推动社会历史发展的主体力量,蕴含着宝贵资源,"我们能够从这个大储备库中吸收力量,因为它能在建设社会主义的事业中向我们提供最忠诚、受苦难生活锻炼最多、最接近工农的工农领袖"②。所以,人口规模巨大不仅是中国式现代化首要的特征,而且也标志着中国式现代化拥有人口巨大规模的优势。全面实现社会主义现代化,人民是决定性力量。对此习近平总书记强调:"只有坚持以人民为中心的发展思想,坚持发展为了人民、发展依靠人民、发展成果由人民共享,才会有正确的发展观、现代化观。"③在接续推进中国式现代化的发展进程中,中国共产党结合社会发展的最大实际,制定适应大国国情、释放大国优势的现代化战略,充分尊重和发展人的主体性、激发人作为历史创造者的主体力量,着眼于通过教育和科技创新等途径,持续推动人的能力和潜力的发展,发挥人口巨大潜能和力量,优化人口结构、提高人口质量,使每个人共同参与、共同发展、发挥才干,将巨大的人口数量转换为人力资源优势,汇聚起实现中国式现代化的磅礴力量。

"人口规模巨大的现代化"强调的也是在现代化进程中"一个也不能少",中国式现代化是为全体人民谋福利的现代化,是增进全体人民利益福祉的现代化。实际上,在世界现代化的演进历史进程中,资本主义现代化由于私有制的禁锢,极少数人掌握生产资料,广大劳动群众的劳动异化为具有被剥削与被压迫的活动、沦为维持人肉体生存的活动,其满足和维护的是代表统治阶级的少数人的利益,最终实现的也只是代表统治阶级的少数人的现代化。马克思指出:"任何人的职责、使命和任务就是全面地发展自己的一切能力。"④人的能力是在其所进行的各种社会实践中所表现出来的综合素质,是人的主体性的彰显和确证。实践证明,社会主义形成了人人参与、共同发展的健康社会环境,为人的能力发展创造了公平正义的条件。在中国式现代化进程的持续推进中,有利于激发人民丰富能力体系创造更加美好生活的积极性,从而不断促进人的自由而全面发展。一方面,现代化是人的本质力量对象化或外化的过程,是全体人

---

① 《马克思恩格斯全集》第三卷,北京:人民出版社,2002年版,第310页。
② 《列宁全集》第三十七卷,北京:人民出版社,2017年版,第233-234页。
③ 《习近平著作选读》第二卷,北京:人民出版社,2023年版,第407页。
④ 《马克思恩格斯全集》第三卷,北京:人民出版社,1960年版,第330页。

民基于生存发展需要通过辛勤劳动的创造性生成,对人们的能力和潜能进行了充分展现和确证。另一方面,现代化也不断促进人的能力立体、全面提升。历史唯物主义认为,人通过自身的劳动改变着客观环境,开辟一个宜人的世界,但也使自身的能力得到提升,炼出新的品质,塑造新的力量和新的观念,从而也带来交往方式、需要和语言等方面的新变化。同样道理,在推进现代化进程中,人民不仅推动生产力发展、社会财富增加,同时也为自身接受高质量教育、增强专业技能、就业创业能力和增强致富本领等方面创造了充分条件,从而促进自身能力素质得到不断增强和发展。中国式现代化是以人为核心的现代化,始终把实现好维护好发展好最广大人民根本利益作为现代化建设的根本依据和目标要求,将人民群众视为现代化建设的主体及其成果的享有者,通过现代化的实践确证、彰显和丰富人的能力和主体性。当然,中国式现代化所强调的人的能力与主体性的发展,意味着个人的主体性与能力的发展都是以其他人的主体性和能力的发展为前提和条件的,彼此和谐统一、相互促进,因而这与西方现代化所强调的个人至上有根本区别。

(二)"实现全体人民共同富裕的现代化"维护和促进社会公平正义

党的二十大报告明确提出:"我们坚持把实现人民对美好生活的向往作为现代化建设的出发点和落脚点,着力维护和促进社会公平正义,着力促进全体人民共同富裕,坚决防止两极分化。"[1]实现全体人民共同富裕是中国式现代化的目标追求,旨在实现每个人都能平等而充分地享有现代化的发展成果。

西方现代化与人的发展形成了严重对立。马克思认为:"个人是什么样的,这取决于他们进行生产的物质条件。"[2]人的需要的满足、个性发展和能力展示都依赖于其存在和活动的社会历史阶段,生产力水平和物质生活资料的发展构成了人的发展的前提。在资本主义社会条件下,生产力相对于前资本主义历史时期实现了空前提高,形成了"普遍的社会物质变换,全面的关系,多方面的需求以及全面的能力的体系"[3],"人的依赖关系"被打破,人获得了相对独立性。

---

[1]《习近平著作选读》第一卷,北京:人民出版社,2023年版,第19页。
[2]《马克思恩格斯文集》第一卷,北京:人民出版社,2009年版,第520页。
[3]《马克思恩格斯全集》第四十六卷上册,北京:人民出版社,1979年版,第104页。

但由于私有制和旧式分工的根本限制,广大劳动群众的劳动果实被资本家阶级所窃取和抢夺,所带来的后果是无法弥合的社会贫富差距鸿沟,即一极是财富的积累,代表统治阶级的少数人控制着社会的绝大部分资源,而另一极"是贫困、劳动折磨、受奴役、无知、粗野和道德堕落的积累"[1],以无产阶级为主体的广大劳动群众尽管创造了整个社会的财富,但连最基本的生存需要都无法得以满足,发展空间被侵占和掠夺,最终导致了人的片面化发展。事实上,从全球范围来看,这样的状况在今天仍未发生根本改变。对此,习近平总书记深刻指出:"一些发达国家工业化搞了几百年,但由于社会制度原因,到现在共同富裕问题仍未解决,贫富悬殊问题反而越来越严重。"[2]这深刻说明了资本主义现代化方案因其所具有的固有弊端和历史局限性不但无法带来共富前景,反而导致了严重的阶级矛盾和社会撕裂、人的发展危机等问题,逐渐走向历史进步的反面。与资本主义国家所实现的现代化根本不同的是,我国始终坚持以马克思主义为指导,坚持在社会主义制度前提下推进社会主义现代化建设,以人民为中心谋划和推进发展,使全体人民共享社会发展成果,有力推动人的自由全面发展取得了重大实质性进展,使社会主义现代化彰显出了强大生机和活力。

实现全体人民共同富裕是社会主义的本质要求,是中国式现代化的鲜明特征。中国式现代化坚持社会主义生产资料公有制为根本前提,着眼于满足人们对美好生活的丰富需要,在推动生产力发展的基础上实现人的发展,从而根本上扬弃了西方现代化的"物"本逻辑。习近平总书记强调:"让广大人民群众共享改革发展成果,是社会主义的本质要求,是社会主义制度优越性的集中体现,是我们党坚持全心全意为人民服务根本宗旨的重要体现。"[3]当前,中国式现代化立足社会主义初级阶段这个最大实际,始终坚持全体人民共同富裕为指向,平衡协调社会主义现代化与人的现代化的关系,通过深化改革中国特色社会主义市场经济的体制机制、提升对外开放的水平和质量、提出并践行新发展理念,推动经济高质量发展等一系列具有全局性意义的发展战略,统筹做好就业、教育、社保、医疗、养老等各方面工作,保障人民群众享有获得发展自身能力、参与劳动的平等权利和机会,为促进人的现代化和自由全面发展创造了有利条件。

---

[1]《马克思恩格斯全集》第四十四卷,北京:人民出版社,2001年版,第744页。
[2]《习近平著作选读》第二卷,北京:人民出版社,2023年版,第502–503页。
[3]《习近平谈治国理政》第二卷,北京:外文出版社,2017年版,第200页。

2024年3月5日，第十四届全国人民代表大会上的政府工作报告明确指出，从过去一年的总体情况来看，全体人民在党和国家带领下，推动经济稳步向前发展，实现"国内生产总值超过126万亿元，增长5.2%，增速居世界主要经济体前列"①，民生保障有力有效，"人均可支配收入增长6.1%，城乡居民收入差距继续缩小，脱贫攻坚成果巩固拓展，脱贫地区农村居民收入增长8.4%"②，通过加大义务教育、基本养老、基本医疗等财政补助力度，以及扩大救助保障对象范围、加强城镇老旧小区改造和保障性住房供给等重要实践举措，使全体人民共享现代化发展成果。

尽管强调全体人民共同富裕是中国式现代化的目标追求，但是也要防止对它进行曲解和误读。共同富裕不是同时富裕、同步富裕、同等富裕。马克思认为，随着人类社会进入共产主义的发展阶段，生产力高速发展、社会财富极大丰富，"足以保证每个人的一切合理的需要在越来越大的程度上得到满足"③，实现了全体人民共同富裕，从而为人的全面发展和自由个性的生成提供了前所未有的基础和条件。根据马克思的基本观点，富裕是一个社会历史性的范畴，实现全体人民共同富裕需要经历一个长期的历史进程，即使在"社会主义"和"共产主义高级阶段"其所实现的程度及其表现形式也都是存在差异的。在社会主义初级阶段，由于生产力水平还不是很发达，人们在经济、政治、文化等各方面的发展上尚存在较大差距，因此这也决定了社会主义现代化建设和实现人的现代化发展并不是一蹴而就、一步就能完成的，相反，它是一项长期推进的系统工程，必须结合中国特色社会主义现存的实际情况，持续推进，久久为功。

（三）"物质文明和精神文明相协调的现代化"全面满足人的多样化需要

中国式现代化其本质上是社会主义现代化，旨在实现物质文明和精神文明的协调发展。对此习近平总书记也明确指出："物质富足、精神富有是社会主义

---

① 李强：《政府工作报告——二〇二四年三月五日在第十四届全国人民代表大会第二次会议上》，《人民日报》2024年3月13日第1版。
② 李强：《政府工作报告——二〇二四年三月五日在第十四届全国人民代表大会第二次会议上》，《人民日报》2024年3月13日第1版。
③《马克思恩格斯全集》第二十五卷，北京：人民出版社，2001年版，第137页。

现代化的根本要求。"①在中国式现代化的推进过程中,不断深化对社会主义现代化建设各领域各方面协调发展的规律性认识,坚持物质文明和精神文明两手都要抓、两手都要硬,既强调实现物质的富足,也强调实现精神的富有,为全面满足人的需要和促进人的现代化发展创造了良好条件。

  文明的形成与发展都离不开人的需要的内在激励和推动,正确认识和理解人的需要也是推进现代化的重要前提。按照马克思主义的根本观点,人们"的需要即他们的本性"②,表现为一个具有丰富类型和层次的完整体系。马克思也曾深刻指出,需要是将人和社会连接起来的纽带,"人的需要的丰富性,从而某种新的生产方式和某种新的生产对象,具有什么样的意义。人的本质力量的新的证明和人的本质的新的充实"③。人的需要的丰富和全面发展,对于人的本性的发展和完满也具有促进意义。"人以其需要的无限性和广泛性区别于其他一切动物"④,人的需要是物质需要和精神需要的统一体,两者都应该得到重视和满足。诚如马克思指出:"当人们还不能使自己的吃喝住穿在质和量方面得到充分保证的时候,人们就根本不能获得解放。"⑤在人的需要体系中,物质需要的满足是首先的,是维续人的生命存在的前提,也是人的其他类型和层次需要得以满足的前提和基础。但人的需要从来不仅仅只是包含物质需要的单一层次,同时也是对其精神生活条件依赖关系的自觉反映,表现为人的精神需要和物质需要等方面内容相互统一的有机体系。在马克思看来,精神需要构成了人的需要体系的重要内容,是作为人与动物区分的又一本质差异,对此他明确指认"动物和自己的生命活动是直接同一的。动物不把自己同自己的生命活动区别开来。它就是自己的生命活动。人则使自己的生命活动本身变成自己意志的和自己意识的对象。他具有有意识的生命活动"⑥。在人类追求物质需要与精神需要的满足过程中,推动形成了物质文明和精神文明两大人类文明成果的基本形式。所以,在推进人类现代化的发展进程中,一方面要求创造丰裕的物质财富,推动物质生活的丰富,另一方面还要求精神文明的发展和精神

---

① 《习近平著作选读》第一卷,北京:人民出版社,2023年版,第19页。
② 《马克思恩格斯全集》第三卷,北京:人民出版社,1960年版,第514页。
③ 《马克思恩格斯全集》第三卷,北京:人民出版社,2002年版,第339页。
④ 《马克思恩格斯全集》第三十八卷,北京:人民出版社,2019年版,第11页。
⑤ 《马克思恩格斯文集》第一卷,北京:人民出版社,2009年版,第527页。
⑥ 《马克思恩格斯全集》第三卷,北京:人民出版社,2002年版,第273页。

生活的富足,这是对人的本性的基本尊重和满足。

处于一定社会历史阶段的社会是人借以活动和实现自身发展的载体,也决定着人们物质需要和精神需要的满足程度和发展状况。资本主义所主导的现代化进程,"比过去一切世代创造的全部生产力还要多,还要大"[①],创造了丰富的物质财富,取得了巨大的物质文明成就,但由于受到资本逻辑与私有制的根本禁锢,强大的工具理性淹没了价值理性,一味追求财富的增长和物质的积累,由其所带来的后果是物质主义、拜金主义、享乐主义泛滥,同时也造成了人的精神世界贫穷、文明程度低下、价值失落,成为"单向度的人",造成了空前的人的发展危机和困境。

正是因为认识到西方现代化进程中所暴露出来的现实困境,中国式现代化锚定人的自由全面发展的远景目标,始终将满足于人民对美好生活的向往作为根本指向,注重实现物质文明和精神文明协调发展,极力强调人民物质生活和精神生活的协同发展和全面增强,从而有效满足了人生存发展的多样化需要、促进人的自由全面发展。习近平总书记指出:"人民的需求是多方面的。满足人民日益增长的物质需求,必须抓好经济社会建设,增加社会的物质财富。满足人民日益增长的精神文化需求,必须抓好文化建设,增加社会的精神文化财富。"[②]立足新的历史起点,中国式现代化在尊重人的需要的多样性和丰富性的基础上,坚持物质文明和精神文明协同推动,为满足人民的美好生活需要提供了坚实基础。一方面,不断解放和发展生产力,推动经济高质量发展,"完整、准确、全面贯彻新发展理念,坚持社会主义市场经济改革方向,坚持高水平对外开放,加快构建以国内大循环为主体、国内国际双循环相互促进的新发展格局"[③],极大改善了人民的生存条件、提高了生活水平,从而为追求人的现代化发展奠定了坚实的物质基础。另一方面,始终将精神文明同物质文明等量齐观、全面协调发展,大力发展社会主义精神文明建设,以繁荣发展社会主义先进文化、传承和弘扬中华优秀传统文化、红色革命文化涵养人的精神世界,弘扬和践行社会主义核心价值观,不断激发文化创造力,以更优秀的文化成果增强人民的精神力量,推动人们具备现代化的观念和素养,从而不断满足人的精神文化需要,

---

① 《马克思恩格斯文集》第一卷,北京:人民出版社,2009年版,第36页。
② 《习近平著作选读》第一卷,北京:人民出版社,2023年版,第289页。
③ 《习近平著作选读》第一卷,北京:人民出版社,2023年版,第23页。

为促进人的现代化发展注入了精神动力。

（四）"人与自然和谐共生的现代化"彰显和塑造人的存在的自然性

实现人与自然和谐共生，是中国式现代化的鲜明特色。中国式现代化着眼于人类社会可持续发展的长远考量，以实现人与自然和谐共生的中国式表达规定了人对待自然的态度和行为，强调尊重自然、顺应自然、保护自然，坚持绿色低碳发展，提升生态系统的多样性、稳定性，深入推进环境污染防治，推动生态环境高质量发展，彰显和塑造了人的存在的自然性，为促进人的自由全面发展提供了良好的生态环境。

自然是人类赖以生存发展的基础，离开了自然，人的生产和生活也就根本无法进行。马克思指出："自然界，就它自身不是人的身体而言，是人的无机的身体。"[1]他强调，从人的基本属性来看，人首先并且"直接地是自然存在物"[2]，生存发展都依赖于大自然，人与自然是不可分割的有机整体，明确指出"我们连同我们的肉、血和头脑都是属于自然界和存在于自然界之中的"[3]。良好的生态环境为人实现更优质的生产生活提供了空间环境，成为满足人生存发展多样化需要的基本要素。所以，人与自然的关系是人类社会中的基本关系，实现人与自然的和谐发展是实现人的自由全面发展的基本要求。从本质上来说，人通过实践从自然界获取满足生存发展需要的物质、信息和能量的支持，这本身也意味着对自然资源的消耗，对生态环境不可避免地造成了影响。而当人们采取粗暴的方式盲目扩大对自然的占有、过度开发和利用资源，必然会带来环境污染、资源枯竭等问题，形成人与自然的根本对立，最终使人的自然性严重扭曲，否定人作为自然存在物的存在，损害人的根本利益。人们对自然的伤害，反过来也会使人们遭受自然的惩罚。对此恩格斯也曾提出"不要过分陶醉于我们人类对自然界的胜利。对于每一次这样的胜利，自然界都对我们进行报复。"[4]回顾西方现代化的历史进程，其表现出了强烈的反自然性、尽管人类在科技进步的助力下，大幅提升了对自然界的认识、改造和利用能力，但在由资本逻辑所圈设的范

---

[1]《马克思恩格斯全集》第三卷，北京：人民出版社，2002年版，第272页。
[2]《马克思恩格斯全集》第三卷，北京：人民出版社，2002年版，第324页。
[3]《马克思恩格斯全集》第二十六卷，北京：人民出版社，2014年版，第769页。
[4]《马克思恩格斯全集》第二十六卷，北京：人民出版社，2014年版，第769页。

式中,为了最大限度攫取剩余价值,以征服自然为价值理念,对自然资源的过度开发,采取高耗能、高污染的工业发展模式,对生态环境的严重破坏,导致人与自然的矛盾日趋尖锐激烈,而西方现代文明也最终必将在二者的矛盾和冲突中走向崩溃。在马克思看来,"人对自然的关系直接就是人对人的关系"①,要破解资本主义现代化所造成的人与自然关系对立的困局就必须从改变人与人的关系入手,即要推翻资产阶级的政权统治、废除私有制。在他看来,只有在以生产资料公有制的共产主义社会条件下,人与自然的关系实现真正和解,合理地进行人与自然之间的物质变换才能实现。因此,正确认识和利用自然规律,尊重自然和保护自然,应是人们对待自然的应有态度。

中国式现代化是建立在社会主义制度基础之上的,是对造成自然资源浪费和生态严重破坏的资本主义现代化的根本去弊。习近平总书记强调:"我们建设现代化国家,走美欧老路是走不通的,再有几个地球也不够中国人消耗。"②正是由于认识到自然对于人类生存发展的重要性,中国式现代化始终践行人与自然和谐共生的理念,统筹经济社会进步发展与生态环境保护,为人的自由全面发展提供了良好的生态环境供给和有利条件。党的二十大报告也明确提出:"尊重自然、顺应自然、保护自然,是全面建设社会主义现代化国家的内在要求。必须牢固树立和践行绿水青山就是金山银山的理念,站在人与自然和谐共生的高度谋划发展。"③尊重和保护自然是中国式现代化的内在要求。在推进中国式现代化进程中,始终注意正确审视和对待人与自然的关系,摒弃了西方现代化"先污染、后治理"的发展路子,突出生态文明建设在现代化建设中的突出位置,倡导"绿水青山就是金山银山""生态兴则文明兴"等重要理念,通过加快发展方式绿色转型,深入推进美丽中国建设,持续打好蓝天、碧水、净土保卫战,实施重要生态系统保护和修复重大工程,抓好水土流失、荒漠化综合防治,启动碳达峰试点城市和园区建设,积极参与和推动全球气候治理等一系列新举措新战略④,积极构建人与自然的生命共同体,实现了从观念到行动的现代化转型。而在这一过程中,人的自然性也被以一种更加积极和完整的形式塑造出来。

---

① 《马克思恩格斯全集》第三卷,北京:人民出版社,2002年版,第296页。
② 《习近平关于社会主义生态文明建设论述摘编》,北京:中央文献出版社,2017年版,第3页。
③ 《习近平著作选读》第一卷,北京:人民出版社,2023年版,第41页。
④ 李强:《政府工作报告——二〇二四年三月五日在第十四届全国人民代表大会第二次会议上》,《人民日报》2024年3月13日第1版。

（五）"走和平发展道路的现代化"拓展丰富人的社会交往关系

随着全球化不断演进，世界各国人民的联系愈加紧密，外部环境与世界关系的改善成为促进人的发展的有利条件。中国式现代化坚持和平发展的道路，不断提升对外开放的质量和水平，深化同世界各国和各民族之间的文化交流、文明互鉴，顺应时代发展潮流推动构建新型的国际关系和国际秩序，提出"构建人类命运共同体"的倡议，为拓展人的交往空间和范围、丰富人的社会关系创造了重要条件，积极推动人的自由全面发展。

从世界历史的发展趋势来说，随着各个国家和民族在政治、经济和文化等方面的交往日益密切，生产和生活的片面性与局限性日渐被突破，人的社会关系也呈现出包含丰富内容的世界性。马克思从"现实的人"的角度着眼，主张"人就是人的世界"[1]，强调人的本质反映并彰显于其所建立的各种复杂的社会关系之中。对此他明确提出："人的本质不是单个人所固有的抽象物，在其现实性上，它是一切社会关系的总和。"[2]人的社会关系根植于实践，并在其形成后对人的实践产生制约和影响。一方面，马克思指出："一定的社会关系同麻布、亚麻等一样，也是人们生产出来的。"[3]社会关系是在人的实践活动中生成的，是"以个人之间的交往为前提的"[4]。另一方面，社会关系作为一种既存的力量规定和制约着人的主体活动，即由马克思所指认的，人们自己创造自己的历史，总是受到一定社会历史条件和环境的制约，"是在既定的、制约着他们的环境中，是在现有的现实关系的基础上进行创造的"[5]。诚如马克思指出："交往的普遍性，从而世界市场成了基础。这种基础是个人全面发展的可能性，而个人从这个基础出发的实际发展是对这一发展的限制的不断扬弃，这种限制被意识到是限制，而不是被当作神圣的界限。个人的全面性不是想象的或设想的全面性，而是他的现实联系和观念联系的全面性。"[6]在他看来，人的发展或间接或直接受到社会关系的决定，只有在一定的社会关系中人才能充分释放自身的真正天性和展现属人的本质。人类社会科学技术和生产力水平不断发展，为人们的交

---

[1]《马克思恩格斯全集》第三卷，北京：人民出版社，2002年版，第199页。
[2]《马克思恩格斯文集》第一卷，北京：人民出版社，2009年版，第505页。
[3]《马克思恩格斯选集》第一卷，北京：人民出版社，2012年版，第222页。
[4]《马克思恩格斯全集》第三卷，北京：人民出版社，1960年版，第24页。
[5]《马克思恩格斯文集》第十卷，北京：人民出版社，2009年版，第668页。
[6]《马克思恩格斯全集》第三十卷，北京：人民出版社，1995年版，第541页。

往和交流开辟了更为广阔的生活和生产空间,人的交往范围逐步扩大为世界普遍的交往,日益突破了原有的一切封闭性和狭隘性,极大拓展了人的社会联系的深度与广度,从而孕育和造就了一种全新的社会关系。

马克思、恩格斯曾指出:"每一个单个人的解放的程度是与历史完全转变为世界历史的程度一致的。"①资本主义现代化在谋划自身的发展时,充当了"历史不自觉的工具",开创了世界历史、构筑了世界市场,"消灭了各国以往自然形成的闭关自守的状态"②,"使一切国家的生产和消费都成为世界性的了"③,每个文明国家以及身处在这些国家的人之间形成了相互往来、相互依赖的关系,这前所未有地推进了人进入世界普遍交往阶段,深刻改变了人的交往形式和内涵,进一步确证了人的社会关系的丰富性和多样性,对人类文明的发展和进步产生了重要影响。但是,为了获得更多利润,资本主义国家不断推行资本的霸权,对内进行残酷的剥削和压迫,对外凭借坚船利炮进行野蛮掠夺,强行在世界其他国家和民族地区推行资本主义现代化的发展模式,使广大发展中国家对其形成了严重的依附关系,导致国家间和民族间冲突不断,给世界人民造成了深重灾难,对人的现代化发展形成严重束缚。

相反,中国式现代化摒弃了西方现代化国家走的暴力掠夺的道路,秉持"和而不同"理念,坚持和平共处、互利共赢,积极加强同世界各国和民族的交流与合作,与世界各国人民共同构建人类命运共同体,使人的社会性和世界性得以不断丰富和整体建构起来,推动人的现代化朝着自由全面的方向不断迈进。"全球化发展把整个人类的命运紧紧联系在一起,新时代人的现代化离不开世界性的普遍交往。"④随着全球化不断发展,各个民族、国家和地区相互交往、相互联系,相互之间依存度不断加深,日益形成了人类命运共同体。中国式现代化学习和借鉴世界各国现代化的有益文明成果,坚持走和平发展道路,推进高水平对外开放,深度参与全球产业分工和合作,"弘扬和平、发展、公平、正义、民主、自由的全人类共同价值"⑤,积极推动和睦相处、互利共赢的国际新秩序的构建,"推动构建人类命运共同体,落实全球发展倡议、全球安全倡议、全球文明倡议,

---

① 《马克思恩格斯选集》第一卷,北京:人民出版社,2012年版,第169页。
② 《马克思恩格斯选集》第一卷,北京:人民出版社,2012年版,第194页。
③ 《马克思恩格斯选集》第一卷,北京:人民出版社,2012年版,第404页。
④ 刘海春、兰维:《新时代实现人的现代化的三重逻辑》,《现代哲学》2023年第4期,第1-7页。
⑤ 《习近平著作选读》第二卷,北京:人民出版社,2023年版,第613页。

深化拓展全球伙伴关系,在解决国际和地区热点问题中发挥积极建设性作用"[1],拓展了世界人民交往交流的平台,为实现人的现代化和全面发展提供了和平稳定的外部空间。

三、中国式现代化开辟了人的发展的新道路

"中国式现代化,深深植根于中华优秀传统文化,体现科学社会主义的先进本质,借鉴吸收一切人类优秀文明成果,代表人类文明进步的发展方向,展现了不同于西方现代化模式的新图景,是一种全新的人类文明形态。"[2]着眼于人的发展维度上,西方现代化在资本逻辑所圈设的逻辑范式中发展,在科技、消费活动、社会关系等方面形成了对人的全面抑制,造成了人的全面异化、人的发展的扭曲。而与此相对应的是,中国式现代化始终坚持将马克思主义与中国具体实际相结合,将"现实的人"作为逻辑起点,以人民至上打破西方现代化以资本为中心的物化逻辑,以打造人民的美好生活为动力源泉,将人的解放和自由全面发展作为目标追求,推进社会现代化与人的现代化的内在统一,在实践中实现了对现代化主体的建构,完成了对以"物"为本和以少数人为本的西方现代化的全面超越与克服,开辟了人的发展的全新道路。立足新的历史起点,随着中国式现代化不断深化推进,其所具有的优势充分迸发出来,彰显了中国式现代化的主体自觉。

(一)坚持"人民至上"实现人成为现代化建构的核心主体

纵观世界现代化的发展进程,坚持以人民为中心还是以资本为中心,这是中国式现代化与西方现代化的根本不同。西方现代化坚持以资本为本位的内生机制,在"只见物不见人"的发展模式中导致人的现代化被错置。西方现代化是以资本驱动为内生机制的现代化,而中国式现代化以"现实的人"为逻辑前提,用"人"的逻辑取代"物"的逻辑,在推进现代化的历史进程中,注重激发人的能动实践性,推动人的价值实现,实现了在现代化进程中人的主体地位的确立发展。

---

[1] 李强:《政府工作报告——二〇二四年三月五日在第十四届全国人民代表大会第二次会议上》,《人民日报》2024年3月13日第1版。
[2]《习近平在学习贯彻党的二十大精神研讨班开班式上发表重要讲话强调正确理解和大力推进中国式现代化》,《人民日报》2023年2月8日第1版。

在马克思主义看来,人是历史的推动者和创造者,历史发展的过程在其本质上也是人类追求和实现自身目的的过程。因而这就要求,在现代社会发展过程中,也必须巩固和彰显人的主体地位,并将其与人作为社会发展的目的统一起来。然而,西方现代化并非以人的现代化为出发点,而是以追求资本增殖为目标,最终引发了现代化的主体危机。在资本所圈定的逻辑中,西方现代化尽管将人从神的隶属关系中解放出来,但是人并未能成为"真正的人"追求自由和实现自我价值,反而又重新陷入了对物的隶属关系之中。正如马克思指出:"资本只有一种生活本能,这就是增殖自身,创造剩余价值,用自己的不变部分即生产资料吮吸尽可能多的剩余劳动。"[1]剥削性、逐利性和邪恶性是资本的本性,实现自身增殖和攫取剩余价值是资本主义生产的目的。在资本主义现代化生产体系下,由于奉行以资本为基础的物化的生产方式,导致人与社会的内在统一性被严重撕裂,在追求资本增殖的过程中人的存在价值严重贬值、主体地位日渐消弭,由此引发了现代性的主体危机。正如马克思所指认:"从15世纪最后30多年到18世纪末,伴随着对人民的暴力剥夺的是一连串的掠夺、残暴行为和人民的苦难。"[2]在资本主义生产关系下,由于受到资本逻辑的根本支配,人成为资本家获得剩余价值的工具,为了最大限度获得剩余价值,资本家对人进行剥削和压迫,所以,资本主义条件下"人的现代化实际上更多的是人作为一种劳动工具的现代化提升"[3],最终造成了贫富分化加剧、社会矛盾激化等困境。马克思也曾指出,资本害怕没有利润或利润太少,一旦国内无法满足其对剩余价值的贪欲时,就必然走上对外扩张和殖民扩张的道路。在西方现代化发展模式中,由于受到资本逻辑的有力驱使,人只是作为服膺于剩余价值生产的工具,西方现代化所造成的虚假繁荣是以牺牲人为代价的,发生了典型的人的异化,因而人的发展在西方资本主义现代化条件下根本无从谈起。

相反,中国式现代化始终坚持人民至上,确立以人的自由全面发展为主体建构的价值目标,防止了在现代化发展过程中人的主体失落和人性异化,从而将自身与西方现代化根本区别开来。避免西方现代化发展进程中所带来人的

---

[1]《马克思恩格斯全集》第四十二卷,北京:人民出版社,2016年版,第228页。
[2]《马克思恩格斯全集》第四十四卷,北京:人民出版社,2001年版,第836页。
[3] 王虎学、陈婉馨:《中国式现代化之中国特色的人学意蕴》,《马克思主义与现实》2024年第1期,第34-39页。

主体性危机,必然要求实现人在现代化进程中主体地位的巩固和发展,并且在这个过程中维护和保障人的主体地位和利益。在回答人在现代化进程中的主体的问题上,中国式现代化始终坚持人民至上,摆脱资本设置的"物化"困境、坚持"人本逻辑"①,打破西方现代化对人的主体的虚无化,将实现人的解放和人的自由全面发展复归正位,始终指向"作为完成了的自然主义=人道主义,而作为完成了的人道主义=自然主义"②的共产主义。中国共产党成立以来,就将为人民谋幸福、为民族谋复兴作为自己的初心使命,在统筹协调各方力量推进中国式现代化进程中,始终坚持人民至上的根本政治立场,将全心全意为人民服务的宗旨贯彻到推进现代化的全过程和各环节,把增进人民利益福祉和促进人的自由全面发展作为根本价值指向引领经济社会发展,提高了人民生存发展的水平和质量,切实推进社会全面进步和人的全面发展。一方面,中国式现代化本质上是人民共同创造和享有丰裕现代化成果的过程,人民群众不仅是现代化目标和战略的制定者和谋划者,同时也是现代化任务的承担者和完成者。中国式现代化充分尊重人民的首创精神,不断激发人民的积极性、主动性和创造性,保障人民群众充分享有获得发展自身能力、参与现代化实践的平等权利和机会,促进现代化建设取得了更多成果。另一方面,中国式现代化以"为了人民"作为价值旨归,努力促进人的自由全面发展。人民群众作为现代化发展的推动主体,也是现代化发展成果的享有者。习近平总书记强调:"让广大人民群众共享改革发展成果,是社会主义的本质要求,是社会主义制度优越性的集中体现,是我们党坚持全心全意为人民服务根本宗旨的重要体现。"③在社会主义现代化的新征程中,始终"坚持以人民为中心的发展思想,履行好保基本、兜底线职责,采取更多惠民生、暖民心举措,扎实推进共同富裕,促进社会和谐稳定,不断增强人民群众的获得感、幸福感、安全感"④,为实现每个人的自由全面发展不断创造新的有利条件。

一个无法回避的问题是,现阶段在推进中国式现代化的进程中,不可避免地要与资本打交道。而如何对待资本,也成为中国式现代化区别于西方现代化

---

① 周文、白佶:《中国式现代化的共同特征与中国特色》,《教学与研究》2023年第9期,第26—39页。
② 《马克思恩格斯全集》第三卷,北京:人民出版社,2002年版,第297页。
③ 《习近平关于尊重和保障人权论述摘编》,北京:中央文献出版社,2021年版,第51页。
④ 李强:《政府工作报告——二〇二四年三月五日在第十四届全国人民代表大会第二次会议上》,《人民日报》2024年3月13日第1版。

的显著标志。正如马克思在对西方现代化路径进行理论回应时所指出的那样,在人类社会发展过程中,资本的存在有其社会历史性。立足经济发展与人的发展的统一视角,他不仅阐释了资本所具有的"文明作用",在此基础上也提出了"资本的历史使命",即"一方面整个社会只需用较少的劳动时间就能占有并保持普遍财富,另一方面劳动的社会将科学地对待自己的不断发展的再生产过程,对待自己的越来越丰富的再生产过程,从而,人不再从事那种可以让物来替人从事的劳动,——一旦到了那样的时候,资本的历史使命就完成了"[1]。也就是说,资本的"文明作用"体现在促进经济发展、重构社会秩序、为未来社会创造物质技术条件、创造更多的自由活动时间等方面。[2]在对待资本的问题上,不同于西方现代化将资本看作支配一切的经济权利,中国式现代化坚持以马克思主义为指导对这个问题进行了正确解决,一方面,中国式现代化既强调激活"资本文明作用",推动经济发展,为实现人的全面发展创造有利条件;另一方面,又强调有效遏制资本的"无序扩张"和"野蛮生长",通过国家引导和规范资本作用,彻底改变人与资本在现代社会中的价值关系,维护和保障人的主体地位,推动人的现代化发展和人的自由全面发展,从而有效满足人民对美好生活的向往。

(二)在现代文明的整体进步中塑造人的发展的社会空间

社会主义现代化建设,其根本上指向于人的现代化和人的自由全面发展。人是推动历史发展的主体,这不仅要求现代化建设必须彰显和巩固人的主体地位,还要求将人的自由全面发展作为现代化发展的目的。正如列宁指出的:"生气勃勃的创造性的社会主义是由人民群众自己创立的。"[3]人是现代化建设的主体,经济、政治、文化等各方面的现代化都需要充分依靠人的力量和智慧,所以离开了人的现代化和全面发展,现代化的实现也就失去了意义。在资本主义现代化条件下,人沦为了资本统治社会的工具,服膺于资本增殖的最终目的,逐步丧失了批判性、创造性和否定性,所以在这样的条件下人的现代化发展其本质上是人作为工具的现代化水平的提升,而非人作为现代化主体的发展。与此形成鲜明对照的是,中国式现代化立足全新的历史任务和时空条件,始终注重消

---

[1]《马克思恩格斯全集》第三十卷,北京:人民出版社,1995年版,第286页。
[2] 赵家祥:《全面认识资本的作用——〈资本论〉及其手稿中一个被忽视的重要观点》,《中国高校社会科学》2015年第1期,第4—21、156页。
[3]《列宁全集》第三十三卷,北京:人民出版社,2017年版,第57页。

除资本主义现代化发展所伴生的贫富两极分化、人的发展困境等弊端,以"现实的人"作为逻辑前提,将人的现代化和人的自由全面发展作为现代化的本质和核心,结合解决不同历史阶段社会矛盾的需要,在接续推进中国式现代化进程中,逐步满足人的美好生活多重需要、提高人的能力、丰富人的社会关系、发展和促进人的自由个性,成功走出一条通往人的自由全面发展的中国式现代化道路,谱写了人类文明发展的新篇章。

一方面,中国式现代化坚持推动经济、政治、文化、社会、生态文明各领域的协调发展,激发社会发展各要素各领域的动力与活力,实现对人的现实性的塑造。按照马克思主义的基本原理,人的发展是人的主体价值的展现,同时现代社会也有责任为实现人的自由全面的发展提供社会条件。人的自由全面发展并非抽象的价值概念,其真切地体现了人的主体性要求,克服了资本主义现代化社会中人与共同体的割裂,也"避免了出现发展中的不平衡、不协调、不持续和人的单向度问题",体现为丰富、多样、全面、立体式的人的整体发展。[①]人们对自由全面发展的向往,包括享有充裕的社会财富、平等参与政治生活、满足精神文化需要,以及由此彰显的多样化生存发展需要的全面满足、社会关系的丰富、能力和潜能的提升以及自由个性的发展。因此,实现人的自由全面发展要求现代化社会各个领域的现代化都要协调推进,为满足主体的内在需要创造出不同的生产资料和生活资料。在中国式现代化条件下,人民不仅是社会财富的创造者,也是社会财富的享有者,保障人民平等地获得满足自身需要的不同类型的生产和生活资料,使人的自由全面发展逐步趋于现实化,实现了对西方现代化"以物的依赖性为基础的人的独立性"的历史性超越。中国式现代化以创造丰裕的物质财富和精神财富满足人民的内在需要,在社会各领域协调发展中全方位提升人的发展水平和质量。一方面,中国式现代化充分保障人民主体地位、激发人的主体能动性和创造性,发挥巨大的人力资源优势,积极推动现代化经济体系的构建,转变经济发展方式,推动经济高质量发展,持续不断"做大蛋糕";另一方面,中国式现代化正确处理效率和公平的关系,通过政府宏观调控与市场的有机配合,采取有效的举措不断缩小城乡、区域以及不同群体之间的收入差距,并通过合理"构建初次分配、再分配、三次分配协调配套的基础性制度安排,加大税收、社保、转移支付等调节力度并提高精准性,扩大中等收入群

---

① 徐椿梁:《中国式现代化主体建构的三重维度:理论、历史与实践》,《求索》2023年第5期,第49—55页。

体比重,增加低收入群体收入,合理调节高收入,取缔非法收入,形成中间大、两头小的橄榄型分配结构"①,使每个人都能够平等获得自我发展的机会和权利,共享物质文明、精神文明的成果,过上体面而富有尊严的生活。在此基础上,人民日益多元的精神文化需要日益得到满足,全面塑造和丰富了人的精神世界。对人的自由全面发展的向往既真正尊重和维护了每个人获得自身发展的机会和权利,又确保了社会整体的良性发展和运行,实现了个体自身命运与共同体命运的统一,克服了西方现代社会中人与共同体之间的割裂状态。着眼于人与自然的关系,中国式现代化超越资本主义现代化社会的人与自然二元对立,以生态文明建设推动人与自然和谐共生,人们"合理地调节他们和自然之间的物质变换,……在最无愧于和最适合于他们的人类本性的条件下来进行这种物质变换"②,为满足人民日益增长的优美生态环境需要提供更多优质的生态产品,构建了人的现代化生存的良好环境。正如习近平总书记指出的:"人世间的一切幸福都需要靠辛勤的劳动来创造。"③中国式现代化是人的本质力量对象化或外化的过程,是全体人民基于生存发展需要通过辛勤劳动的创造性生成,对人们的能力和潜能进行了充分展现和确证,是主体创造力和能动性充分迸发的现代化,在推进共同富裕的现代化进程中,人民不仅推动生产力发展、社会财富增加,同时也使每个人获得参与感和幸福感,从而实现主体能力和素质的现代化。

另一方面,中国式现代化坚持物的全面丰富与人的自由全面发展的辩证统一,追求人民物质富足与精神富有,不断实现对人的全面性的塑造。党的二十大报告明确指出:"我们不断厚植现代化的物质基础,不断夯实人民幸福生活的物质条件,同时大力发展社会主义先进文化,加强理想信念教育,传承中华文明,促进物的全面丰富和人的全面发展。"④一方面,物的全面发展为追求人的全面发展提供基础和保障,在一定程度上规定着人的发展质量和水平。正如马克思指出的那样:"当人们还不能使自己的吃喝住穿在质和量方面得到充分保证的时候,人们就根本不能获得解放。"⑤没有相应的物质生活需要的满足,人的自由全面发展也就无从谈起。只有当人们的生存获得一定的物质条件保障时,人

---

① 《习近平著作选读》第二卷,北京:人民出版社,2023年版,第503页。
② 《马克思恩格斯全集》第四十六卷,北京:人民出版社,2003年版,第928—929页。
③ 《习近平著作选读》第一卷,北京:人民出版社,2023年版,第60页。
④ 《习近平著作选读》第一卷,北京:人民出版社,2023年版,第19页。
⑤ 《马克思恩格斯文集》第一卷,北京:人民出版社,2009年版,第527页。

们才能从事其他一切富有生命意义的实践。另一方面,人的全面发展又对物的全面发展具有推动作用。人是社会财富的创造主体。人的科学文化素质、文明程度的提高,为物的全面发展提供了主体动力。中国式现代化始终坚持以经济建设为中心,充分解放和发展生产力,推动社会主义现代化事业发生了历史性变革、取得了历史性成就,极大改善了人民的生存方式,提升了生活质量,为实现全体人民共同富裕、促进人的自由全面发展奠定了坚实的物质基础。人的发展不断呈现全面性和普遍性,也将进一步激发促进中国式现代化的主体力量。不仅如此,资本主义国家在其现代化的进程中,由于奉行的是以资本为中心的现代化,追逐少数人利益的最大化,造成了严重的贫富差距,最终引发了社会动荡、冲突不断、危机四伏、政局不稳等社会危机。而中国式现代化牢牢把握住生产资料公有制的根本前提,旨在增进全体人民的利益福祉,实现了广大人民群众利益发展的最大化。习近平总书记指出:"我国十四亿人口要整体迈入现代化社会,其规模超过现有发达国家的总和,将彻底改写现代化的世界版图,在人类历史上是一件有深远影响的大事。"[1]中国式现代化与世界人民的利益相通,其成功推进也是对人类文明进步作出的重大贡献。

(三)通过平等合作的交往互动促进作为"类"存在的人的共同解放

在世界历史的不断演进中,实现现代化是人类摆脱封建束缚,进而实现自身解放和全面发展的根本路径。但是,人类追求现代化的过程也并非一蹴而就、一帆风顺的。纵观人类现代社会的演进历史,西方社会在以资本为主导的力量作用下,结束了封建传统的生产、生活和思维方式的束缚,开启了人类社会的现代化进程。尽管西方现代化的建构在推动人类实现由传统向现代的转型方面具有一定积极意义,但其本质上是由资本逻辑主导下的现代化模式,"在最下流、最龌龊、最卑鄙和最可恶的贪欲的驱使下完成的"[2]对人的剥削和压迫,造成了人同自然、社会和自身的关系的全面异化,人的发展畸形和片面化。所以,西方现代化不仅没有造成世界现代化的繁荣景象,反而在其形成与发展过程中,无不彰显着霸权主义的发展逻辑。资本主义生产方式的剥削性使其在实现

---

[1]《习近平著作选读》第二卷,北京:人民出版社,2023年版,第367页。
[2]《马克思恩格斯全集》第四十四卷,北京:人民出版社,2001年版,第873页。

自身现代化过程中不断通过对内压迫、对外扩张和掠夺的方式来拓展发展空间。随着资本逻辑的升级,资本主义现代化国家依靠金融、文化和军事等方面的霸权实现对世界的统治,形成了"中心—边缘"的全球现代化发展格局,增加了全球现代化发展的矛盾性、复杂性和不确定性,也使人类进入无休止的对抗与冲突之中,引发的各类全球性危机和风险已经严重威胁到人类的生存发展,与人类追求现代化的初衷相背离。[①]因此,如何有效应对这些风险和危机,使合作共赢取代对抗冲突就成为全人类重构全球现代化和引领人类社会未来发展的努力方向。

中国式现代化致力于突破西方资本主义现代化的发展困境,坚持走和平发展的道路,推进全球发展实现由竞争对抗转向合作共赢,为全球现代化发展提供了新的价值引领,极大促进了人的社会性和世界性建构以及整体发展。正如习近平总书记指出的:"和平、和睦、和谐是中华民族五千多年来一直追求和传承的理念,中华民族的血液中没有侵略他人、称王称霸的基因。"[②]不同于西方现代化是建立在对外扩张的基础之上,中国式现代化始终秉承和平发展的理念,坚持走和平发展的道路。历史实践也表明,走和平发展的道路是实现中国式现代化和中华民族伟大复兴的必由之路。1840年鸦片战争后,封建王朝更替的周期性发展轨迹和内循环系统被打破,中国逐步沦为半殖民地半封建社会,导致国家蒙辱、人民蒙难、文明蒙尘。对于战争所带来的灾难,中国人民的体会最为深切。对于来之不易的和平,中国人民也尤为珍惜。新中国成立以来特别是改革开放以来,中国人民始终坚持在和平发展的原则下推进社会主义现代化,取得了举世瞩目的成就。这也表明,坚持走和平发展的道路也是实现中国式现代化的必然道路。坚持和平与发展,实现合作共赢也是保证人类文明发展与持续建构全球现代化的客观需要。立足全人类命运与共的当下阶段,"一方面,和平、发展、合作、共赢的历史潮流不可阻挡,人心所向、大势所趋决定了人类前途终归光明。另一方面,恃强凌弱、巧取豪夺、零和博弈等霸权霸道霸凌行径危害深重,和平赤字、发展赤字、安全赤字、治理赤字加重,人类社会面临前所未有的

---

① 乔玉强:《中国式现代化新道路与人的现代化新发展——基于马克思世界历史理论的分析》,《社会主义研究》2023年第1期,第9-17页。
② 《习近平著作选读》第二卷,北京:人民出版社,2023年版,第485页。

挑战"①。尽管国际风云诡谲,但中国人民是始终立足历史进步的一边、站在造福全人类的一边,主张"以文明交流超越文明隔阂,以文明互鉴超越文明冲突,以文明共存超越文明优越"②,以和平、发展、合作、共赢的价值理念引领全球现代化朝着实现人的现代化的方向前进。

  中国式现代化是中国人民基于本国国情和文化历史传统等情况作出的适合自身的现代化道路选择,不仅在同世界其他各国和民族的现代化道路选择和实践的比较中彰显了鲜明的中国特色,同时其所彰显的关于现代化的一般规律和原则也为世界其他国家和民族走实现人的发展的现代化道路提供了有益借鉴。正如习近平总书记所强调的:"中国共产党关注人类前途命运,同世界上一切进步力量携手前进,中国始终是世界和平的建设者、全球发展的贡献者、国际秩序的维护者!"③中国式现代化坚持以实现人类社会可持续发展和人的解放为目标,实现了对资本逻辑主导的现代化的批判和超越,有效地契合了人类对现代化的共同期盼,拓宽了人类现代化发展的路径。当下,"人类生活在同一个地球村里,生活在历史和现实交汇的同一个时空里,越来越成为你中有我、我中有你的命运共同体"④。结合当前人类社会所处的历史方位和客观要求,中国式现代化以全人类的共同需求和利益为基石,致力于推动全球现代化摒弃对抗性思维,尊重世界各国选择和实现现代化的自主性和多样性,倡导通过平等交往的方式实现人类社会的可持续发展和世界现代化,开创人类现代化发展的新模式。这也从根本上避免了资本逻辑主导现代化给人类社会所造成的畸形发展和人的异化,在实现全球生产力发展的基础上推进对人的社会性和世界性的塑造与扩展,改善人与自然、人与自身、人与社会的关系,从而"最大程度实现人类社会的可持续发展和作为'类'存在的人的共同解放"。⑤立足未来,中国式现代化将以更加开放的姿态拥抱世界,"坚持独立自主的和平外交政策,坚持走和平发展道路,坚定奉行互利共赢的开放战略,倡导平等有序的世界多极化和普惠

---

① 习近平:《高举中国特色社会主义伟大旗帜 为全面建设社会主义现代化国家而团结奋斗——在中国共产党第二十次全国代表大会上的报告》,北京:人民出版社,2022年版,第60页。
② 《习近平外交演讲集》第二卷,北京:中央文献出版社,2022年版,第108页。
③ 《习近平著作选读》第二卷,北京:人民出版社,2023年版,第485页。
④ 《习近平著作选读》第一卷,北京:人民出版社,2023年版,第104页。
⑤ 乔玉强:《中国式现代化新道路与人的现代化新发展——基于马克思世界历史理论的分析》,《社会主义研究》2023年第1期,第9—17页。

包容的经济全球化,推动构建新型国际关系,反对霸权霸道霸凌行径,维护国际公平正义。愿同国际社会一道,落实全球发展倡议、全球安全倡议、全球文明倡议,弘扬全人类共同价值,推动全球治理体系变革,推动构建人类命运共同体"[①],以更有活力的文明成就为全球现代化的发展作出更多贡献,为促进全人类的共同解放和自由全面发展提供理论和实践基础。

总之,人的现代化是中国式现代化的本质,实现人的自由全面的发展是中国式现代化的根本价值追求。在中国式现代化条件下,中国共产党团结带领人民接续推动现代化建设的实践,实现社会现代化与人的现代化同频共振,推动人的美好生活多重需要日益得到满足,人的能力不断提升、社会关系越来越丰富与自由个性不断发展,为人的全面发展开辟了更为广阔的空间,赋予其更多现实可能性,走出了一条特色鲜明、具有显著优势的人的发展道路。中国式现代化条件下人的发展所取得的巨大成就,彰显了"科学社会主义的先进本质,代表人类文明进步的发展方向,打破了'现代化=西方化'的迷思,展现了现代化的另一幅图景,拓展了发展中国家走向现代化的路径选择,为人类对更好社会制度的探索提供了中国方案"[②],也为广大发展中国家独立自主迈向现代化树立了典范,为其提供了全新选择。

人的发展是一个随着生产力与生产关系运动变化而逐步提高和完善的过程。立足人类现代化的时代潮头,全面深化改革推进中国式现代化,必须坚持马克思主义的基本观点、立场和方法,要在中西方现代化发展道路的比对中发现各自的差异性,找准自身的优势和特点,进一步坚定走中国式现代化发展道路的自信。与此同时,要充分借鉴和吸收人类社会的一切优秀文明成果,正确评价西方现代化的历史作用并汲取其有益经验,进一步拓展中国式现代化的发展内涵和空间。

使命重在担当,奋斗创造未来。新时代新征程,要努力协调和平衡社会发展与人的发展、社会现代化与人的现代化的内在统一关系,在不断开辟社会主义现代化建设事业新格局新境界中,实现人的自由全面发展。为此,必须将

---

① 李强:《政府工作报告——二〇二四年三月五日在第十四届全国人民代表大会第二次会议上》,《人民日报》2024年3月13日第1版。
② 《习近平在学习贯彻党的二十大精神研讨班开班式上发表重要讲话强调正确理解和大力推进中国式现代化》,《人民日报》2023年2月8日第1版。

中国共产党的领导贯穿于中国式现代化的各方面全过程,充分发挥我国具有的显著制度优势、超大规模市场的需求优势、产业体系完备的供给优势、高素质劳动者众多的人才优势,抓住有利时机、利用有利条件,调动各方面干事创业的积极性,"完整、准确、全面贯彻新发展理念,加快构建新发展格局,着力推动高质量发展,全面深化改革开放,推动高水平科技自立自强,加大宏观调控力度,统筹扩大内需和深化供给侧结构性改革,统筹新型城镇化和乡村全面振兴,统筹高质量发展和高水平安全,切实增强经济活力、防范化解风险、改善社会预期,巩固和增强经济回升向好态势,持续推动经济实现质的有效提升和量的合理增长,增进民生福祉,保持社会稳定,以中国式现代化全面推进强国建设、民族复兴伟业"。[①]

可以坚信的是,随着中国式现代化不断推进,人的发展将会发生新的历史性变革、取得新的历史性成就,逐步趋向于人的自由全面发展的理想目标,从而展现出历史上从未有过的宏阔景象与光明前景。

---

① 李强:《政府工作报告——二〇二四年三月五日在第十四届全国人民代表大会第二次会议上》,《人民日报》2024 年 3 月 13 日第 1 版。

参考文献

一、经典文献

《马克思恩格斯全集》第二卷,北京:人民出版社,1957年版。
《马克思恩格斯全集》第四卷,北京:人民出版社,1958年版。
《列宁全集》第二十一卷,北京:人民出版社,1959年版。
《马克思恩格斯全集》第三卷,北京:人民出版社,1960年版。
《马克思恩格斯全集》第十九卷,北京:人民出版社,1963年版。
《马克思恩格斯全集》第二十卷,北京:人民出版社,1971年版。
《马克思恩格斯全集》第三十九卷,北京:人民出版社,1974年版。
《马克思恩格斯全集》第四十二卷,北京:人民出版社,1979年版。
《马克思恩格斯全集》第四十六卷上册,北京:人民出版社,1979年版。
《马克思恩格斯全集》第四十六卷下册,北京:人民出版社,1980年版。
《马克思恩格斯全集》第一卷,北京:人民出版社,1995年版。
《马克思恩格斯全集》第三十卷,北京:人民出版社,1995年版。
《马克思恩格斯全集》第三十二卷,北京:人民出版社,1998年版。
《马克思恩格斯全集》第二十五、四十四卷,北京:人民出版社,2001年版。
《马克思恩格斯全集》第三卷,北京:人民出版社,2002年版。
《马克思恩格斯全集》第四十六卷,北京:人民出版社,2003年版。
《马克思恩格斯全集》第四十七卷,北京:人民出版社,2004年版。
《资本论》第一卷,北京:人民出版社,2004年版。
《马克思恩格斯全集》第三十四卷,北京:人民出版社,2008年版。
《马克思恩格斯文集》第一~十卷,北京:人民出版社,2009年版。
《马克思恩格斯选集》第一~四卷,北京:人民出版社,2012年版。
《马克思恩格斯全集》第二十六卷,北京:人民出版社,2014年版。
《马克思恩格斯全集》第四十二、四十三卷,北京:人民出版社,2016年版。
马克思:《资本论(节选本)》,北京:人民出版社,2016年版。

列宁:《共产主义运动中的"左派"幼稚病》,北京:人民出版社,2016年版。
《列宁全集》第三十三、三十七卷,北京:人民出版社,2017年版。
《马克思恩格斯全集》第二十八卷,北京:人民出版社,2018年版。
马克思、恩格斯:《德意志意识形态》节选本,北京:人民出版社,2018年版。
《马克思恩格斯全集》第三十七、三十八卷,北京:人民出版社,2019年版。
《党的二十大报告辅导读本》,北京:人民出版社,2022年版。
《邓小平文选》第二卷,北京:人民出版社,1994年版。
《改革开放三十年重要文献选编》上、下,北京:中央文献出版社,2008年版。
《论坚持人与自然和谐共生》,北京:中央文献出版社,2022年版。
《全面建成小康社会重要文献选编》下,北京:人民出版社,2022年版。
《深入学习习近平关于科技创新的重要论述》,北京:人民出版社,2023年版。
《十八大以来重要文献选编》上,北京:中央文献出版社,2014年版。
《十八大以来重要文献选编》下,北京:中央文献出版社,2018年版。
《十八大以来重要文献选编》中,北京:中央文献出版社,2016年版。
《十九大以来重要文献选编》上,北京:中央文献出版社,2019年版。
《十六大以来重要文献选编》上,北京:中央文献出版社,2005年版。
《十三大以来重要文献选编》上,北京:人民出版社,1991年版。
《习近平关于城市工作论述摘编》,北京:中央文献出版社,2023年版。
《习近平关于社会主义经济建设论述摘编》,北京:中央文献出版社,2017年版。
《习近平关于社会主义精神文明建设论述摘编》,北京:中央文献出版社,2022年版。
《习近平关于社会主义生态文明建设论述摘编》,北京:中央文献出版社,2017年版。
《习近平关于尊重和保障人权论述摘编》,北京:中央文献出版社,2021年版。
《习近平书信选集》第一卷,北京:中央文献出版社,2022年版。
《习近平谈治国理政》第二卷,北京:外文出版社,2017年版。
《习近平谈治国理政》第三卷,北京:外文出版社,2020年版。

《习近平谈治国理政》第四卷,北京:外文出版社,2022年版。

《习近平外交演讲集》第一、二卷,北京:中央文献出版社,2022年版。

《习近平著作选读》第一、二卷,北京:人民出版社,2023年版。

《周恩来选集》下卷,北京:人民出版社,1984年版。

习近平:《高举中国特色社会主义伟大旗帜 为全面建设社会主义现代化国家而团结奋斗——在中国共产党第二十次全国代表大会上的报告》,北京:人民出版社,2022年版。

习近平:《携手同行现代化之路——在中国共产党与世界政党高层对话会上的主旨讲话》,北京:人民出版社,2023年版。

习近平:《在纪念马克思诞辰200周年大会上的讲话》,北京:人民出版社,2018年版。

习近平:《在庆祝中国共产党成立100周年大会上的讲话》,北京:人民出版社,2021年版。

习近平:《在文化传承发展座谈会上的讲话》,北京:人民出版社,2023年版。

习近平:《之江新语》,杭州:浙江人民出版社,2007年版。

二、中文专著、译著

本书编写组:《共产党人"心学"必修课——"三个为什么"100问》,北京:人民出版社,2022年版。

常欣欣:《中国特色社会主义与中国和平发展新道路》,北京:人民出版社,2013年版。

陈海燕等:《全球化视阈下的社会主义与资本主义:两种制度关系发展规律研究》,北京:学习出版社,2013年版。

陈曙光、张占斌:《马克思人学的存在论阐释》,北京:社会科学文献出版社,2019年版。

陈锡喜:《平易近人——习近平的语言力量》,上海:上海交通大学出版社,2017年版。

陈新夏:《可持续发展与人的发展》,北京:人民出版社,2009年版。

陈志尚:《人的自由全面发展论》,北京:中国人民大学出版社,2004年版。

陈志尚等:《人学新论:马克思主义人学基本理论和重大现实问题研究》,北京:人民出版社,2015年版。

成龙:《新时代中国特色社会主义的思想逻辑研究》,北京:人民出版社,2020年版。

程新英:《发展的意蕴:发展观的历史嬗变与科学发展观的当代价值》,北京:中国社会科学出版社,2006年版。

崔希福:《社会正义与人的现实幸福》,北京:中国社会科学出版社,2017年版。

戴木才:《实现人民美好生活之道:中国式现代化道路》,北京:人民出版社,2022年版。

董振华:《马克思主义哲学前沿问题》,北京:中共中央党校出版社,2018年版。

方世南:《马克思恩格斯的生态文明思想——基于〈马克思恩格斯文集〉的研究》,北京:人民出版社,2017年版。

郭晶:《"主体性"的当代合理性 马克思的主体性思想研究》,北京:中国社会科学出版社,2015年版。

郭湛:《主体性哲学 人的存在及其意义》,北京:中国人民大学出版社,2011年版。

郝清杰:《让马克思主义成为一种生活方式》,天津:天津教育出版社,2022年版。

何传启:《如何成为一个现代化国家——中国现代化报告概要(2001~2016)》,北京:北京大学出版社,2017年版。

何玲玲:《马克思人的发展与社会发展关系理论研究》,北京:人民出版社,2014年版。

黄书进主编:《实现中华民族伟大复兴的行动纲领》,北京:人民出版社,2012年版。

李建民、刘务勇、王丽霞:《中国循环经济战略选择的政治经济分析》,北京:人民出版社,2007年版。

刘海江:《马克思实践共同体思想研究》,北京:中国社会科学出版社,2016年版。

刘娜:《全球化进程中的意识形态问题研究》,北京:知识产权出版社,2013年版。

刘宇兰:《马克思主义现代性理论与中国道路研究》,北京:人民出版社,2022年版。

刘昱、陈海丰:《马克思主义文本视域下的社会主义 哲学卷》,北京:中央编译出版社,2019年版。

罗荣渠:《现代化新论——世界与中国的现代化进程》,北京:北京大学出版社,1993年版。

欧阳英:《马克思政治哲学思想探析:历史、变迁与价值》,北京:中国社会科学出版社,2018年版。

钱乘旦、杨豫、陈晓律:《世界现代化进程》,南京:南京大学出版社,1995年版。

邱亿通:《现代化的历史趋势与价值选择》,北京:人民出版社,2004年版。

人民日报社人民论坛杂志社主编:《人类文明新形态:中国式现代化》,北京:人民出版社,2023年版。

史小宁、郝相赟:《马克思主义基本原理热点问题研究》,北京:中国社会科学出版社,2018年版。

唐家柱:《现代化进程中的中国特色社会主义理论体系研究》,北京:人民出版社,2008年版。

田洪星:《马克思社会有机体理论与当代实践》,济南:山东人民出版社,2016年版。

王德军:《中国现代化进程中的人与文化》,北京:人民出版社,2007年。

王虎学:《人的社会与社会的人:马克思哲学的革命变革与现代视域》,济南:山东人民出版社,2012年版。

王民康:《现实个人现实活动的现实关系——循着马克思主义的理论逻辑》,成都:西南交通大学出版社,2013年版。

王庆丰:《〈资本论〉与当代社会发展道路》,北京:北京师范大学出版社,2022年版。

王善超:《关于人的理解》,郑州:河南人民出版社,2011年版。

王盛辉:《自由个性及其历史生成研究——基于马克思恩格斯文本整体解

读的新视角》,北京:人民出版社,2011年版。

吴楠:《人与社会关系思想的历史性生成:青年马克思思想探析》,北京:中国社会科学出版社,2013年版。

萧洪恩、王娟:《乡村振兴和农村就地现代化研究》,北京:中国国际广播出版社,2022年版。

徐春:《人的发展论》,北京:中国人民公安大学出版社,2007年版。

徐国胜、刘同舫:《马克思对个性解放的探索之路》,广州:广东人民出版社,2015年版。

徐平:《伟大的事实——世界现代化进程中的中国现代化发展》,北京:人民出版社,2021年版。

杨耕:《东方的崛起:关于中国式现代化的哲学反思》,北京:人民出版社,2022年版。

杨河、杨伊佳:《中国道路与中国方案研究》,北京:人民出版社,2022年版。

叶险明:《马克思的工业革命理论与现时代》,北京:北京出版社,2001年版。

殷理田等:《中国小康社会论》,北京:人民出版社,1996年版。

俞思念:《社会主义现代化与文化创新》,北京:人民出版社,2006年版。

张雷声主编:《马克思主义基本原理专题研究》,北京:中国人民大学出版社,2018年版。

张三元:《文化与自由:唯物史观创新研究》,武汉:湖北人民出版社,2016年版。

张占斌:《中国式现代化与高质量发展》,北京:人民出版社,2023年版。

赵明义:《社会主义论:基础理论·在当代中国·在当代世界》,济南:山东人民出版社,2011年版。

郑永廷等:《人的现代化理论与实践》,北京:人民出版社,2006年版。

中共中央党校马克思主义学院、中国马克思主义研究基金会:《马克思主义中国化的新进展》,北京:人民出版社,2017年版。

中国科学院哲学研究所西方哲学史组:《存在主义哲学》,北京:商务印书馆,1963年版。

周世兴:《个人的历史与历史的个人:马克思个人理论研究》,北京:人民出版社,2013年版。

周世兴：《文本、语境与意涵：马克思艺术生产理论新诠》，北京：人民出版社，2021年版。

周穗明等：《现代化：历史、理论与反思：兼论西方左翼的现代化批判》，北京：中国广播电视出版社，2001年版。

朱成全：《以自由看发展：马克思自由发展观视阈中的人类发展指数扩展研究》，北京：人民出版社，2011年版。

殷陆君编译：《人的现代化》，成都：四川人民出版社，1985年版。

[意]安·拉布里奥拉：《关于历史唯物主义》，杨启潾、孙魁，等译，北京：人民出版社，1984年版。

[英]鲍桑葵：《关于国家的哲学理论》，汪淑钧译，北京：商务印书馆，2009年版。

三、中文期刊

本刊记者：《从科学社会主义视角看当代资本主义新变化——访徐崇温研究员》，《科学社会主义》2005年第3期。

本刊记者：《西方资本主义经济陷入停滞常态化的困境——访南开大学经济学院何自力教授》，《马克思主义研究》2017年第1期。

操奇、朱喆：《马克思"自由个性"说辨正》，《马克思主义哲学研究》2014年第1期。

柴艳萍：《环境问题的哲学剖析——兼论人与自然、人与人两种基本关系》，《东南大学学报》（哲学社会科学版）2014年第4期。

陈斌开、伏霖：《发展战略与经济停滞》，《世界经济》2018年第1期。

陈峰君：《现代化模式的多样性》，《当代亚太》2000年第8期。

陈利芝、瞿翠玲、潘加安：《浅析传统文化对大学生个性发展的负面影响》，《考试周刊》2014年第15期。

陈良斌：《思想史视域下资本主义的不平衡地理发展探微》，《华中科技大学学报》（社会科学版）2013年第4期。

陈孟：《多元文化视阈下西方文化认同危机与对策》，《学术交流》2016年第5期。

陈培永、李颖:《世界百年未有之大变局下和平与发展时代主题的再思考》,《世界社会主义研究》2023年第11期。

陈曙光、杨洁:《论马克思的"自由个性"观》,《北京大学学报》(哲学社会科学版)2017年第6期。

陈曙光:《论"每个人自由全面发展"》,《北京大学学报》(哲学社会科学版)2019年第2期。

陈帅、黄娟:《"双碳"目标赋能绿色生产生活方式的机理、路径及保障机制》,《哈尔滨工业大学学报》(社会科学版)2024年第1期。

陈铁民:《唯物史观视域中的人及其发展——关于唯物史观对象的讨论》,《复旦学报》(社会科学版)2010年第4期。

陈伟光:《治理视角下的中国式现代化与世界现代化》,《中国人民大学学报》2024年第2期。

陈锡喜:《论社会主义现代化强国建设的内涵、外延及决定性力量》,《思想理论战线》2023年第5期。

陈锡喜:《中国式现代化蕴含的独特价值观》,《人民论坛·学术前沿》2023年第11期。

陈新夏:《人的发展的世界视野和中国特色》,《马克思主义研究》2007年第9期。

陈新夏:《人的发展视域中的美好生活需要》,《华中科技大学学报》(社会科学版)2018年第4期。

陈学明:《马克思的人的全面发展理论与当代人的生活取向》,《复旦学报》(社会科学版)2000年第2期。

成海鹰:《生态危机与新时代生活理念重塑》,《思想战线》2022年第4期。

程美东:《论中国式现代化道路的文明蕴涵》,《毛泽东邓小平理论研究》2022年第9期。

崔建民:《"十四五"期间深入实施人才强国战略研究》,《青海社会科学》2021年第1期。

崔中良:《西方身份建构的情感基础研究》,《东北大学学报》(社会科学版)2023年第2期。

戴木才:《论世界各国现代化的共同特征》,《思想理论教育》2023年第4期。

戴木才:《论世界现代化发展的普遍性特征》,《厦门大学学报》(哲学社会科学版)2023年第3期。

戴圣鹏:《文明交往与融合中的文明冲突》,《人文杂志》2017年第7期。

丁东宇:《马克思社会发展阶段论新解》,《理论探讨》2012年第3期。

丁志刚、熊凯:《中国式现代化与人类文明新形态:对西方的批判和超越》,《新疆社会科学》2023年第5期。

董键铭:《从人的全面发展看社会主义对资本主义的超越》,《哲学研究》2023年第2期。

范敏、何萍:《从人与自然关系的裂变看生态问题的生成》,《求是学刊》2019年第1期。

方涛、罗平汉:《"现代化":历史演进、概念体系与语义用法——以党的文献为中心的文本分析》,《党的文献》2016年第1期。

丰子义、沈湘平、钟明华、于颖、张梧:《中国式现代化的人学意蕴及其现实展开(笔谈)》,《江海学刊》2023年第2期。

丰子义:《如何理解和把握人的全面发展》,《北京社会科学》2002年第4期。

高德步:《现代化之道:从异化到回归》,《政治经济学评论》2016年第5期。

高力克:《中西文明与现代化:亨廷顿的启示》,《浙江社会科学》2022年第1期。

关雷:《新时代社会主要矛盾与人的发展——中国人学学会第二十届年会综述》,《山东社会科学》2018年第12期。

郭鹏、郑华萍:《个性现代化是个性自由发展的现实路径》,《贵州社会科学》2013年第9期。

韩昌跃:《社会发展与人的发展关系的考察——以历史唯物主义基本原理为视角》,《马克思主义理论学科研究》2024年第2期。

韩晶:《人与自然和谐共生的现代化:理论逻辑、现实约束与实践路径》,《理论学刊》2023年第6期。

韩喜平、郝婧智:《人类文明形态变革与中国式现代化道路》,《当代世界与社会主义》2021年第4期。

韩喜平、郝婧智:《中国式现代化道路的世界意蕴》,《马克思主义理论学科研究》2022年第2期。

郝立新、孙岱瑄:《中国式现代化进程中人的现代化的内在逻辑》,《中南民族大学学报》(人文社会科学版)2024年第3期。

郝立新:《中国式现代化与促进人的全面发展》,《思想理论教育导刊》2023年第4期。

何传启:《世界现代化研究的三次浪潮》,《中国科学院院刊》2003年第3期。

何传启:《中国现代化进程的阶段划分与模式演进》,《人民论坛》2021年第24期。

何怀远:《战争与和平的世界之问与中国答案》,《思想理论战线》2023年第1期。

何自力:《西方经济停滞常态化是当代资本主义经济的典型特征》,《红旗文稿》2018年第4期。

贺敬垒:《〈共产党宣言〉现代化思想的形成背景、基本内容与理论价值》,《兰州学刊》2022年第10期。

洪银兴:《促进人的现代化是中国式现代化的重要内容》,《教学与研究》2023年第6期。

黄建军:《唯物史观视野下中国式现代化的历史坐标与世界意义》,《马克思主义研究》2022年第6期。

黄锡生:《论生态文明法律制度体系的现代化建构》,《学术论坛》2023年第2期。

黄相怀:《论资本的逻辑、资本主义的困境与中国特色社会主义的自觉——兼论"我们依然处在马克思主义所指明的历史时代"》,《社会主义研究》2020年第3期。

惠春琳:《文明交流互鉴的理论逻辑与实践启示》,《山东大学学报》(哲学社会科学版)2022年第2期。

贾建芳:《世界现代化进程的基本经验》,《江汉论坛》2003年第10期。

江宁康:《逆向全球化:西方国家的认同危机》,《浙江工商大学学报》2017年第5期。

来庆立:《中国式现代化的源流与世界历史意义》,《思想理论教育导刊》2023年第7期。

黎淑秀、杨洁、吴宁:《中国式现代化的历史演进及实践路径》,《特区实践与理论》2023年第5期。

李包庚、郭石北川:《世界文明交往的时代逻辑》,《浙江学刊》2024年第1期。

李佃来:《论马克思正义观的特质》,《中国人民大学学报》2013年第1期。

李干杰:《积极推动生态环境保护管理体制机制改革 促进生态文明建设水平不断提升》,《环境保护》2014年第1期。

李国泉:《新时代社会主要矛盾转化的马克思主义阐释》,《东南学术》2021年第1期。

李红梅、刘银喜:《新时代领导干部政绩考核体系的生态向度探析》,《领导科学》2023年第6期。

李宏伟:《党领导生态文明建设的基本方略和经验》,《中国领导科学》2023年第2期。

李金和:《论马克思人的"三重本性"与人的全面发展》,《学术论坛》2011年第1期。

李潘、林伯海:《中国式现代化与人的思想观念现代化探赜》,《思想理论教育》2024第3期。

李尚宸、张志丹:《全人类共同价值对西方现代意识形态的超越》,《云南大学学报》(社会科学版)2024年第1期。

李威威:《全人类共同价值的哲学基础》,《哲学动态》2022年第12期。

李雪娇、何爱平:《人与自然和谐共生:中国式现代化道路的生态向度研究》,《社会主义研究》2022年第5期。

刘冰菁:《生产力为什么是人与自然的历史关系?》,《广西大学学报》(哲学社会科学版)2022年第1期。

刘海春、兰维:《新时代实现人的现代化的三重逻辑》,《现代哲学》2023年第4期。

刘建伟:《马克思的"自然生产力"思想及其当代价值》,《当代经济研究》2007年第12期。

刘军:《中国式现代化新道路的科学内涵与动力源泉》,《人民论坛》2021年第28期。

刘青松、胡勘平、聂春雷等:《中国共产党带领人民建设美丽中国的历史启示》,《中国生态文明》2021年第5期。

刘振国:《中国社会组织的治理创新——基于地方政府实践的分析》,《经济社会体制比较》2010年第3期。

柳兰芳:《科学技术发展所引发的人与自然关系变迁》,《科学管理研究》2012年第5期。

陆晓娇、杨学功:《中国式现代化:历史生成、本质规定、世界意义》,《江淮论坛》2023年第4期。

罗建文:《新质生产力是马克思主义生产力理论的新发展》,《学术交流》2024年第4期。

罗荣渠:《论现代化的世界进程》,《中国社会科学》1990年第5期。

罗荣渠:《新历史发展观与东亚的现代化进程》,《历史研究》1996年第5期。

吕景春、韩俊喆:《人与自然和谐共生的中国式现代化——内在逻辑、现实制约与路径选择》,《南开学报(哲学社会科学版)》2023年第6期。

吕科伟:《建设人才强国呼唤战略科学家》,《中国人才》2021年第12期。

马超:《论新时代中国在全球治理中的贡献》,《学习与探索》2022年第4期。

马红邑:《多元文化主义抑或民族主义——西方移民危机的道路选择》,《当代世界社会主义问题》2018年第2期。

梅雪芹:《工业革命以来西方主要国家环境污染与治理的历史考察》,《世界历史》2000年第6期。

孟婷、周佳强:《梳理学界在马克思"自由个性"思想探究层面的几点分歧》,《社会科学论坛》2018年第6期。

糜海波:《重建人与自然的关系:当代生态伦理的哲学反思——兼论"人类中心主义"与"自然中心主义"》,《社会科学家》2023年第8期。

倪春纳:《西方国家的民主何以衰退:基于对美国政治极化的分析》,《江苏社会科学》2022第5期。

倪胜利:《论"自由人联合体"与人的全面发展》,《当代教育与文化》2017年第3期。

牛先锋:《从"虚幻的共同体"到"自由人联合体"——马克思国家理论及其对国家治理现代化的启示》,《天津社会科学》2016年第4期。

努西尔万:《推动文明交流互鉴共建人类命运共同体》,《当代世界》2023年第4期。

庞金友:《当前欧美各国现代化面临的共同挑战》,《人民论坛》2023年第6期。

彭萍萍:《马克思恩格斯的世界交往理论及其当代价值》,《当代世界与社会主义》2007年第2期。

彭先、金瑶梅:《论党的领导力在生态文明建设中的重要作用》,《上海理工大学学报》(社会科学版)2021年第2期。

齐卫平:《习近平新时代中国特色社会主义思想与中国式现代化建设》,《江汉论坛》2021年第9期。

钱乘旦:《现代化与中国的世界近现代史研究》,《历史研究》2008年第2期。

钱颖超:《当前西方民粹主义主要表现、诱因及趋势》,《当代世界》2023年第7期。

乔玉强:《中国式现代化新道路与人的现代化新发展——基于马克思世界历史理论的分析》,《社会主义研究》2023年第1期。

乔榛、徐宏鑫:《生产力历史演进中的新质生产力地位与功能》,《福建师范大学学报》(哲学社会科学版)2024年第1期。

秦宣:《全面认识当代中国的历史方位》,《马克思主义理论学科研究》2017年第1期。

秦宣:《中国式现代化的历史逻辑探析》,《当代中国史研究》2022年第2期。

邱联鸿、储勇:《以人民为中心的生态治理哲学意蕴探析》,《岭南学刊》2023年第3期。

邱亿通:《论现代化的三重性》,《学术研究》1996年第5期。

桑建泉、陈锡喜:《论全人类共同价值及其对构建人类命运共同体的价值引领》,《湖北社会科学》2021年第9期。

石书臣:《人的全面发展的本质涵义和时代特征》,《河北大学学报》(哲学社会科学版)2002年第2期。

孙承叔:《是一种生产,还是四种生产?——读〈1857—1858年经济学手稿〉》,《东南学术》2003年第5期。

孙代尧:《论中国式现代化新道路与人类文明新形态》,《北京大学学报》(哲学社会科学版)2021年第5期。

孙建华、崔媛媛:《新时代马克思主义人学中国化的特点及发展趋势》,《理论视野》2018年第10期。

孙运福:《发展是硬道理》,《中央财经大学学报》1998年第9期。

孙正聿:《从大历史观看中国式现代化》,《哲学研究》2022年第1期。

孙正聿:《人的全面发展与当代中国人的解放的旨趣、历程和尺度——关于马克思人的全面发展学说的思考》,《学术月刊》2002年第1期。

孙志伟:《西方式全球治理的逻辑陷阱与中国应对》,《教学与研究》2024年第1期。

唐爱军:《唯物史观视域中的中国式现代化新道路》,《哲学研究》2021年第9期。

唐爱军:《中国式现代化道路的意义叙事》,《北京大学学报》(哲学社会科学版)2022年第2期。

唐亚林、周昊:《走自己的路:中国式现代化的理论演进、路径选择与价值追求》,《理论探讨》2022年第5期。

唐忠宝:《价值虚无化思潮及其应对——社会主义核心价值观建设面临的挑战与对策思考》,《理论导刊》2013年第1期。

田鹏颖:《中国式现代化世界观对"世界现代化之问"的创造性回答》,《理论探讨》2023第5期。

涂良川、钱燕茹:《马克思批判资本主义"平等分配"的政治哲学启示》,《南京社会科学》2021年第4期。

万健琳:《异化消费、虚假需要与生态危机——评生态学马克思主义的需要观和消费观》,《江汉论坛》2007年第7期。

汪亭友、孔维:《深刻认识全人类共同价值及其时代意蕴》,《思想理论教育导刊》2023年第8期。

汪信砚:《马克思哲学中的人的全面发展与自由个性》,《社会科学战线》2005年第3期。

王国坛、王东红:《在实践基础上实现人与自然的和解》,《哲学研究》2009年第5期。

王洪波、郝思瑶:《西方左翼对"交往新异化"的全景式批判及唯物史观反思》,《理论导刊》2024年第3期。

王虎学、陈婉馨:《中国式现代化之中国特色的人学意蕴》,《马克思主义与现实》2024年第1期。

王虎学、凌伟强:《中国式现代化的人学向度》,《学术研究》2022年第11期。

王虎学、万资姿:《"共同体"、"资产阶级社会"、"自由人联合体"——从人与社会的关系嬗变看马克思的社会"三形态"》,《湖北社会科学》2009年第1期。

王怀超:《中国式现代化道路与世界现代化进程》,《当代世界与社会主义》2023年第2期。

王茹:《人与自然和谐共生的现代化:历史成就、矛盾挑战与实现路径》,《管理世界》2023年第3期。

王生升、刘慧慧、方敏:《美国经济治理失灵的根源、机制及启示》,《政治经济学评论》2023年第6期。

王盛辉:《马克思"人的自由个性"思想寻踪》,《山东师范大学学报》(人文社会科学版)2008年第1期。

王文轩:《人与自然和谐共生的现代化:历史选择、理论依据与实践路径》,《科学社会主义》2023年第3期。

王岩、秦志龙:《满足人民美好精神文化生活新期待》,《红旗文稿》2018年第18期。

王岩、吴媚霞:《中国式现代化新道路与人类文明新形态的内在逻辑理路》,《思想理论教育》2021年第11期。

韦红、郝雪:《"三大全球倡议":全球治理新思维及推进路径》,《社会主义研究》2023年第6期。

文丰安:《以中国式现代化扎实推进共同富裕的辩证关系与创新路径研究》,《西南大学学报》(社会科学版)2023年第1期。

吴德刚:《关于马克思主义人的全面发展学说的再认识》,《教育研究》2008年第4期。

吴向东:《论马克思人的全面发展理论》,《马克思主义研究》2005年第1期。

吴晓明:《世界历史与中国式现代化》,《学习与探索》2022年第9期。

吴艳东、廖小丹:《何以形成与何以打破:"现代化=西方化"迷思的多维审视》,《思想教育研究》2023年第5期。

伍光和:《尊重自然与自然规律是实现人与自然和谐的前提》,《云南师范大学学报》(哲学社会科学版)2008年第3期。

习近平:《为实现党的二十大确定的目标任务而团结奋斗》,《求是》2023年第1期。

习近平:《在中央人大工作会议上的讲话》,《求是》2022年第5期。

相雅芳、丁晓强:《中国式现代化何以可能:马克思对资本主义现代化的批判及启示》,《求是学刊》2023年第5期。

肖巍:《从马克思主义视野看发展新质生产力》,《思想理论教育》2024年第4期。

邢彩丽:《"西方之乱":民粹主义还是资本主义危机》,《毛泽东邓小平理论研究》2021年第1期。

徐椿梁:《中国式现代化主体建构的三重维度:理论、历史与实践》,《求索》2023年第5期。

徐婕:《浅谈人与自然关系失衡的价值观根源》,《郑州大学学报》(哲学社会科学版)2007年第5期。

徐艳玲、李文勇:《人类命运共同体理念对资本主义全球治理体系的超越——基于资本逻辑的反思与批判》,《云南社会科学》2023年第5期。

薛俊强:《社会主义、市场和"中国道路"——基于马克思恩格斯关于"社会主义"与"市场"关系问题的相关论述》,《武汉大学学报》(人文科学版)2012年第1期。

颜晓峰:《党的百年奋斗成功走出中国式现代化道路》,《思想理论教育》2022年第4期。

燕连福:《中国式现代化的历史演进、内涵扩展和未来指向》,《西北师大学报》(社会科学版)2022年第3期。

杨林生、郭亚南、朱会义等:《中国生态文明制度体系建设进展与走向》,《中国科学院院刊》2023年第12期。

杨鲁慧:《三大全球倡议:中国式现代化视域下的全球治理观》,《亚太安全与海洋研究》2023年第5期。

杨明伟:《中国式现代化是一代代共产党人接续探索的重大成果》,《党的文献》2023年第2期。

杨仁忠、吴颖:《从马克思恩格斯"两个和解"方案到新时代中国式现代化的实践方略》,《世界社会科学》2023年第2期。

杨伟宾:《全人类共同价值推动构建人类命运共同体的逻辑理路》,《思想教育研究》2023年第2期。

叶汝贤:《每个人的自由发展是一切人的自由发展的条件》,《新华文摘》2006年第18期。

尹庆双、肖磊、杨锦英:《人的全面发展:时代特质、内涵延展与理论意义》,《政治经济学评论》2023年第6期。

于天宇:《马克思交往理论视域下全球生态危机实质及破解路径论析》,《东岳论丛》2022年第6期。

余一凡、吕倩怡:《人的现代化何以可能——论中国式现代化中人的现代化的三个向度》,《河南社会科学》2024年第1期。

余玉湖、李景源:《人与自然和谐共生的中国式现代化道路生态图景》,《当代世界与社会主义》2022年第5期。

俞可平:《人的全面发展:马克思主义的最高命题和根本价值》,《马克思主义与现实》2001年第5期。

俞吾金:《也谈"人的全面发展"问题》,《毛泽东邓小平理论研究》2004年第1期。

原磊、王山:《数字经济助力现代化产业体系建设》,《当代经济研究》2023年第12期。

臧峰宇:《马克思的现代性思想与中国式现代化的实践逻辑》,《中国社会科学》2022年第7期。

张立成、张梅:《马克思异化理论视阈下人与自然关系研究》,《济南大学学报》(社会科学版)2015年第1期。

张青松、张鸣枝、李妍锦:《当前中美CPI走势差异的分析与研判》,《调研世界》2023年第3期。

张三元:《中国式现代化视域下人的现代化》,《思想理论教育》2023年第8期。

张艳国、罗斌华:《论人与自然和谐共生的现代化的科学内涵与实践路径》,《思想理论教育导刊》2023年第12期。

张耀灿、周琪:《人的自由而全面发展:马克思主义社会发展理论的人本意蕴》,《理论探讨》2005年第2期。

张友国、吕立伟:《粗放型经济增长模式对中国的环境及环境政策的影响》,《上海立信会计学院学报》2005年第3期。

张云飞:《人与自然和谐共生:中国式现代化的生态维度和本质要求》,《南京工业大学学报》(社会科学版)2023年第1期。

张占斌:《比较视野下中国式现代化的世界意义》,《人民论坛·学术前沿》2022年第24期。

张占斌:《中国式现代化的共同富裕:内涵、理论与路径》,《当代世界与社会主义》2021年第6期。

张震宇、侯冠宇:《数字经济赋能经济高质量发展:历史逻辑、理论逻辑与现实路径》,《西南金融》2023年第11期。

张志洲:《文明交流互鉴与全球秩序的重塑》,《当代世界》2023年第4期。

赵波、张春和:《论"一带一路"战略的文化意蕴——基于世界文化交往思想的视角》,《学术论坛》2016年第1期。

赵丁琪:《民粹主义的话语本质与社会基础》,《马克思主义研究》2023年第7期。

赵家祥:《关于人与社会的关系的几个问题》,《江淮论坛》1993年第1期。

赵家祥:《全面认识资本的作用——〈资本论〉及其手稿中一个被忽视的重要观点》,《中国高校社会科学》2015年第1期。

赵林:《从马克思的资本学说看近代西方的环境问题》,《云南社会科学》2002第6期。

赵西君、宋金平等:《全球视域下以经济高质量发展推进中国式现代化的经验借鉴和路径选择》,《经济地理》2024年第2期。

赵勇、文成豪:《中国式现代化道路原创性贡献的四重维度》,《学校党建与思想教育》2023年第1期。

郑永廷、石书臣:《马克思主义人的全面发展理论的丰富与发展》,《马克思主义研究》2002年第1期。

周珺、周明生、卓娜:《数字经济时代我国制造业的绿色转型发展》,《科技导报》2023年第22期。

周文、白佶:《中国式现代化的共同特征与中国特色》,《教学与研究》2023年第9期。

周文、肖玉飞:《中国式现代化道路的独特内涵、鲜明特征与世界意义》,《马克思主义与现实》2022年第5期。

周小毛:《人类命运共同体的全球治理价值意涵》,《求索》2023年第5期。

邹霞、刘丽伟、张晓洪:《中国式现代化视域下的"人的现代化"特质探究》,《重庆社会科学》2023年第10期。

左凤荣:《以文明交流与对话提升中国国际话语权》,《中共中央党校(国家行政学院)学报》2023年第3期。

左凤荣:《增进文明交流对话:优化国际舆论环境的必然要求》,《当代世界社会主义问题》2023年第3期。

四、学位论文

柴源:《马克思人与自然关系思想及其时代价值研究》,硕士学位论文,东北师范大学,2022年。

旦知草:《当代中国生态文明建设主体责任研究》,博士学位论文,大连海事大学,2023年。

李成保:《社会发展中的主体境遇——基于四重关系的综合审视》,博士学位论文,中共中央党校,2013年。

刘一恒:《马克思科技异化思想研究》,博士学位论文,湖北大学,2022年。

彭棱:《马克思"自由个性"思想研究》,硕士学位论文,大连海事大学,2021年。

王尉:《当代中国生态文明制度体系建设研究》,博士学位论文,大连海事大学,2023年。

张逊:《人与社会的双重建构——马克思经济学手稿中人与社会的关系思想研究》,博士学位论文,中共中央党校,2020年。

五、中文报纸

国家统计局:《改革开放铸辉煌 经济发展谱新篇——1978年以来我国经济

社会发展的巨大变化》,《人民日报》2013年11月6日第10版。

《聚天下英才而用之——二论深入学习习近平总书记在中央人才工作会议上的重要讲话精神》,《光明日报》2021年9月30日第1版。

《全方位培养引进用好人才——论学习贯彻习近平总书记中央人才工作会议重要讲话》,《人民日报》2021年10月3日第1版。

《习近平在学习贯彻党的二十大精神研讨班开班式上发表重要讲话强调正确理解和大力推进中国式现代化》,《人民日报》2023年2月8日第1版。

《中华人民共和国外交部和中非共和国外交部关于共同推动落实三大全球倡议的联合声明》,《人民日报》2024年4月16日第3版。

本报评论部:《为实现世界各国的现代化作出不懈努力》,《人民日报》2023年11月2日第5版。

蔡岩红:《海洋生态损害国家索赔面临诸多法律难题》,《法制日报》2011年7月12日第4版。

曹平:《合力推进世界现代化进程》,《人民日报》2023年12月8日第9版。

陈银健:《大力培养造就更多大国工匠和高技能人才》,《光明日报》2023年10月31日第2版。

杜鹃、许凤:《中国式现代化与西方现代化有"本质区别"》,《新华每日电讯》2022年11月7日第8版。

龚鸣、黄炜鑫:《为推进世界现代化进程贡献中国智慧》,《人民日报》2023年5月25日第3版。

韩庆祥:《在准确把握"六个必须坚持"中扎实推进中国式现代化》,《人民日报》2023年4月25日第9版。

韩振峰:《我们党对中国式现代化的探索历程及历史启示》,《光明日报》2023年7月5日第11版。

和音:《坚持共商共建共享的全球治理观——推动世界走向和平、安全、繁荣、进步的光明前景②》,《人民日报》2024年1月9日第3版。

和音:《实现和平发展、互利合作、共同繁荣的世界现代化》,《人民日报》2023年10月23日第3版。

李放、阮益嫘:《东方的复兴:中国式现代化映照世界历史进程》,《中国社会科学报》2023年4月25日第2版。

李捷:《在新中国史上具有里程碑意义(深入学习贯彻习近平新时代中国特色社会主义思想)》,《人民日报》2022年9月9日第9版。

李强:《政府工作报告——二〇二四年三月五日在第十四届全国人民代表大会第二次会议上》,《人民日报》2024年3月13日第1版。

骆香茹:《数字经济不等于虚拟经济——院士专家热议全球数字经济浪潮》,《科技日报》2022年11月29日第2版。

吴田、胡乐明:《担负新的文化使命着力推动文化产业繁荣发展》,《光明日报》2023年10月23日第6版。

习近平:《深入实施新时代人才强国战略 加快建设世界重要人才中心和创新高地》,《人民日报》2021年9月29日第1版。

习近平:《在第七十五届联合国大会一般性辩论上的讲话》,《人民日报》2020年9月23日第3版。

辛向阳:《党在中国式现代化进程中的四个重要作用》,《中国社会科学报》2023年3月2日第6版。

郑汉根、谢彬彬、许苏培:《中国式现代化的世界期待》,《新华每日电讯》2024年3月11日第7版。

六、中文网站

《技能人才前景广阔！这些领域人才缺口将达近3000万人》,光明网,2023年11月21日,https://politics.gmw.cn/2023-11/21/content_36979307.htm,2024年2月19日。

国家统计局:2018年居民收入和消费支出情况,https://www.stats.gov.cn/sj/zxfb/202302/t20230203_1900203.html.

国家统计局:2020年全国科技经费投入统计公报,https://www.stats.gov.cn/sj/tjgb/rdpcgb/qgkjjftrtjgb/202302/t20230206_1902130.html.

国家统计局:2021年全国科技经费投入统计公报,https://www.stats.gov.cn/sj/zxfb/202302/t20230203_1901565.html.

国家统计局:2021年中国统计年鉴,https://www.stats.gov.cn/sj/ndsj/2021/indexch.htm.

国家统计局:2022年全国科技经费投入统计公报,https://www.stats.gov.cn/sj/zxfb/202309/t20230918_1942920.html.

国家统计局:2023年居民收入和消费支出情况,https://www.stats.gov.cn/sj/zxfb/202401/t20240116_1946622.html.

中华人民共和国教育部:2020年全国教育经费执行情况统计公告发布,http://www.moe.gov.cn/jyb_xwfb/gzdt_gzdt/s5987/202111/t20211130_583350.html.

中华人民共和国教育部:关于2021年全国教育经费执行情况统计公告,http://www.moe.gov.cn/srcsite/A05/s3040/202212/t20221230_1037263.html.

中华人民共和国教育部:2021年全国教育统计数据,http://www.moe.gov.cn/jyb_sjzl/moe_560/2021/quanguo/.

中华人民共和国教育部:2022年全国教育经费执行情况统计公告发布,http://www.moe.gov.cn/jyb_xwfb/gzdt_gzdt/s5987/202312/t20231202_1092912.html.

后 记

《中国式现代化视域下人的发展研究》一书是"马克思主义与人的发展理论研究丛书"之一，是"马克思主义基本原理与当代社会问题研究科研团队"成员秉持严谨务实的学术态度，经不懈努力的结晶。启动撰写工作伊始，团队成员便制定了周密的研究计划与提纲，并投入大量精力与时间进行深入研究与讨论。经过对初稿的反复打磨与完善，本书终得以呈现在读者面前。

本书的研究聚焦于中国式现代化进程中人的发展问题，旨在探讨基于中国特色社会主义进入新时代的历史方位，如何实现人的全面发展、如何体现人的本质等核心问题。通过对马克思主义关于人的发展理论的深入解读，结合中国式现代化建设的实际情况，探讨了中国式现代化视域下人的发展问题及其未来前景。

本书写作团队的主要成员长期致力于"马克思主义与人的发展理论研究"等相关课程的教学与研究，对人的发展理论领域进行了深入的探索与研究。在撰写的过程中，团队成员不仅注重理论的深度与广度，还结合了案例和数据进行分析，力求使本书的内容更加充实、生动，以揭示人的发展的内在逻辑与动力机制，为读者提供全面、深入的理解。具体撰写分工如下：张文负责第一章和第四章的撰写；杜思颜负责第二章的撰写；王春玲、黄影舟、李佳新共同负责第三章的撰写；何红连负责第五章的撰写；吴玉龙负责第六章的撰写。何红连、张文、吴玉龙承担了全书的修改与统稿工作，王春玲、黄影舟、李佳新、杜思颜、刘珊珊、张晓参与了书稿的校对等工作。

本书的撰写得到了西南大学马克思主义学院和西南大学出版社的大力支持，得到了何玲玲教授、钟志凌教授、胡刘教授的悉心指导。同时，本书还参考了大量学界同仁的研究成果。在此，我们向所有帮助和支持本书出版的个人和机构表示衷心的感谢！

由于水平有限，书中难免存在疏漏和不当之处，敬请广大读者批评指正。我们期待与读者共同探讨、共同进步，为推动马克思主义与人的发展理论的研究作出更大的贡献。

何红连

2024年4月于西南大学